高管团队认知
对企业绩效的影响

丁泽术　陆铭宁　郭娟◎著

经济管理出版社
ECONOMY & MANAGEMENT PUBLISHING HOUSE

图书在版编目（CIP）数据

高管团队认知对企业绩效的影响 ／ 丁泽术，陆铭宁，郭娟著. -- 北京 ：经济管理出版社，2024. -- ISBN 978-7-5096-9790-0

Ⅰ．F272.5

中国国家版本馆 CIP 数据核字第 2024HY2184 号

组稿编辑：张　艺
责任编辑：申桂萍
助理编辑：张　艺
责任印制：许　艳
责任校对：陈　颖

出版发行：经济管理出版社
　　　　　（北京市海淀区北蜂窝 8 号中雅大厦 A 座 11 层　100038）
网　　址：www. E-mp. com. cn
电　　话：(010) 51915602
印　　刷：北京市海淀区唐家岭福利印刷厂
经　　销：新华书店
开　　本：720mm×1000mm/16
印　　张：17
字　　数：343 千字
版　　次：2025 年 1 月第 1 版　　2025 年 1 月第 1 次印刷
书　　号：ISBN 978-7-5096-9790-0
定　　价：88.00 元

前　言

在以新技术、新知识、大数据、算力和云存储为特征的新经济时代，创新是企业持续获取市场竞争优势的最重要来源，技术创新是企业保持长远发展的核心资源，企业技术创新发展离不开人力、物力、财力等资源的开发与投入。R&D是企业强大的源泉和内在动力，而技术创新是企业在市场竞争中取得长期优势的基本保证。本书以技术创新管理为中介变量，在回顾高管团队认知、技术创新和企业绩效评价理论的基础上，从高管团队认知的角度构建了"高管团队认知—技术创新—企业绩效"的研究框架分析模型。从投入研发的成本和收益分析来看，高管团队的认知可分为感性认知和理性认知，使从认知需求和认知能力两个维度引入高管团队的认识变量都对企业绩效的最终实现有着重要影响，并且高管团队认知能力为技术创新管理与企业绩效的关系提供理论支撑。在此基础上，本书构建稳定企业绩效持续增长和战略发展的相关模型，并提出相关变量之间的假设。

随着中国企业治理体系和管理能力的不断增强，创新、协同、环保、包容和共享等管理理念的融合正在迅速推动中国经济的发展。特别是在实施大数据、算力、云存储、新基建等综合发展战略，以及"数字中国"大规模发展的可持续性方面，现代"大城市"被赋予了新的使命和内涵，向"数字城市"迈进。实施数字城市基础设施建设给企业带来了前所未有的创新发展机遇。5G信息技术的发展已成为建设数字城市的主体和重要组成部分，是以科技为生产力的当代发展的结果和产物，也是实现平稳健康发展的核心基础。然而，我国企业在数字经济、云存储和新型基础设施这一新兴领域，如何高效合理地利用5G信息技术，为变革相对缓慢的传统产业和以民族传统及爱国主义为核心的大中小企业提供服务，同时为算力、新型基础设施建设和云存储行业，IT设备和软件服务行业，以及新的航空航天国防行业，都带来了巨大的变化，使它们能够在云存储技术、商业模式的顶层设计、智能信息技术的数据处理等方面发挥最大的效用，以及5G信息技术的灵活应用。因此，作为组织中最具权威的个人或群体，高管团队必须执行并推动企业信息化、数字化、智能化和创新战略的融合，这是管理者需要共同探索的重要任务和主要方向。他们的认知水平对企业的创新绩效和技术创新管理具有正向激励作用。由此可见，高管团队对技术创新的重视，可以极大地激励企业全体员工培养创新思维。所以，高管团队应注重从自己的言行出发，提高认知能力，强化创新思维，落实创新制度，增加领导团队创新活动的激励措施，培养团队认知维度的意识，对团队创新绩效给予充分的认可、关注、理解和支持，与团队及其成员建立和谐、融合、真诚、稳定的团队精神。激励所有成员真诚地为企业创造价值，激励团队和成员展示创新绩效，建立一支"专精特新"的研发团队，以增强企业在数字经济时代下的认知维度和创新活动。

为此，本书的研究还发现，技术创新管理水平与个体成员的特异性（成长环境和个人培养）正相关，健全人格理论对高级管理团队的认知能力和激励机制方面有很大的影响，对管理实践具有深远的意义。在大数据、云存储和数字经济时代，创新是企业在市场竞争中持续获得优势资源的最重要源泉，高管团队的认知能力是促进企业平稳长期发展的核心资源，企业的创新和发展离不开 R&D 等主要资源。R&D 是促进企业发展的强大内在动力，企业绩效是企业在更深层次上实现持续竞争力和长远发展的根本保证。本书以上层梯队理论、认知理论和委托代理理论为基础，从企业创新孵化和创新管理的角度，以"高管团队认知能力影响企业绩效"为研究主线，构建相关研究模型，促进企业绩效的年度增长，并提出相关概念模型和研究假设。首先，本书借鉴国内外成熟的研究量表，设计并编制调查问卷；其次，在收到资深专家教授的建议和调整后，将进行小样本分发，并对收集到的问卷进行分析、组织和调整；再次，向科技型中小企业的高级管理人员发放大样本调查问卷，并通过机构、团体或个人点对点发放；最后，对收集到的大样本数据进行组织、处理、分析和排序，以获得假设验证结果。本书的实证结果表明：①高管团队的认知能力对企业绩效有正向影响；②技术创新对企业绩效有正向影响；③高管团队的认知能力对技术创新具有正向影响；④技术创新在高管团队认知能力与企业绩效的关系中起中介作用；⑤激励机制在高管团队认知能力与技术创新之间的关系中起着调节作用。

上述研究结果表明，研究高管团队认知、技术创新和企业绩效之间的相互作用，不仅可以为促进企业绩效的增长提供一个新的视角，而且可以最大限度地提高技术持续高效管理的有效性。本书在深入推导认知理论的基础上，运用国内外成熟的研究量表，对特定人群进行了问卷调查，验证了理论模型，支持了本书提出的所有假设。通过实证研究发现，高管团队的认知能力可以提高他们的研发投入和技术创新管理，引领高级管理人员及其团队对创新意识的深度培养，并为所有员工从事创新活动提供极大的激励。通过实证研究发现，高管团队的认知能力可以提高他们的技术创新管理水平，引领高级管理人员及其团队对技术创新管理的深度培养，并为所有团队成员从事技术创新提供极大的激励。高管团队应深入了解公司在行业中的市场份额定位，增强员工对公司文化体系和愿景的理解和学习，增强高管团队全体成员的自我修养和人生价值观，始终与公司的战略发展目标保持高度一致，为更好地服务中国传统企业、民族企业和科技企业，以及为中国数字经济的创新管理和持续提升提供一些方法和路径。构建一个新的竞争格局，使企业能够对市场运营环境做出快速反应，并为认知理论的后续扩展提供实证支持。最后，本书总结了主要研究结论、管理实践和启示、主要研究贡献，并展望了研究的局限性和未来需要进一步解决的问题。

目　录

1 绪论

2022 年国家统计局公布的信息显示，2021 年创新动能有效增强，工业制造业实现较快增长。2021 年，"十四五"规划开局顺利，我国已经完成了全年的主要发展目标，同时在构建新发展格局和推进高质量发展方面取得了显著进步。全社会的科研与试验发展（R&D）经费支出较上年有了 14.2% 的增长，增速比上年高出 4 个百分点，连续 6 年保持了双位数增长。研发经费支出占 GDP 的比例提升到了 2.44%，比上年提高了 0.03%。特别是在基础研究领域，投入经费比上年增长 15.6%，占研发经费总支出的 6.09%，这个比例比上年提高了 0.08 个百分点。在工业发展方面，我国也取得了显著的进步。2021 年，全部工业增加值比上年增长 9.6%，增速超过了 GDP 增速 1.5 个百分点。特别是制造业增加值，其增速更是高达 9.8%，超过了全部工业的增速 0.2%。规模以上装备制造业的增长更是强劲，其增加值比上年增长 12.9%，比全部规模以上工业的增速高出 3.3%。这些数据都显示了中国国家工业的强劲增长势头。

认知理论是心理学中的一个领域，主要研究有机体如何处理信息、获取知识和经验，以及如何记忆、理解概念和解决问题。支持这一理论的心理学家包括德国的格式塔学派代表、瑞士的皮亚杰，以及美国的布鲁纳和奥苏伯尔。尽管他们的观点和研究方法有所不同，但在学习理论上是有一些共识的。他们认为，学习的核心在于知觉或认知结构的形成与变化，这涉及有机体内部有组织结构的调整，而非仅仅建立在外部刺激与反应之间。此外，他们相信，真正影响学习的因素包括整体情境、瞬间的领悟、有意义的发现与接纳、个人的认知结构以及学习的心态，而非单一的刺激与反应模式或简单的强化机制。这种观点与旨在发展智力和创造力的教育理论相吻合，特别适合解释更高级别的认知学习过程。

本书以认知理论为基础，深入探讨影响中国科技型中小企业创新绩效的关键因素，特别是高管团队的认知能力和 TMT 管理模式的实际作用。本书期望通过实证分析，揭示出哪种类型的高管团队认知能力和管理模式能更有效地推动企业绩效的提升。本书的研究不仅致力于在高管团队的背景特质与其认知能力之间建立更紧密的理论桥梁，以期对两个研究领域都能产生积极影响，同时为企业管理者提供一个新的视角，来审视高管团队的认知能力以及如何应对随之而来的更高管理挑战。在深入研究实践案例和理论背景的基础上，本书明确了研究的核心议题，对相关概念进行了界定，并制定了详细的研究方案和技术路线，同时指出了本书的创新之处。

1.1 研究背景与问题提出

1.1.1 研究背景

党的十八大以来，习近平总书记把创新摆在国家发展全局的核心位置，高度重视科技创新。特别是在党的十九大及后续会议中，科技创新被多次提及为国家发展的核心部分，我国国防科技综合实力显著增强，大众创新体系趋向完善，我国企业自主创新能力迈上新台阶。2021 年，国家自主综合创新能力在全球排名上升至第 12 位。习近平总书记强调，科技创新是提高社会生产力和综合国力的战略支撑，必须摆在国家发展全局的核心位置。这表明中央政府已经将科技创新置于国家发展的核心位置，并且在实际政策和战略部署中不断强化这一点。此外，科技创新不仅引领高质量发展，还服务于国家重大战略需求，如改善民生福祉、护航人民生命健康等。这些都显示了科技创新在国家治理和社会发展中的重要作用。同时，科技体制机制改革也在全面发力，科技创新投入取得历史性突破，加快建设科技强国，实现高水平科技自立自强。

近年来，我国在 R&D 经费投入方面取得了历史性进展，这为科技创新活动提供了坚实的基础。国家统计局数据显示，2021 年，我国的 R&D 经费投入高达 27956.3 亿元，位列全球第二。2013 ~ 2021 年，我国的 R&D 经费以年均 11.7% 的速度增长，增速远超过美国（6.5%）、欧盟（3.5%）和日本（1.3%）等。同时，R&D 经费投入强度有了显著提升，从 2012 年的 1.91% 增长至 2021 年的 2.44%，已接近经济合作与发展组织国家的平均水平。这一成就的背后，政府的支持和引导功不可没。政府通过优化科技任务组织机制和改革财政科研经费管理，为科技项目的实施提供了强大支持。2019 年，国家财政科技支出首次超过 1 万亿元，2021 年达到 10767 亿元，近年来国家财政科技支出占国家公共财政支出的比重一直保持在 4 个百分点以上。此外，政府还通过落实和细化各项政策来鼓励和引导企业创新。研发费用加计扣除减免税政策的范围和力度不断扩大，2021 年规模以上企业享受的减免税金额是 2012 年的 9 倍，达到了 2829 亿元，这极大地激发了企业持续进行技术创新的热情。企业家问卷调查统计分析后数据显示，2021 年，国内规模以上企业对创新支持政策（合计为 10 项）的认可度平均达到了 82.9 个百分点，比 2016 年提高了 17%，其主要表现在如下几个方面：

第一，我国正坚定不移地推进科教兴国和人才强国战略，科技创新人才队伍因此得到了显著提升。国家统计局数据显示，2021 年，全国以折合全时工作量来计算的 R&D 人员已达到 562 万人/年，是 2012 年的 170%。值得一提的是，自从 2013 年我国 R&D 人员数量超越美国后，至今已连续 9 年稳居全球首位。此外，科研人才的激励和评价制度日益完善，以知识价值为导向，使中国的人才结构得到了进一步的优化。具体来看，每万名就业人员中的 R&D 人员数量从 2012 年的 61 人增长至 2021 年的 115 人，且 R&D 人员中本科及以上学历的占比也从 50.2% 提升至约 63%，这一切都为科技创新注入了强大的动力。在科创能力方面，我国也取得了新的突破，创新成果层出不穷。特别是在原始创新上，国家层面给予了基础研究高度的重视，并出台了相关政策如《关于全面加强基础科学研究的若干意见》和《基础研究十年规划》，以提升基础研究水平。2021 年，中国在基础研究上的经费投入高达 1817 亿元，相较于 2012 年增长了 3.6 倍，且在 2013～2021 年，年均增长率达到了 15.4%，比同期全社会的 R&D 经费增长率高出 3.7%。在多个基础科学领域，如量子科学、空间科学、铁基超导、干细胞和合成生物学等，我国都取得了标志性的原创成果。例如，中国女科学家屠呦呦，在创制抗疟药治疗（青蒿素和双氢青蒿素）研究中的杰出贡献，于 2015 年被授予诺贝尔生理学或医学奖；中国科学家王贻芳在大亚湾反应堆微子项目中的领导作用和对基础物理学的突破性贡献，获得基础物理学突破奖；潘建伟团队的研究成果更是跻身 2015 年度国际物理学十大突破之列。这些成就都充分展示了我国在科技创新领域的强劲实力和深厚底蕴。

第二，我国的战略科技实力正在不断加强。根据国家战略需求，我国已成功建立了首批国家实验室，并启用了一系列国家级的科研设施，如 500 米口径球面射电望远镜（FAST）和散裂中子源等。同时，我国也在积极推进国家重点实验室体系的改革，截至 2021 年底，已有 533 个国家重点实验室、191 个国家工程研究中心以及 1636 家国家级企业技术中心在运作，各类创新基地的布局也在持续优化。在科研设备的投入方面，我国已经将"悟空号""墨子号"和"奋斗者号"等科研装置送入天空和深海。更值得一提的是，"天问一号"已经开启了中国首次火星探测的旅程，中国空间站天和核心舱也已成功发射并投入使用，这些成就都充分体现了我国在载人航天工程领域的辉煌成就，也是我国战略科技力量增强的一个缩影。科研产出的质量也在稳步提升。学术论文和各类发明专利的产出是科研能力的直接体现。2020 年，有 97.0 万篇中国科技论文被国外三大主要检索工具（SCI、EI 和 CPCI-S）收录。在过去的十年中，我国已有 4.29万篇高水准论文被国际引用，占全球的 24.8%，在全球排名第二，仅次于美国（占 44.5%），这显示出我国已经成为全球知识创新的重要推动者。此外，2021 年，我国授权了 69.6 万件发明专利，是 2012 年的 320%，通过《专利合作条约》（PCT）提交的国际专利中国申请人的数量也达到了 69500 件，连续三年位居全球第一。截至 2021 年底，我国高价值的发明专利拥有量已经达到平均每万人 7.5 件，比上年增加了 1.2 件，这显示出我国知识产权的质量有了显著提升。

第三，中国在高新技术领域取得了显著的进步和丰硕的成果。得益于国家科技重大专项和研发计划的顺利推进，多个核心技术和关键共性技术已经在不同重点领域取得了显著突破。这些科研成果的转化和产业化快速升级的步伐还在加速。具体来说，在三代核电技术、新能源汽车规模化、5G 产业全球化、超级计算与算力、航空航天技术、国内高速铁路规模和中国大飞机等多个领域都取得了显著的成果。同时，集成电路、"卡脖子"元器件以及基础软件与系统软件的研发工作也取得了很大的进展。这些进步不仅提升了国家的科技实力，也推动了高新技术产品的出口，其总额从 2012 年的 6012 亿美元大幅增长至 2021 年的9796 亿美元。科技创新方面，企业持续加大投入，发挥着主体作用。规模以上工业企业中实现技术创新的企业比例从 2013 年的 31% 提升到 2021 年的 47.4%，显示出企业技术创新能力的显著提升。领军企业也在积极应对各种风险挑战和西方国家的科技打压，技术攻关能力在稳步提升。2021 年欧盟发布的《产业技术创新记分牌》报告显示，中国已有 597 家企业进入全球研发前 2500 强，总数稳居世界第二位，是 2012 年的 6.4 倍。这些入选的中国企业的研发经费投入已占全球入选企业的近 16.67%，进一步证明了中国在科技创新方面的强大实力。此外，随着"双创"政策的不断深入，国内大中小企业的技术创新能力也在加速提升或转型。2013~2021 年，规模以上工业及科技型中小企业的研发经费年均增长率达到了 14.5%，这一增长速度远超大型企业。近几年，中国还成功培育了4 万多家国家级专精特新企业，以及 4762 家"小巨人"企业和 848 家单项冠军企业，这些企业通过创新、协同合作，成为了国内产业链补链强链的重要力量。

第四，区域科技创新的构建在迅速推进。北京、上海以及粤港澳大湾区已成为国际科技创新的重要中心，它们的创新能力和国际影响力持续提升，已成功跻身全球科技创新的前十强。同时，北京怀柔区、上海张江区、安徽合肥市、粤港澳大湾区以及雄安新区都在积极发展各具特色的科技创新中心，打造推动未来发展的基础科学研究平台。此外，国家高新技术产业开发区作为区域科技创新资源的核心，其数量在 2013~2021 年从 105 个增长到 169 个，高新区内的企业数量也从 6.3 万家增至 16 万余家。这些区域已经孕育出一大批优秀的产业集群，并与 23 个自主创新示范区和 78 个国家创新型城市形成了紧密的互补与互联。科技创新已成为推动中国各大区域战略发展的重要支撑，包括东北振兴、中部崛起、西部大开发以及海南的开放合作等，区域创新的协同发展机制也在逐步完善。在科研评价体系方面，我国已开始重视质量、贡献和绩效，以此为导向，为科研人员减轻负担，改变过去的评价倾向，推动科研作风和学风的积极转变。同时，科技创新的组织实施机制也在优化，新的管理模式如"揭榜挂帅"、区域内"贡嘎计划"和"赛马制"被引入，鼓励行业领军企业牵头创新，加强产业链和创新链的融合。技术市场和科技中介体系的建设也在加强，以推动科技创新资源的合理利用和成果的转化。2021 年，全国技术市场的交易活跃度显著提升，成交合同数量和成交金额均大幅增长，成交合同数量达到 67 万项，是 2012 年的 2.4 倍；成交总金额达 37294 亿元，是 2012 年的 5.8 倍。众创空间和示范基地的建设也在全国范围内快速推进，分别达到 212 个和 2551 家，为各类创新主体提供了一个融合合作的平台。

国家统计局发布的《中国创新指数研究》数据显示，我国的创新能力在近年来显著提升。2021 年中国创新指数增长至 264.6（以 2005 年为 100），比 2020 年增长 8%。分领域来看，创新环境指数、创新投入指数、创新产出指数和创新成效指数都有显著的进步，分别为 296.2、219.0、353.6 和 189.5，分别比 2020 年增长了 11.3%、4.4%、10.6% 和 2.8%。由此可以看出，2021 年，我国创新发展水平有了大幅提升，创新环境得到了优化，创新投入在稳步增长，创新产出的增长速度也较快，同时，创新带来的实际成效也越来越显著，这为推动我国的高质量发展提供了坚实的基础。为了响应党中央关于深入实施创新驱动发展战略、加快建设科技强国的决策部署，国家统计局进一步完善了创新指数的编制方法并进行了新的测算。新的测算结果显示，2015~2022 年，我国的创新指数已经达到了 155.7，且四个分领域的指数也分别有了显著的提升，分别为 160.4、146.7、187.5 和 128.2。与 2015 年相比，中国创新指数的年均增长率比同期的 GDP 增速还要高出 0.8%，四个分领域指数年均增速分别为 7.0、5.6、9.4 和 3.6。也显示出创新发展新动能在我国正在加速聚集，这无疑为我国的高质量发展注入了强大的动力（见图 1-1 和表 1-1）。

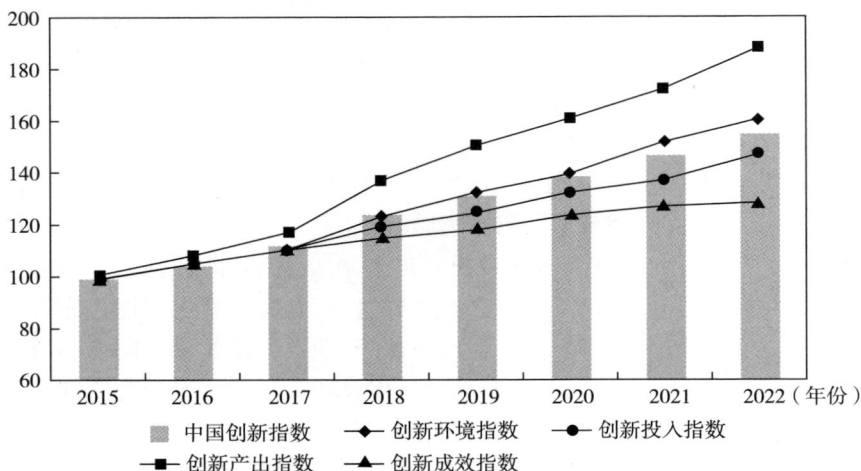

图 1-1　2015～2022 年中国创新指数及分领域指数

表 1-1　2015～2022 年中国创新指数情况

项目	2015 年	2016 年	2017 年	2018 年	2019 年	2020 年	2021 年	2022 年	2015 年以来年均增长（%）	2022 年比2021 年增长（%）
中国创新指数	100	105.3	112.3	123.8	131.3	138.9	147.0	155.7	6.5	5.9
创新环境指数	100	103.9	109.9	123.1	132.4	138.9	151.8	160.4	7.0	5.7
创新投入指数	100	103.8	111.1	119.6	124.3	131.9	137.1	146.7	5.6	7.0
创新产出指数	100	108.4	117.5	137.0	150.3	161.2	171.6	187.5	9.4	9.2
创新成效指数	100	105.2	110.7	115.5	118.0	123.6	127.2	128.2	3.6	0.7

资料来源：国家统计局。

创新环境在我国已经得到显著优化。"创新环境"这一领域涵盖了五个关键指标，分别是每万名就业人员中大专及以上学历人数、人均 GDP、理工科毕业生占适龄人口比重、科技拨款占财政拨款比重、享受加计扣除减税免税企业所占比重。如果以 2015 年为基准（设为 100），到 2022 年，中国创新环境指数已经攀升至 160.4，以年均 7.0% 稳健增长。深入分析各个分指标可以发现，享受加计扣除减免税政策的企业比例指数增长幅度尤其显著，其年均增长率高达 18.7%。2022 年，该指数值已达到 332.4，在中国创新指数的 18 个组成指标中排名首位。此外，理工类毕业生占适龄人口比重指数、人均 GDP 指数、每万名就业者中的大专及以上学历人数指数，以及科技拨款占财政拨款比重指数，也分别呈现

7.1%、5.4%、3.6%和1.0%的年均增长率。截至2022年，这些指标的数值分别达到了161.7、144.6、128.2和107.2（见表1-2）。这些数据充分表明，我国在创新环境的构建和优化方面取得了显著成效。

表1-2　2015~2022年中国创新环境指数情况

项目	2015 年	2016 年	2017 年	2018 年	2019 年	2020 年	2021 年	2022 年
创新环境指数	100	103.9	109.9	123.1	132.4	138.9	151.8	160.4
每万名就业人员中大专及以上学历人数指数	100	103.2	103.2	111.7	121.3	118.1	123.1	128.2
人均 GDP 指数	100	106.2	112.9	120.1	126.8	129.4	140.3	144.6
理工类毕业生占适龄人口比重指数	100	104.7	109.8	115.1	119.8	135.5	145.1	161.7
科技拨款占财政拨款比重指数	100	103.8	103.6	108.2	112.6	103.2	109.9	107.2
享受加计扣除减免税企业所占比重指数	100	101.6	120.8	169.5	197.0	243.4	294.4	332.4

资料来源：国家统计局。

近年来我国的创新投入在持续增长，这种增长是通过一个综合指数来衡量的，该指数涵盖了四个主要指标：每万名 R&D 人员全时当量、R&D 经费占 GDP 比重、基础研究人员人均经费，以及企业 R&D 经费占营业收入比重。如果将 2015 年的创新投入指数设为基准 100，到 2022 年，已经攀升至 146.7，平均每年以 5.6%的速度递增。具体来看，各个分项指标也均有所增长。其中，每万名 R&D 人员全时当量（FTE）指数的增长速度相对来说较快，年均增速达到了 7.5%，到 2022 年，该指数值已经达到 165.6。此外，企业 R&D 经费占营业收入比重、基础研究人员人均经费、R&D 经费占 GDP 比重分别以 7.0%、5.0%和 3.1%的年均速度增长。2022 年，这三个指数的值分别为 161.0、140.5 和 123.7（见表1-3）。

表1-3　2015~2022年中国创新投入指数情况

项目	2015 年	2016 年	2017 年	2018 年	2019 年	2020 年	2021 年	2022 年
创新投入指数	100	103.8	111.1	119.6	124.3	131.9	137.1	146.7
每万名 R&D 人员全时当量指数	100	102.5	106.0	114.7	125.3	136.4	148.9	165.6
R&D 经费占 GDP 比重指数	100	102.1	102.9	104.1	109.1	117.0	118.3	123.7
基础研究人员人均经费指数	100	105.9	118.9	126.4	120.4	121.5	136.1	140.5
企业 R&D 经费占营业收入比重指数	100	104.7	117.5	135.8	145.1	156.2	147.7	161.0

资料来源：国家统计局。

近年来我国的创新产出实现了大幅增长，这一增长通过四个主要指标的"创新产出"综合指数进行衡量，这四个指标分别是：每万人科技论文数量、每万名R&D人员高价值发明专利数量、拥有注册商标企业所占比重，以及技术市场成交合同的平均金额。以2015年为基准（设定为100），到2022年，中国的创新产出指数已经跃升至187.5，这代表了一个年均9.4%的增长率。深入分析各个分项指标发现，每万名R&D人员拥有的高价值发明专利数量和拥有注册商标企业所占比重两个指标的增长尤为显著。这两个指标的年均增速分别高达12.5%和11.9%，到2022年，它们的指数值分别达到了227.7和219.3，这在全部18个评估指标中分别位列第二和第三。此外，技术市场成交合同平均金额也呈现出较快的增长趋势，年均增速为9.9%，到2022年，该指数值达到了193.2。而每万人的科技论文数量增长速度相对较慢，指数年均增速为3.6%，但在2022年的指数值也达到了128.3（见表1-4）。

表1-4 2015～2022年中国创新产出指数情况

项目	2015年	2016年	2017年	2018年	2019年	2020年	2021年	2022年
创新产出指数	100	108.4	117.5	137.0	150.3	161.2	171.6	187.5
每万人科技论文数量指数	100	100.0	102.4	110.4	116.4	116.6	121.5	128.3
每万名R&D人员高价值发明专利数量指数	100	116.4	139.0	156.1	171.0	190.2	200.9	227.7
拥有注册商标企业所占比重指数	100	106.8	117.4	152.5	177.5	190.1	205.2	219.3
技术市场成交合同平均金额指数	100	111.2	114.0	134.1	144.5	160.6	173.7	193.2

资料来源：国家统计局。

创新成果在我国正逐步显现，其影响力和实际效果可以通过一系列指标来量化评估。这些评估"创新成效"的指标共有五个，具体包括新产品销售收入占营业收入的比重、高新技术产品的出口额占货物出口额的比重、专利密集型产业增加值占GDP比重、"三新"经济增加值占GDP比重，以及全员劳动生产率。设定2015年的创新成效指数为基准值100，那么到了2022年，这个指数已经攀升至128.2，这意味着2015～2022年创新成效年均提升了3.6个百分点。深入分析各个指标，新产品销售收入占营业收入的比重增长势头最为迅猛，2015～2022年，其年均增速高达8.8%，到2022年该指数值已达到181.0。全员劳动生产率指数也以6.2%的年均速度稳步增长，2022年的指数值达到了152.2。同时，"三新"经济增加值占GDP的比重和专利密集型产业增加值占GDP的比重也分别以2.3%和2.1%的年均速度增长，2022年的指数值分别为117.5和115.7。然而，高新技术产品出口额占货物出口额的比重出现轻微下滑，年均增速为-1.1%，2022年的指数值为92.3。（见表1-5）。

表1-5 2015~2022年中国创新成效指数情况

项目	2015年	2016年	2017年	2018年	2019年	2020年	2021年	2022年
创新成效指数	100	105.2	110.7	115.5	118.0	123.6	127.2	128.2
新产品销售收入占营业收入比重指数	100	110.8	124.4	137.1	146.2	161.6	165.4	181.0
高新技术产品出口额占货物出口额比重指数	100	99.8	102.3	104.2	101.4	104.0	102.5	92.3
专利密集型产业增加值占GDP比重指数	100	104.6	106.5	107.4	107.4	110.8	115.2	115.7
"三新"经济增加值占GDP比重指数	100	104.1	107.1	109.1	110.4	115.6	116.8	117.5
全员劳动生产率指数	100	106.9	114.5	122.7	130.5	134.0	146.1	152.2

资料来源：国家统计局。

近年来，根据中国创新指数的最新测算，我国在面对国内外各种复杂严峻的挑战时，仍然坚持创新在国家现代化建设中的核心地位。通过深入实施创新驱动的发展战略，并不断完善国家创新体系，我国的创新能力正在持续并快速地提升，这为我国的社会经济发展提供了坚实的支撑。展望未来，我国必须继续坚持科技是推动社会发展的第一生产力，人才是国家的第一资源，创新则是推动国家发展的第一动力。为了加快建设科技强国的步伐，我国必须努力实现高水平的科技自立自强，全面塑造国家发展的新优势，以此推动高质量发展，并实现中国式现代化。根据国家统计局、中华人民共和国科学技术部、中华人民共和国财政部联合发布的《2022年全国科技经费投入统计公报》（以下简称《统计公报》），2022年全国在R&D经费投入总计达到了30782.9亿元，与上年相比，增加了2826.6亿元，增长率达到了10.1%。此外，R&D的经费投入强度，即与国内生产总值的比例，也提高到了2.54%，比2021年提高了0.11%。但值得注意的是，按R&D人员全时工作量来计算，人均经费为48.4万元，与上年相比略降了0.5万元。

数据的背后，是我国R&D投入强度不断提升，经费投入持续增长，特别是在基础研究方面取得了显著突破。同时，国家财政对科技的支出也在稳步增长。从不同活动类型来看，基础研究的表现尤为出色，2022年其经费达到了2023.5亿元，较上年增长了11.4%。应用研究和试验发展的经费也分别实现了10.7%和9.9%的增长。基础研究经费在总经费中的比重也有所提升，达到了

6.57%，显示出我国对基础研究的重视程度正在不断提高。从活动主体来看，各类企业在 R&D 上的经费投入最多，达到了 23878.6 亿元，增长率为 11%。政府所属研究机构和高等学校的经费也分别实现了 2.6% 和 10.6% 的增长。这显示出我国各类主体都在积极参与研究与试验发展活动。从产业部门来看，高技术制造业在 R&D 上的投入强度最大，达到了 2.91%，比上年提高了 0.20%。在规模以上工业企业中，有 7 个行业大类的 R&D 经费投入超过了千亿元，这些行业的经费投入占到了全部规模以上工业企业 R&D 经费的 63.2%。从地区分布来看，有 12 个省份的 R&D 经费投入超过了千亿元，其中广东、江苏、北京和浙江的经费投入最多（4411.9 亿元、3835.4 亿元、2843.3 亿元和 2416.8 亿元）。同时，有 7 个省份的 R&D 经费投入强度超过了全国平均水平，其中北京的投入强度最高，达到了 6.83%。此外，《统计公报》还显示，2022 年国家财政科学技术支出达到了 11128.4 亿元，较上年增加了 3.4%。其中，3803.4 亿元为中央财政支出，7325.0 亿元为地方财政支出，中央财政科技与地方财政科技分别占到了 34.2% 和 65.8%，显示出我国各级政府对科技创新的大力支持。

近年来，多项研究均显示，高管在企业创新活动中占据举足轻重的地位（卫旭华等，2015；石盛林等，2011；吴建祖等，2016）。创新活动本身具有高风险、长周期和高回报的特点，因此企业在进行创新时面临着重大挑战。这就要求高管在信息收集、处理及最终决策上具备更高的素养。那么，一个关键问题便浮出水面：何种类型的高管能够有效推动企业创新？为了解答这一问题，国内外学者已从高管团队的特征和差异性等角度探讨了其对企业创新的影响（雷怀英等，2014；Hambrick et al.，1996；卫武和易志伟，2017；雷辉和刘鹏，2013）。值得注意的是，这些研究通常将高管团队视为一个统一的整体，认为不同职位的高层管理者在企业创新活动中扮演着相同的角色并具有同等的重要性。但这与我国的实际情况存在一定的差异，因为在我国，尊重权威和较大的权力距离是普遍存在的现象。鉴于此，本书需要重新审视高管团队中不同职位的角色和重要性。特别是在中国特殊的公司治理环境中，高管团队的核心人物，即企业的最高决策者（许晓明和李金早，2007），其作用尤为关键。他们在企业的生产、销售等各个环节中都发挥着举足轻重的作用，有时甚至能决定企业的命运。因此，本书选择高管团队作为研究对象（Simsek et al.，2007），以期更深入地探讨高管在企业创新中的具体作用。

企业最高决策者是企业运营的核心，他们负责制定战略和日常经营决策，因此他们的个人特征和行为偏好会直接影响企业的管理决策和经营绩效。创新是企业提升产品竞争力和综合实力的关键活动，而高管团队，尤其是首席执行官，对企业的战略和经营决策起着决定性作用。他们的个人特征会影响其认知和偏好，进而影响到企业的创新活动。目前，高管团队的组织形式主要分为两种：董事长与首席执行官两职合一,以及两职分离。这两种形式的利弊一直是学术界和企业界关注的焦点。根据委托代理理论,当企业所有权和经营权分离时,董事会与经理人的利益出发点可能不同。董事会更注重企业整体利益,而经理人可能更关注个人利益。在两职合一的情况下,首席执行官可能因缺乏监督和信息不对称而做出不符合企业利益的行为。而在两职分离的情况下,董事会可以更有效地监督首席执行官,避免代理问题,使首席执行官更专注于提升企业利润,从而有利于发挥其管理能力并推动企业创新。

现如今,中国企业的自主创新能力是推动企业持续发展的关键,能通过推出新产品和改进工艺来提升生产效率并确保企业的长期发展。然而,研发工作常常伴随着高风险和不确定性,这可能对企业的技术创新活动构成一定的阻碍。为了缓解这些压力,政府正在逐步增加对企业研发的资金补贴,并拓宽其覆盖范围。截至 2022 年,我国在 R&D 上的投入持续增长,投入的力度也在不断加大,特别是在基础研究上取得了新的进展。同时,国家在科技方面的财政支出也在稳步增长。国家统计局网站资料显示,2022 年我国在全社会范围内的 R&D 经费投入已达 30870 亿元,比上年增长了 10.4%。若按不变价格计算,R&D 研发经费增长率为 8.0%。值得注意的是,R&D 经费与国内生产总值(GDP)的比例已提升至 2.55%,相较于上年提高了 0.12%(见图 1-2)。这充分显示了我国对科研和技术创新的重视和支持。其中,基础研究经费为 1951 亿元,增长了 7.4%;占 R&D 经费的比重为 6.32%,下降了 0.18%。

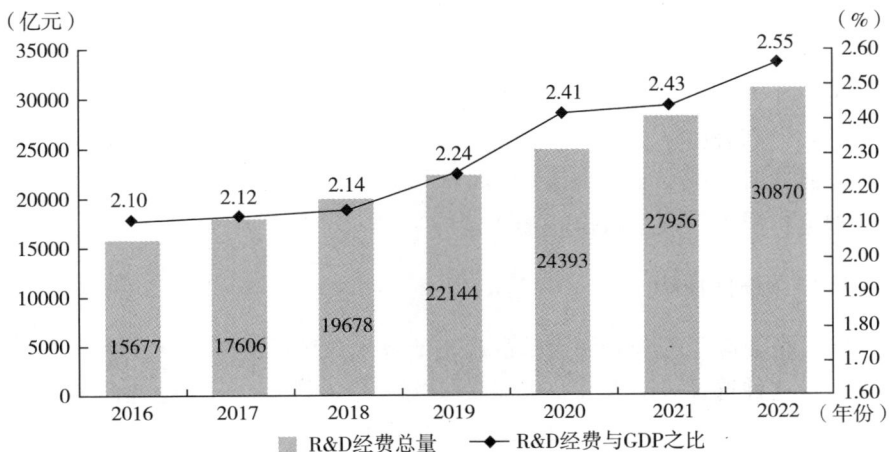

图 1-2 2016~2022 年全国 R&D 经费及投入强度情况

资料来源:国家统计局。

本书参考相关创新管理研究的处理办法（Simsek et al.，2007），选择企业首席执行官（高管团队）认知作为本书的研究对象。首席执行官（高管团队）认知在企业运营中扮演着至关重要的角色，它不仅关乎企业的发展方向和最终决策，还直接影响着企业的经营成果。技术创新作为企业不可或缺的经营活动，对于增强产品的市场竞争力，推动企业技术创新活力的迸发，以及提升企业的整体实力具有深远影响。而作为企业管理层的核心，高管团队的认知水平对企业的战略规划和运营决策起到了决定性的作用。简言之，高管团队的认知、企业的技术创新以及经营绩效之间存在着紧密而复杂的相互影响关系。另外，高管团队认知能力和认知需求对企业发展会产生不同的决策布局，从而影响企业的创新绩效、技术创新行为和企业总体绩效及长远发展。对现阶段来说，企业最高决策层关于组织的两种形式——董事长兼高管团队两职合一，以及董事长和高管团队两职分离，其各自的利弊一直是学术界、企业管理层及经营者的热议话题。委托代理理论揭示了企业所有权与经营权分离时的利益差异：董事会致力于企业整体利益，追求利益最大化；而经理人更多地从个人角度出发，寻求个人利益或价值的最大化。在两职合一的模式下，核心决策者可能会由于缺乏监督和信息不对称而做出与企业整体利益不符的决策。相对而言，两职分离模式允许董事会行使其监督职能，从而加强对高管团队的监督与引导，减少代理易出现的问题，同时也使高管团队更加专注于提升企业利润和发展，而非仅仅是个人利益，这有助于高管团队更好地运用管理能力，推动企业创新和技术进步。此外，本书还结合了高阶理论和委托代理理论，深入探讨了高管团队特性与企业创新绩效之间的关系，并特别关注了董事长和高管团队的认知广度和深度对企业创新绩效的调节效应。这一研究既是对现有研究的补充，也是对新领域的勇敢探索。

基于上述考虑，本书以中国科技类科创板上海证券交易所上市企业为研究背景，探讨企业高管团队认知（认知能力和认知需求）对企业绩效的促进作用微观机理，通过研究高管团队的认知、技术创新与创新绩效之间的内在关系。以期为后续理论扩展提供理论依据和实证支持。

1.1.2　问题的提出

当前，企业高层管理者所面临的最重要且最棘手的战略选择，就是企业的发展与创新。这种选择风险极高，可能带来失败的结果。对众多企业而言，创新活动可以分为两种截然不同的方向：探索型创新和开发型创新。在当今这个日益复杂且多变的全球市场环境下，技术创新要想取得长久的成功，就必须在探索新领域和利用现有资源之间找到平衡，而不是将所有资源和精力都倾注在单一目标上。若偏执一端，创新可能无法为产品带来市场竞争优势，甚至可能导致创新的失败。简单来说，只有当探索和开发在高质量、高效率、高回报的层面上达到平衡时，创新才能为企业带来长期成功。然而，这两种创新形式源自不同的组织知识体系，并会对企业资源进行竞争性争夺。它们的作用方向相反，这导致创新活动本身陷入一种悖论状态。这种状态反映了组织内部在认知、理念和利益等多个方面的差异和冲突，构成了一种"战略性悖论"。如何解决这一悖论，正是当前高层管理者需要面对的最大难题（Smith and Tushman，2005）。

在当今社会，经济的持续稳定增长已成为追求繁荣与持续进步的关键因素，而技术创新则为这一目标的达成提供了重要的引领和支持作用（雅诺什·科尔奈和张定淮，2015）。特别是在当前新科技革命加速推进的背景下，技术革新的浪潮接连不断，科技成果从研发到商业应用的转化速度显著加快，产业结构的更新周期也日益缩短。因此，在区域经济的演进中，技术创新的重要性日益凸显，对于推动经济可持续发展起到了至关重要的作用。结合上述理论背景和现实背景以及面对全球经济一体化的沧海桑田、经济市场的瞬息万变以及高新技术的突飞猛进，技术创新虽快速地促进了全球经济的发展，带动了人们生活品质的提升、社会文明的进步，但也带来了当代企业在动态的环境中面临的各种风险。创新对于企业和民族的发展至关重要，也是国家繁荣的持久驱动力。在党的二十大上，习近平总书记重申了在开辟马克思主义中国化新纪元的过程中，创新是必须坚持的原则。在此背景下，企业作为国家创新体系中的核心角色，肩负着重大的社会责任。为了推动创新，政府不断为企业提供研发资金支持。这些补助已经成为影响企业创新成果的关键因素。然而，企业高管团队的理念和认知，将决定政府补贴资金的使用方向和投入 R&D 的程度。更进一步地说，政府补贴是否能有效提升企业的技术创新能力和整体创新水平，也取决于高管团队的决策和视野。为了深入探究这些问题，通常需要获取企业实际的运营数据，通过实证分析的方法来剖析和解答高管团队认知、技术创新和创新绩效这三者之间的关系。

那么，企业在动态的市场经济环境（宏观环境和微观环境）下如何生存与发展？企业如何在激烈的、全球化的市场竞争中把握潜在的商业利益？如何利用在内外环境变化整合资源使企业永续发展？如何合理科学地增加企业的技术创新以促进企业做大做强？本书把高管团队认知、技术创新与企业绩效三者结合起来以微观视角进行研究。自熊彼特（Schumpeter，1912）首次提出创新理论以来，受到世界各国的学者、政府、研究机构与企业界专业人士的极大关注，并对其进行深入的理论研究与实证分析。企业如何高效地利用自身资源进行技术创新发展，是世界各级政府和企业界的高层管理者极为关心与亟须解决的重点问题。

因此，本书主要聚焦于中国企业在大数据时代，企业在市场环境的动态变化的背景下，高管团队（首席执行官）的认知水平直接影响或者说制约企业技术创新体系并分析相关因素。主要研究以下问题：

(1) 描述分析高管团队认知维度如何影响企业战略发展？

(2) 系统阐述高管团队认知水平如何影响创新绩效？

(3) 影响高管团队认知能力变化的因素是什么？

(4) 如何构建和推动企业的技术创新与调节机理？

基于以上问题构成了本书的研究主体并且每个章节也是围绕上述问题的机理进行铺展的。本书通过分析以往相关研究结果以高管团队认知为切入点，将高管团队认知界定为认知需求和认知能力两个维度，经综合考虑，以股权激励机制与晋升激励机制分别对高管团队认知两个维度调节入手，通过技术创新揭示高管团队的认知与企业绩效之间的关系。

1.2 研究目的与研究意义

1.2.1 研究目的

首先，为了深入理解高管团队的认知能力和认知需求如何影响组织绩效和员工绩效，本书进行了系统的文献综述与理论探讨，对"认知能力"与"认知需求"这两个核心概念的内涵与结构进行了详细分析。认知能力主要指的是高管在处理信息、解决问题以及做出决策时的能力，认知需求则反映了高管对于信息处理、决策制定和问题解决的内在需求和动力。进一步地，本书深入探讨了高管团队的认知能力和认知需求与组织绩效之间的潜在联系。理论上，高管团队的高认知能力可能促进更明智和高效的决策，从而提升组织绩效。同时，高管团队强烈的认知需求可能推动他们更积极地寻求和处理信息，以优化组织运营。为了验证这些关系，本书建立了一系列研究假设，并通过问卷调查和实证分析来检验这些假设。本书不仅考察了高管团队的认知能力和认知需求对组织绩效的直接影响，还探究了这些因素如何通过影响员工绩效来间接影响组织绩效。员工绩效作为组织绩效的重要组成部分，同样受到高管团队认知特征的影响。通过这一系列研究步骤，本书期望能够揭示高管团队的认知能力和认知需求是如何影响组织和员工绩效的，以及员工绩效又是如何进一步影响组织绩效的。最终，本书目标是确认高管团队的这些认知特征对组织和员工绩效产生影响的具体机制。

其次，为了验证高管团队的认知能力与技术创新能力（以研发活动为代表）对员工绩效以及企业整体绩效的影响，本书进行了详尽的文献回顾和理论分析。①本书对技术创新这一概念进行了深入的剖析，探讨了其内涵、组成部分以及在企业运营中的作用。②本书着重分析了技术创新与企业绩效之间的潜在联系。理论上，有效的技术创新能够推动企业产品的升级换代，增强市场竞争力，从而提升企业绩效。同时，本书考虑了高管团队的认知能力如何在这一过程中发挥作用，他们的决策和引导对于技术创新的方向和实施具有重要影响。为了更具体地探讨这些关系，本书构建了一系列研究假设，旨在揭示技术创新、高管团队认知能力、员工绩效和企业绩效之间的内在联系。为了验证这些假设，本书设计了详细的问卷调查，并进行了广泛的实证数据收集。通过对收集到的数据进行深入分析，本书初步了解了技术创新如何影响员工绩效以及企业整体绩效。本书发现，技术创新不仅能够直接促进企业绩效的提升，还能够通过提高员工的工作效率和满意度来间接影响企业绩效。综上所述，本书通过系统的理论分析和实证研究，确认了技术创新对员工绩效和企业绩效的积极影响，并揭示了高管团队认知能力在这一过程中的重要作用。这些发现为企业如何更有效地进行技术创新以提升绩效提供了有价值的洞见。

再次，为了深入探究高管团队的背景特征如何影响组织绩效以及员工绩效，本书详细阐释了高管团队背景特征这一概念的具体内涵及其构成，包括成员的教育背景、职业经历、年龄、任期等多样化因素。通过文献综述，本书总结了过往研究中高管团队背景特征与组织绩效之间的潜在关联。理论上，高管团队的多元化背景可能为组织带来更广阔的视野和更强的战略适应性，从而影响组织绩效。同时，这种背景特征也可能通过影响高管团队的领导风格和决策过程，进而对员工绩效产生间接影响。基于这些分析，本书构建了一系列研究假设，旨在明确高管团队背景特征、组织绩效和员工绩效之间的内在联系。为了验证这些假设，本书设计了一份详尽的问卷调查，并在多个组织中进行了广泛的数据收集。通过对问卷调查数据的统计分析，本书初步揭示了高管团队背景特征对组织绩效和员工绩效的影响机制。结果显示，高管团队的背景特征确实与组织和员工的绩效有显著关系。特别地，某些特定的背景特征能够提升组织的创新能力和市场适应性，进而提高组织绩效；同时，这些特征能通过塑造积极的工作环境来提升员工的满意度和工作效率。综上所述，本书通过系统的文献综述、理论分析和实证研究，证实了高管团队的背景特征对组织绩效和员工绩效的重要影响，并揭示了其中的影响机制。这些发现为企业如何构建和优化高管团队，以提升整体绩效提供了有价值的参考。

最后，本书旨在深入探索高管团队背景特征如何对组织和员工绩效产生影响，并考察团队效能、团队凝聚力、组织承诺以及愿景领导等变量在这一过程中是否起到关键作用。尤其关注团队凝聚力和团队效能是否在高管团队背景与绩效关系中起到了中介的作用，同时考察愿景领导是否对这一关系产生调节效应。通过这些变量的综合考量，本书期望能够更全面、深入地理解高管团队背景如何通过各种组织行为因素最终作用于组织和员工的绩效表现。

1.2.2 研究意义

关于技术创新与企业绩效之间的关系，学术界已经取得了显著的研究成果。索里亚诺等学者对澳大利亚的制造企业进行了深入研究，他们发现公司的研发投入对产品销售有显著影响，而产品销售又进一步影响公司的财务表现。同样，梁莱歆和张焕凤（2005）指出，研发投入和利润率之间存在短期的正相关关系，低研发投入会导致较低的利润率，从而影响公司整体业绩。程宏伟等（2006）对96家上市公司进行的研究表明，尽管技术创新与公司业绩之间存在正相关关系，但技术创新带来的经济效益在公司总销售收入中所占的比例相对较小，这可能暗示了效益的滞后性。而陈守明等（2012）的实证研究发现，技术创新的强度与企业当前及未来一年的价值有显著的正相关性，但这种提升效应会逐年递减。此外，学者们还探讨了技术创新和企业绩效之间的中介变量。程华和王婉君（2013）以266家浙江民营企业为研究样本，发现研发投入虽然对公司业绩没有直接影响，但通过提升技术能力来间接影响公司业绩，从而证明了技术能力在研发投入与公司业绩之间的中介作用。另一项研究发现，科技创新也是一个重要的中介变量，该研究筛选了312家浙江省的制造企业，发现研发投入对科技创新有显著的促进作用，同时研发的产出数量和发明专利的获得数也具有一定的中介意义，但这一领域的研究仍有待深入。

多年来，国内外学者一直在深入研究企业的研发投入行为及其影响因素。许多研究聚焦于外部环境（如行业结构、市场需求）以及企业内部特性（如企业规模和治理结构）对R&D投入的作用。然而，技术创新投入，作为企业的战略决策，也受到高层管理者有限理性和认知方式的影响。高层梯队理论由Hambrick和Mason（1984）提出，深入揭示了高层管理者的人口背景特征可以反映其认知模式和能力，从而影响企业战略选择和企业绩效。基于此理论，学者们从高层管理者以高管团队为代表的多种特征，如年龄、受教育程度（Vincent and George，2002）、任期、政治关联、持股比例（Jensen and Murphy，1990；高蓓和王新红，2010）、自主权（Nahapiet and Ghoshal，1998；苏文兵等，2011），探究了高层管理者与技术创新投入的关系。现有研究发现，高层管理者的这些特征对R&D投入有显著影响，但多数研究只针对某一个或某几个特征，缺乏全面性分析，且在某些特征上的结论并不一致。鉴于此，本书以2017~2022年披露R&D支出的中国制造业上市公司为样本，综合考察了高管团队的能力、动力和权力的影响因素对技术创新投入的影响。本书还基于研究结果，提出了促进中国企业技术创新投入的建议。

本书的研究意义包括：

（1）推进组织管理的微观基础研究。以往多是基于制度、惯例、规则和文化等视角对组织理论的研究，往往忽视了个体要素的作用。近年来，西方学者开始更多地从个体角度出发，深入探索认知、情感、行为和动机等个体因素对企业成长的影响，以及个体间的社会互动如何塑造组织能力。这种从宏观到微观的研究转向，反映了学界对个体因素在组织发展中重要性的认识日益加深。然而，国内尽管企业管理能力提升的研究已有不少，但对于个体与集体、微观与宏观之间联系的研究仍不够系统，特别是基于实际经验的探讨还很不足。本书专注于中国特有的文化和商业环境，深入探讨高管团队在企业发展过程中认知的微观变化和机制。本书不仅有助于更深入地理解组织管理的微观基础，而且对中国企业组织能力的提升具有重要的理论指导价值。同时，对于全面系统地理解企业绩效差异的演化过程，完善企业管理理论，具有十分重要的意义。

（2）完善新经济背景下高管团队认知研究的相关理论。由于对高管团队认知测量方法及工具的局限性，早期对高管团队的研究大多集中于客观特征，主要考察高管团队平均年龄、年龄异质性、高管团队学历、背景特征、性别等差异与组织绩效的关系。在对高管团队认知差异的研究上，Carpenter 等（2004）认为，高管团队的特征不仅局限于心理因素，而是涵盖了能力、行为倾向、信息收集、资源获取、人力资本、心理特质和社会资本等多重维度。研究者需要明确，使用人口统计变量仅是为了简化对复杂且难以获取的体系的描述，它并非推动战略选择和决策过程的核心要素。根据 2017 年中国企业家调查系统发布的《中国企业经营者成长与发展报告》，要提升企业的战略决策能力，关键在于"提高高管团队的素养""加强企业家的战略思维""完善组织结构和管理体制"，以及"鼓励员工参与"等策略。值得一提的是，高管团队的认知水平在塑造企业家战略思维方面发挥着决定性的作用。

在早期的研究中，学者往往采用静态的视角来研究高管团队，主要通过人口统计学特征来间接反映高管团队的认知和心理过程。然而，随着时间的推移，研究方法逐渐演变为动态视角，侧重于团队过程如沟通和协调对决策行为的影响。尽管近年来对高管团队的研究已取得了一定的成果，但学术界仍未完全揭示高管团队认知与公司绩效之间的内在联系，这个领域依然像一个神秘的"黑盒子"等待被进一步探索。得益于社会心理学和其他相关理论的不断进步，以及过去对高管团队的长期研究积累，国内外学者正致力于打开这个"黑盒子"，以期在高管团队认知研究上取得新的突破，进而细致深入地研究认知行为与认知规律对企业技术创新与绩效发挥重要作用的机理，这将极大提高学术界对认知理论的重视。本书基于以前学者对高层管理团队研究的理论基础，实证分析高管团队认知对企业技术创新及企业绩效差异的作用机理，以期拓宽现有的研究范畴，得出一个更全面的关于高管团队认知与企业技术创新及企业健康成长之间的理论框架。

（3）为现代动态市场环境下的企业技术创新提供理论和实践指导。在经济全球化的时代，市场环境的动荡造成了企业之间激烈的技术创新竞争，许多企业盲目地追求新产品、新技术，而没有清晰的管理脉络和成熟的项目管理流程，从而导致企业不断地追求技术创新项目的数量，却忽略了技术创新项目的质量。盲目的追求引起团队发起的项目与企业自身的资源与预期目标往往差距较大，最终企业将不得不承受较长的产品开发周期与一定程度的损失或最终失败。研究表明，技术创新更多地服务于全人类，成功的技术创新大都具备清晰的创新管理体系。本书针对当前经济运行与企业经营实践的关键问题，即企业高管团队认知在动态市场经济环境中的反应能力，明确企业在充满活力的市场经济背景下适应能力的内涵、机制和特征，为当前复杂经济运行背景下的企业发展提供重要的理论与实践指导。

综上所述，企业如何在面对动荡不定、纷繁复杂的外部市场环境时，消除或避免阻碍其拓展的瓶颈，实现可持续发展，对于政府及相关组织的理论研究和管理实践来说都具有非常重要意义。对于本书研究问题的深入分析，力求帮助企业寻找更为有效的组织能力提升和发展战略，从而实现企业基业长青，助力共同富裕的企业愿景。

1.3　相关概念界定

高层梯队理论是管理研究领域的重要基石，由 Hambrick 和 Mason 在 1984 年提出，该理论以创新的研究角度，专注于探讨 TMT 的决策影响，为全球的相关研究开辟了新的方向。这一理论的深远影响可以从全球近 600 篇引用其内容的文献中看出（Carpenter et al.，2004）。高层梯队理论的突出贡献在于，它使用易于量化和精确获取的人口统计数据，如性别、年龄、学历、国籍等来反映高层管理者的深层次心理特质。这种方法极大简化了研究过程，同时为宏观和微观的理论研究提供了新的视角。此外，该模型还综合考虑了企业所处的外部和内部环境，认识到在不同的市场经济环境中，TMT 的特征和反应会有所不同，这进一步引导了后续学者对不同行业企业间的差异性研究。Hambrick 和 Mason 的核心发现有两点：首先是 TMT 的人口统计特征，包括性别、年龄、教育背景等，可以有效地反映出他们的心理特征，以及团队内部的沟通和协作方式；其次是这些个体特征的差异会直接影响企业的战略决策和整体绩效。这一理论不仅提供了一个初始的研究模型供全球学者参考，而且揭示了高层管理团队特征与企业运营之间的深层联系。

本书以高层梯队理论为基础对高管团队认知与企业创新绩效关系进行深入研究，同时引入技术创新认知和能力对企业绩效的调节作用。考虑目前尚未见到将高管团队认知、技术创新与企业绩效三者结合起来研究的文献，本书决定将这三者结合起来进行研究。

1.3.1　高管团队认知

"没有完美的个人，只有完美的团队。"琼·R. 卡扎巴赫和道格拉斯·K. 史密斯在《团队的智慧》中多次重申了一个重要的观点：团队并非泛指任何在一起工作的人群，而是需要更精细化的定义。他们强调，团队与一般性的工作集团有着本质的区别。团队是一群拥有互补技能的人，他们为了一个共同的目标而努力达成并固守相互间的责任。Shnok（1982）给出了团队的定义：一个团队至少由两人组成，他们必须保持高度的协调一致，这是完成共同任务的基础和关键。除了协调，团队成员还需要朝着共同的任务或目标努力。这两个要素是决定一个团队是否真正存在的关键。换句话说，没有协调一致的努力和共同的目标，就不能称之为一个真正的团队。Quick（1992）指出，团队的一个显著特点是其成员都能将团队目标的达成置于首要位置。团队成员各自具备专业技能，能够相互扶持、顺畅合作，并且能够清晰、开放地与其他成员进行交流。这种高效沟通和协作是团队成功的关键因素。

Katzenbach 和 Smith（1993）提出，团队是由一小群具有不同才能的成员组成的，他们互相补充，共同认识到一个清晰的目标，并设定相应的绩效标准。这些成员之间建立了深厚的信任，携手合作以达成共同的目标。

孙海法和伍晓奕（2003）认为，团队是一个高度信任的集体，在这个集体中，成员之间彼此扶持、紧密合作。他们各自发挥独特的才能，并为团体的共同使命和目标而努力。在这个过程中，成员们注重沟通交流，积极参与决策，并为设定和实现团队绩效目标贡献自己的才智。Cooke 等（2001）从复杂系统下团队认知的观点出发，强调团队成员之间在认知上的互动，以及团队面临环境变动的认知调适。

认知原指心理学中的一个常规术语，是依据人们已有的规则、信念和经验，对所获取的信息进行解释和加工的过程，即个体通过直觉感知、知识、诊断、动机、思维整合等最终形成自己独有的体制化和默会性的记忆（Weick，1990）。这种假说性的记忆经过反馈过程中的验证和修补，得到进一步的强化和巩固。当前，认知在管理学研究领域具有重大意义。学术界对团队认知的研究，实际上是从研究个体认知发展而来的。每个团队都是由多个个体成员组成的，而这些成员的认知，无论是客观的理解还是主观的看法，都会对团队或组织的行为产生直接或间接的影响。当前，各国学者在团队认知的研究中取得了诸多发现。其中，交互记忆体系和共享心智模型是受到特别关注的两个方面。交互记忆体系更多地从团队认知的角度出发，而共享心智模型隶属于认知心理学的领域。这两个方面在团队认知研究中具有一定的代表性（王学东等，2011）。

认知是人们获取知识或应用知识的过程，或者说是信息加工的过程，这是人最基本的心理过程，它包括感觉、知觉、记忆、思维、想象和语言等。近年来，认知心理学的兴起引领了一种全新的团队认知研究思路，这种理解方式也被视作新的"社会认知"。当这种新的认知方式与 TMT 的相关理论相结合时，社会心理学家们便提出了一个观点：社会认知是理解复杂社会行为的关键，它强调对认知过程的理解。因此，在研究 TMT 时，除了对传统的工作行为或态度进行研究，近期的学术研究越来越聚焦于团队在战略决策过程中的认知要素。这种研究方向的转变，为我们更深入地理解 TMT 的工作机制和决策过程提供了新的视角。

本书对团队认知的界定围绕认知需求和认知能力两个维度。尽管团队认知的研究已经在多个方面有所进展，但对于其精确定义仍存在广泛争议。Cooke 等（2001）提出，团队认知可以看作是团队成员个人认知的"交集"，即团队成员所共享的个体知识的总和。而 Leippe 等（2004）提出，团队认知反映的是团队内部知识资源的重新分配，这种分配是基于不同认知模式的劳动分工。然而，Jun He 等（2007）认为，团队认知应该是"互补的"，意味着知识在团队成员间是分散的，每个成员都应该根据自己的专业知识为团队做出贡献。在执行任务时，他们可以交流和分享知识，从而实现知识的互补。Nancy 等（2012）提出，团队认知可以通过团队成员间的知识转移过程来衡量。在综合了前人的研究后，本书提出新的定义：团队认知是特定组织中的团队成员在执行团队任务时，通过认知协调，利用个人知识实现知识的吸收、传播和共享，从而达到团队知识融合的过程。这个过程反映了团队成员如何通过相互合作，将各自的专业知识融合为团队共有的智慧。

高管团队概念界定的准确与否决定了本书的研究内容即研究数据收集和测量的可靠性，并最终影响研究结果的科学性。如何界定高管团队？在已有的研究中，学者为获得稳定、有说服力的测量结果，在研究高层管理团队时采用了多种方法，如向决策者发放问卷调查、对决策者进行深入访谈等（张平，2006）。而在这些方法中，最常用的是根据管理者的职位头衔和管理层级来确定哪些人属于高层管理团队。这种方法简便且实用，被广泛采用（Wiersema and Bantel，1992；

Hambrick and D'aveni，1992；Sutcliffe，1994；Boeker，1997）。

1.3.2 技术创新与管理

Enos（1962）在他的著作中首次阐述了技术创新的概念。而后，Christopher Freeman（2001）将技术创新定义为新产品、新流程、新系统和新服务的首次商业应用。美国国家科学基金会在1976年的报告中指出，技术创新意味着将新的或经过改进的产品、流程或服务推向市场。1999年，《中共中央 国务院关于加强技术创新，发展高科技，实现产业化的决定》也给出了技术创新的定义，强调企业应运用新知识、新技术和新工艺，通过改进生产方式与经营管理模式，来提升产品品质，推出新产品或新服务，从而实现市场价值。这种定义已成为中国学术界和企业界的共同认知。

技术创新是提高企业核心竞争力的关键。企业实施技术创新，加强创新管理，生产出优质、低价且能提供有力售后保障的产品，这样才能在全球市场上展现出明显的竞争优势。这一点已经在中国、东南亚、印度、欧洲、巴西、非洲和墨西哥等市场得到了验证。而且，随着经济全球化的持续深化，世界经济一体化的规则、体制和秩序正逐步趋于平等，这为企业技术创新提供了更广阔的发展空间。在这样的背景下，以民族经济为基础的企业技术创新也将日益成熟和完善。在当代市场经济情况下，相同技术类型的产品在生产与销售过程中通常是由多家企业共同完成的，企业所面对的是激烈竞争的市场，因此企业管理者需要分析企业已经拥有的核心技术现状及其利用情况。在激烈的竞争市场上，企业为了迅速推广自己的产品并扩大市场占有率，高管团队对技术创新和对创新的管理、商业模式的设计、绩效考核与激励机制以及组织结构的认知是极其重要的。不过，现有研究大多假设管理者是同质的，忽视了高管团队（TMT）或管理者的认知水平的差异。TMT是企业技术创新与创新管理活动的主要组织者与推动者，人力资本在企业中的重要性是显而易见的，而高管团队成为了推动企业技术创新的重要源动力。在全球经济化激烈竞争的经济环境中，企业的壮大发展需要TMT的凝聚力，优质、高效的TMT对企业技术创新能力的管理、加强和实施，极大增强了企业的核心竞争力。

技术创新是经济主体的内生决策的结果。核心竞争力（也称核心能力）能使企业拥有独特的竞争优势。所谓核心能力实际是在企业组织中的沉淀性认知，是连续不断的技术创新，尤其是高层管理者为了有效整合各种生产技术，并实现与创新管理者的多种知识和技能的有机结合，创新管理者需要具备一种全面的认知能力。这种认知能力不应仅限于对单一产品的理解，而应能够推动所有产品或技术服务的整体竞争力提升。在这个意义上，技术创新不是某一产品或服务的投入与管理的简单叠加，而是构成企业核心竞争力的关键因素，它需要超越单一产品或服务的层面，从全局和战略的高度去认识和推动，而且还需要超越企业其他任何职能部门。企业高管团队要清晰地认识到核心竞争力的生命周期远超任何单一的产品或服务。因此，对于企业来说，构建并维持一种领先于行业竞争对手的核心竞争力，是其实现稳固市场地位和长远发展的重要保障。这种核心能力不仅关乎企业的现在，更是决定其未来走向的关键因素，是企业未来增进产品研发的源泉。技术创新结构如图 1-3 所示。

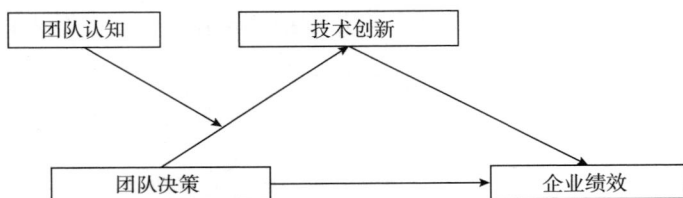

图 1-3　技术创新结构

企业竞争能力的高低，实际上是考验企业的整体合力形成的程度高低，简单来说，就是企业有没有凝聚力，员工之间是否能够配合默契，围绕企业的经营目标共同奋斗，所以要保持企业竞争优势的持续性，就需要通过发展企业文化，增强企业上下的凝聚力。能够经受住长期动态环境考验的产品或服务才具有真正的竞争优势。企业的成功和竞争优势的获得，不能仅仅依赖于某一时刻的市场或资源定位，而应着眼于长期的总体经营绩效。正如战争中的全局胜利比单次战役的胜利更为重要，企业在动态环境中的生存与发展，也需要关注长期和整体的结果。若企业只有单一竞争优势且无法创造新的优势，将难以在变化多端的市场中立足。为了获得持续竞争优势，企业必须积极主动地应对环境变化，而不仅仅是被动适应。这要求企业能够准确预见市场变化，并迅速作出反应。利用自身的战略资源、核心能力和优秀企业文化，抓住市场机遇，进行持续性创新，从而不断超越既有竞争优势，转移到新的竞争优势上，实现超越竞争对手的目标。真正的竞争优势在于开创并独占新的领域，避开直接竞争。因此，持续性创新是企业保持和提升竞争优势的关键所在，也是其创造和维持竞争优势的唯一途径。

技术创新不仅仅是提升生产和研发的效率，更重要的是提高技术开发的有效性，即将技术顺利转化为实际的产品和服务。在以知识和能力为基石的技术创新过程中，对组织结构和市场环境进行深入分析也是必不可少的环节。技术、市场和组织的变革是相互关联的，虽然高质量的研究与开发能够提升技术创新的效率，但这并不能确保产品在商业市场上一定能取得成功。同样，即便进行了深入的市场研究，也可能无法完全识别和预测全新产品或服务的市场潜力。因此，技术创新是一个全面管理的过程，它涵盖了从技术最初的创新研发阶段到技术实际应用的整个流程。这个过程包括设计、制造、销售、服务以及产业化和商业化等各个环节的资源配置、组织与管理。

1.3.3 激励机制

激励机制是企业为了激发员工积极性而采用的一系列方法和措施。由于企业的所有权和经营权通常是分离的，这种机制能有效地调和所有者和经营者之间的利益差异，进而增强企业的创新能力。特别是针对公司高层的激励措施，一直是公司治理领域的热门话题（Jensen and Meckling，1976）。多种形式的薪酬，如基本工资、奖金、津贴、股票、股权、期权等，都被用作激励高管的手段（Smith and Watts，1982），这些薪酬可以分为货币薪酬和权益类薪酬两大类（张兴亮，2014）。此外，学者们还从激励的时效性角度，将高管激励划分为短期和长期两种。短期主要通过薪酬来实现，而长期依赖于股权激励（鲁桐和党印，2014；陈修德等，2015；尹美群等，2018）。另外，晋升也是一种重要的内部激励机制。通过晋升，企业不仅能够选拔出优秀的人才，还能极大地提高员工的工作热情和投入度。这种"看得见的权力"的激励方式，即将员工提升到更高的职位，并赋予相应的职责和权力，对员工和企业发展都具有深远的意义。

因此，参考翟文华（2017）的研究，本书将激励机制细分为两个重要的调节因素。第一个是以薪酬激励，特别是股权激励为核心的高管激励机制；第二个是以权力提升，即晋升激励为重心的高管激励机制。

1.3.4 企业绩效

衡量企业绩效是企业战略制定和发展的重要考量因素，而衡量标准会直接影响研究的结论。学者通常从两个主要维度来定义企业绩效：一是财务会计角度；二是市场价值角度。在财务会计层面，关键指标如资产收益率、净资产收益率以及每股收益等，都是用来衡量企业内部运营效率的。这些财务数据为本书提供了一个相对客观的视角来评估企业的内控状况。从市场价值层面来看，每股价格和股票价格增值等指标成为重要的衡量标准。Yuan Huili 等（2020）指出，虽然财务指标能够反映出企业过去的经营成果，但市场价值更能体现股票持有者对企业前景的预期，因此能更客观地揭示企业社会责任是否会对公司未来绩效产生影响。然而，也有学者的观点对此提出疑问，因为在信息不完全的情况下，管理者难以准确预测外部利益相关者会如何反应。

企业绩效管理通常由以下几个核心环节构成：首先，进行绩效的诊断与评估。这一步要求深入企业实地调研，通过科学系统的分析，针对企业的实际情况，设计出更为合理的绩效管理方案。其次，明确企业的绩效目标。这需要根据先前的诊断评估结果，制定出既科学又符合实际的企业经营发展计划。再次，制定和调整绩效管理方案。在这一阶段，要根据企业的实际状况和行业标准，制定出关键绩效指标，并以此作为考核的基准。同时，还需设计出绩效考核的流程，以推动企业目标的实现。又次，对企业的绩效进行测评分析。在明确了绩效考核的各项指标后，要在执行过程中不断发现问题并进行相应的改进。最后，实施企业的绩效考核。在确定了绩效管理的标准后，还需根据企业的业务目标和战略对绩效管理方案进行适时的调整，确保方案能够周期性和持续性地得到优化和改进。

关于绩效的定义，学术界存在不同的观点。Otley（2001）提出，绩效不仅涉及工作过程，还包括其达到的成果。Pynes 和 Bernardin（1992）强调，绩效管理的核心应该是结果。然而，Campbell 等（1990）提出另一种看法，他们认为绩效主要体现在行为特征上。与此观点相呼应，还有学者认为绩效管理应更多地关注行为本身，而非行为导致的结果（Jensen and Murphy，1990；Stewart and Latham，1986）。这两种迥然不同的定义引发了对绩效框架的争议：绩效究竟是行为、结果，还是两者的结合？Carpenter（2000）提出一个综合观点，认为绩效应包含行为、产出和结果三个要素。同样，Pynes 和 Bernardin（1992）表示，绩效是某一时期内工作、行动或行为所产生的总结记录。综合来看，一个整合的绩效结构似乎更为合理，但具体应如何定义，还需根据具体的研究过程和实践中绩效对象的特征来决定。

1.4　研究内容与研究结构

1.4.1　研究内容

本书以高管团队认知为研究对象，根据研究背景、研究目的和研究意义相关文献，深入挖掘高管团队认知的内涵极其维度，并重点剖析高管团队认知需求和认知能力二维度对创新绩效结果的影响关系，以技术创新为中介作用、以股权激励与晋升激励为调节作用，针对不同组织需要和不同认知能力的管理者会产生不同的行为后果。在动态的市场环境下，认知能力强的高管团队将把握市场环境变化，从而引起的涟漪效应和机会识别将对传统的认知水平提出挑战，合理地进行技术创新的同时能在现今的理论框架和问题解决需求的基础上，极大地提高员工的创新能力以及整体的企业绩效。本书研究的重点内容包括以下几个方面：

1.4.1.1　完善高管团队认知理论与构建高管团队认知模型

完善高管团队认知理论。当前，关于企业组织学习与能力发展的研究领域，对于个体和集体、微观和宏观之间的相互联系，尚缺乏一种有效的预警系统研究。尤其在实际经验方面的探讨更为稀缺。本书着重以中国本土化情景下的企业在发展过程中对高管团队认知演化及其相关因素进行研究，从实证层面研究高管团队认知对企业技术创新与企业绩效增长的作用机理，以期补充或完善在当前市场全球化的背景下与动态的市场经济环境企业保持长青或变革的相关理论。

构建高管团队认知模型。本书基于高层梯队理论、团队认知理论及注意力基础观理论，利用500家北、上、广、深上市公司2021～2022年的年报、半年报、临时公告等资料，采用内容分析法提取高管团队认知表征变量，采用专家访谈法对各变量进行分析检验，最终确定高管团队认知的分析维度及赋值标准，构建高管团队认知模型，分析其对公司成长性发挥作用的微观机理。本书依据马克思主义哲学认识论，在以前学者研究文献基础上，将高管团队认知划分为认知需求与认知能力两个部分：认知需求是一种知道和理解事物、掌握知识以及系统地阐述并解决问题所获取知识经验的需要。认知需求源于个体的好奇心和对环境的探究欲望，并通过日常生活和学习活动不断得到发展和提升。其发展离不开特定且适宜的环境刺激、丰富的学习经验，以及正确的教育和引导。这种需要不仅促进学习活动，而且会因良好的学习成果而得到进一步强化。在企业管理层面，认知需求体现在TMT成员在进行战略决策时，是否愿意进行深入且全面的思考，以及是否能从这种深度思考中获得满足和喜悦。这实际上反映了人们愿意思考和探索的内在倾向。

认知能力是指我们人脑加工储存作用信息的能力，对整个世界基本规律的把握能力。认知能力涵盖人脑处理、存储和回忆信息的能力，这涉及人们如何理解事物的构造和特性及其与其他事物的联系，还有如何洞察事物发展的驱动力、方向和基本规律。这种能力是成功完成各项活动的关键心理素质，也是我们认识外部世界和获取知识的主要手段。具体来说，认知能力包括感知、专注力、思维逻辑、记忆和想象力等多个方面。认知能力也称"认识能力"，指学习、研究、理解、概括、分析的能力。认知能力在TMT成员进行决策时发挥着关键作用。它体现在成员能否在多变且复杂的环境中，准确地识别和筛选出对战略决策具有实用价值的信息，并巧妙地将这些信息融入战略决策过程中。这种能力对于TMT做出明智和有远见的决策至关重要。高管团队认知模型如图1-4所示。

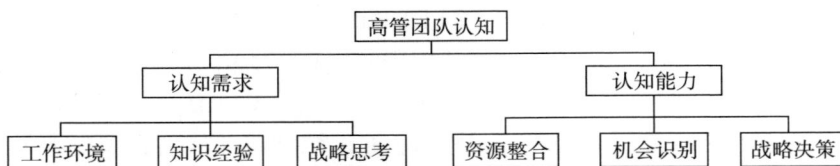

图1-4　高管团队认知模型

资料来源：笔者自绘。

为了客观评价管理者认知与企业发展之间的关系，本书对认知变量采用定量与定性两种方法赋值，对于认知需求变量存在确切数据则用定量指标，对于认知能力变量需要定性分析后赋虚拟值。

1.4.1.2　高管团队认知与技术创新战略模型

由上述分析可得，提升一个企业的技术创新成功率需要非常完善的战略。企业的技术创新项目应当与企业的自身资源、目标相适应，利用自身已具有的、独一无二的核心竞争力实现战略意图。企业的组织机构和高管团队（控制系统）应鼓励组织员工激发创新思想的形成并确保有效地选择与使用。众多案例显示，每年都有大量的中小企业成立，但同时也有许多企业倒闭。这种"短命"现象的出现，虽然原因多样，但归根结底，技术创新不足或忽视了持续的技术革新是主要因素。中小企业在其成长的各个时期都需要密切聚焦自身产品的生命周期，并积极推动迭代产品的连续发展。

然而，在激烈的技术创新竞争中，许多企业盲目地追求新产品，却没有清晰的战略或成熟的项目选择和管理程序。这样的企业常常发起的技术创新项目很多，但能够获得有效支持的很少，获得成功的就更少，选择的项目与企业自身的资源和目标也不是很匹配，最终导致较长的开发周期和较高的失败率。技术创新适度规模阈值与倒"U"模型如图1-5所示。

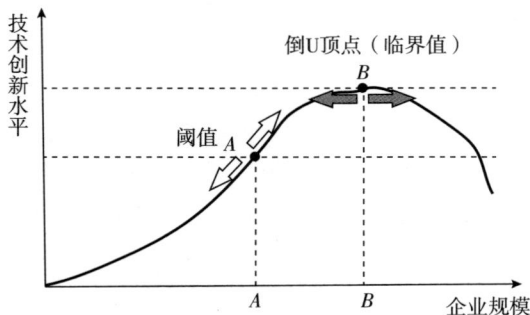

图1-5　技术创新适度规模阈值与倒"U"模型

资料来源：李宇，高良谋．技术创新［M］．北京：清华大学出版社，2016.

Scherer（1965）基于 448 家企业数据，通过实证研究揭示了技术创新与企业规模之间的倒"U"形关系。具体来说，以 R&D 人员作为响应变量，而将销售收入及其平方和立方作为预测变量，分析结果显示，随着企业规模的扩大，技术创新水平起初会上升，但到达某个点后开始下降，形成一个标准的倒"U"形抛物线。Lind 和 Mehlum（2010）也支持了这一发现。根据 Scherer 的多项式方程，该模型存在两个重要节点：首先是一阶导数为零时的企业规模，这代表技术创新达到理论最优的临界点，即倒"U"形曲线的顶点（B 点），此点前后，技术创新与企业规模的关系发生显著变化；其次是二阶导数为零时的企业规模，称为阈值（A 点），它体现了企业规模累积到一定程度后的效应，是进入或退出技术创新适度区间的临界点。在美国化学、钢铁等行业中存在一个明显的阈值现象，即当企业规模或市场结构低于这个阈值时，创新活动会大幅减少。

企业技术创新在之前的研究中被广泛认为是不受规章制度约束的连续过程，现经过一项项的研究表明，成功的技术创新往往具有清晰的战略和管理程序（Rothaermel and Hill，2005）。企业规模发展路径与企业生命周期关系分析模型如图 1-6 所示。

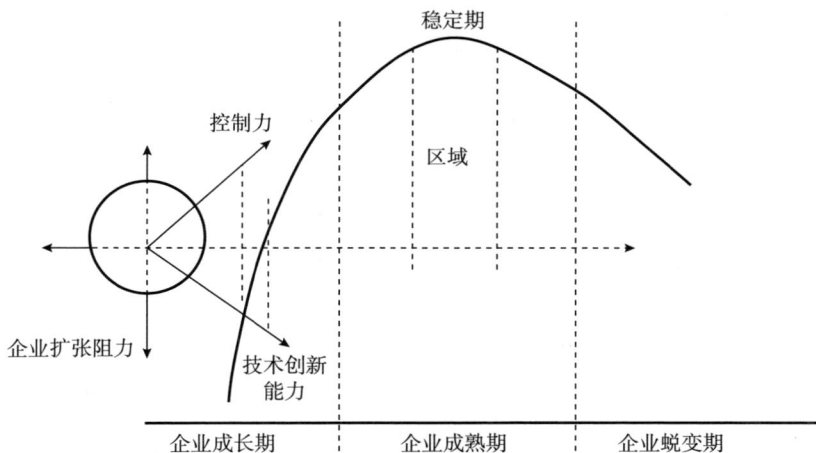

图 1-6　企业规模发展路径与企业生命周期关系分析模型

资料来源：李宇，高良谋. 技术创新 [M]. 北京：清华大学出版社，2016.

上述分析聚焦于企业管理控制坐标系中的一个典型区间，但实际上，企业的形态远比这更为多样和复杂。在现实世界中，坐标系的不同区域间存在着众多中间过渡形态。技术创新涵盖多种类型，不仅是追求稳定的企业，追求规模的企业同样也能展现出强大的技术创新能力。然而，无论是市场控制力还是企业内部控制力，它们最终都可能在一定程度上对技术创新产生抑制作用。综合考虑企业的市场控制力和内部控制力，并结合企业的生命周期，本书可以更全面地阐述企业规模的变化。在这个框架中，企业被视作图中的圆点，市场控制力和企业内部控制力被统称为"控制力"。这种控制力与技术创新能力相结合，共同对抗企业扩张过程中遇到的阻力。这些阻力主要来源于市场竞争、人才短缺、技术瓶颈以及管理制度的制约。控制力与技术创新能力可以分解为两个分力：一个是抵消企业扩张阻力的横向分力；另一个是相互制约的纵向分力。这种分解有助于本书更深入地理解企业如何在复杂的市场环境中平衡创新和控制，从而实现稳健的扩张。

从企业技术创新体系的视角出发，创新是一个高度集成的系统性过程。这一过程涵盖了多样化的活动内容和诸多影响因素，因此必须采用一种全面且综合的视角来对其进行深入理解和精准把握。对此，Serghei 和 Roger（2003）根据对企业的调查，识别出在一个企业中组织创新的一系列相关特征，并提出了创新的基本结构（见表 1-6）。依据他们的研究框架，进一步得出企业技术创新的基本结构（见表 1-7）。

表 1-6　创新的基本结构（一）

外在环境			
速度、制度、挑战、不确定			
创新活动结构			
价值创造	生产、竞争、合作联盟、工程化		
网络取向	思想和知识来源		对创新活动的影响者
创新战略	创新部门的责任	管理创新的基本政策	明确重点
创新实践	探索	业务量管理	项目执行	价值获取

资料来源：赵修卫，黄本笑. 技术创新［M］. 武汉：武汉大学出版社，2014.

表 1-7　创新的基本结构（二）

外在环境			
创新战略	创新目标和重点	创新管理政策	组织责任
资源管理	外部知识来源	利益相关者	内部资源整合
创新活动	R&D	项目执行与管理	企业量管理
价值创造与获取	产品生产	市场竞争	合作网络	质量与工艺

资料来源：赵修卫，黄本笑. 技术创新［M］. 武汉：武汉大学出版社，2014.

在制定企业技术创新战略时，必须以外部环境作为决策的前提。因此，当企业进行创新活动及其管理时，首要考虑的是外部环境的特点，主要包括以下四个方面：首先，科学技术不断进步和市场变化的速度正在逐日加快；其次，社会对于创新活动的管理制度和规范会对企业的技术创新产生直接影响，这种影响既可能激励创新，也可能成为创新的制约因素；再次，随着科学技术和市场竞争的不断发展，企业会持续面临新的挑战，从而对技术创新及其管理的要求也在逐步提升；最后，由于科学技术和市场的演变具有较大的不确定性，企业技术创新的复杂性也随之不断增加。然而，并不是说所有的企业就一定是上述表中的组织创新，在实践中每家企业的情景都不一样，因此所关注的重点也会有所区别。

企业技术创新战略的组成要素取决于各企业的实际情况。由于各企业资源、经营类别与环境的不同，其技术创新战略的制定也会不同。因此，并不存在一个对任何企业都适用的技术创新模型。但就技术创新战略制定来说，需要企业高管团队考虑的层面确实是相对固定的，如图1-7所示。

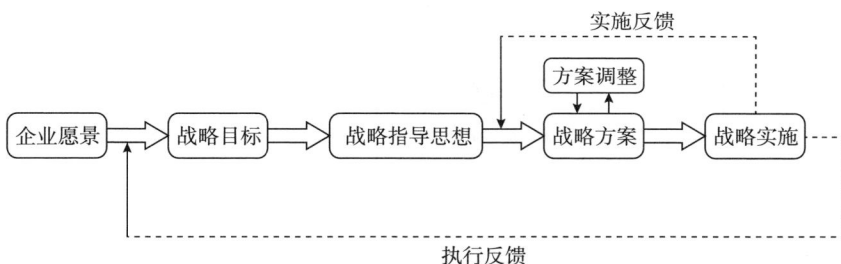

图1-7 技术创新战略管理结构

资料来源：赵修卫，黄本笑. 技术创新［M］. 武汉：武汉大学出版社，2014.

1.4.1.3 高管团队认知能力对技术创新与企业绩效增长的中介作用

研究表明，认知能力强的 TMT 对于企业获取竞争优势和提升技术创新能力具有重要作用，进而显著影响企业绩效。Lewis 和 Herndon（2011）提出，TMT 的认知能力可以从信息存储与使用、理解与分析两个维度来衡量。本书发现，TMT 的认知能力在多个层面对企业有积极影响：

在信息收集与处理过程中，TMT 的认知能力能够促使组织内部个体更有效地利用和整合差异性技术与知识，进而降低信息共享成本，实现最大化认知价值。这种能力还有助于形成共享思维模式，加速团队知识更新，及时捕捉前沿信息和技术。在任务执行中融入新知识与新技术，这不仅能缩短个体学习时间，还能丰富团队信息资源，推动技术创新，最终提升企业绩效。

在分配组织任务时，TMT 的深思熟虑能提升团队成员的信息聚焦能力，并运用既有经验和知识来扩大团队的知识储备，从而高效合理地分配任务，促进技术创新。此外，TMT 的认知能力还促进内部信息共享和沟通，加速信息在组织成员间的流通，形成共享思维模式，增强协同合作，进而提升企业绩效。

在项目执行过程中，TMT 的认知能力有助于高效转化技术创新，整合和利用成员间的认知资源，加强团队凝聚力，提高执行力，并保持企业的创新活力。这种能力还能减少组织内部冲突和负面影响，提升团队合作和学习效果，使团队成员的创新技术得到极大发挥，减小信息共享成本，整合差异化知识利用，从而加大技术创新力度，提升企业绩效。

综上所述，TMT 的认知能力对于提升企业的战略分析与思维能力至关重要，是推动企业技术创新发展的关键因素。

高管团队认知能力中介效应框架如图 1-8 所示。

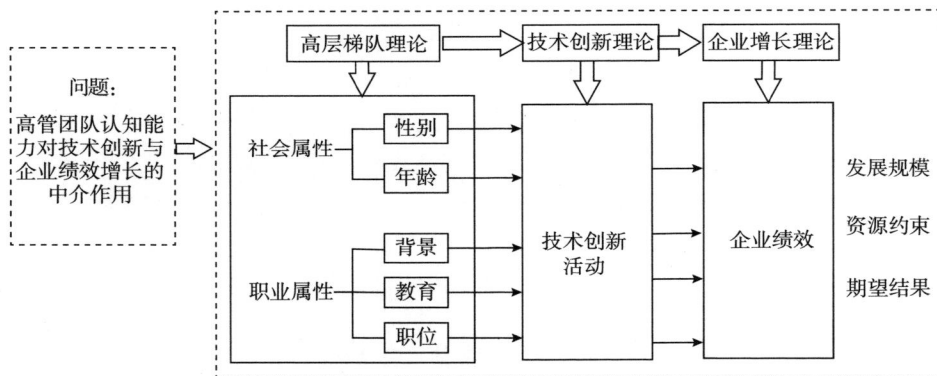

图 1-8　高管团队认知能力中介效应框架

资料来源：笔者自绘。

1.4.1.4　激励机制对高管团队认知与技术创新行为的调节效应

企业技术创新活动常受管理者个人的认知需求和能力的直接影响。但研究显示，即便 TMT 的认知水平相近，也可能对技术创新产生不同的推动作用，这表明除了认知水平外，还有其他情境因素在起作用。根据委托代理理论和激励理论，若企业的高层能给予团队或个体适当的激励，如股权激励或晋升激励，这将显著改变管理者对组织和团队的认知需求、工作态度和心理状态。这样的激励措施还可以缓解董事会与管理者之间的代理问题。为了进一步探索这一关系，本书引入了股权激励和晋升激励作为中介变量，并通过理论分析和实证检验来探讨企业制定的激励机制如何直接或间接地调节 TMT 的认知与企业技术创新行为之间的关系。需要关注的是，在不同的激励机制下，TMT 的认知特征如何影响技术创新活动的程度和方向，这有助于本书更深入地理解高管团队认知与企业技术创新之间的复杂关系。激励机制调节框架如图 1-9 所示。

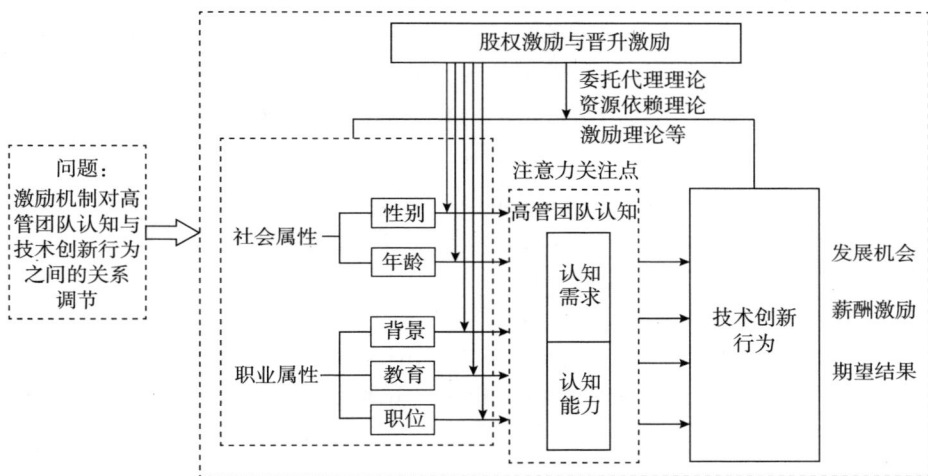

图 1-9 激励机制调节框架

资料来源：笔者自绘。

1.4.1.5 实证分析高管团队认知对企业绩效的作用机理

由于高管团队认知变量既包含截面数据，又包含时间序列数据，企业绩效也是时间序列数据，本书采用 Stata 统计分析软件中面板数据分析法，实证分析 TMT 的认知表征对技术创新与企业绩效之间关系的作用机制。采用文献分析法得出高管团队认知能力对企业技术创新及企业发展起着决定性作用。

1.4.2 章节安排

本书旨在探讨高管团队认知对技术创新与企业绩效的关系，以及企业技术创新活动在企业运营过程中的作用机制。首先通过文献回顾探讨高管团队认知与技术创新活动的关系、技术创新与企业绩效的关系、高管团队认知能力与企业绩效的关系，从实证的角度去检验企业高管团队认知能否通过技术创新来影响企业绩效，增进企业绩效的提升。全文共分为六章，每章的主要研究内容如下：

第1章，绪论。主要内容有研究背景和问题的提出；研究目的和研究意义；对本书研究所涉及的重要变量的概念进行的界定和阐述维度；研究内容和章节安排；研究方法和技术路线以及创新之处。

第2章，理论基础与文献综述。一是阐述本书涉及的重要理论基础，即高阶理论、团队认知理论、技术创新理论、创新管理理论、企业绩效与无形资产会计理论，并指出本书的借鉴意义。二是通过文献回顾和理论推演高管团队认知、技术创新、企业绩效几个重要变量之间的关系，构建高管团队认知与企业绩效关系的概念模型、高管团队认知与技术创新关系的概念模型、技术创新与企业绩效关系的概念模型。三是重点通过梳理国内外技术创新研究现状，找出这一领域的研究空缺和理论基础，为本书后续的假设和模型构建提供依据。

第3章，理论分析框架与假设提出。理论分析框架与研究假设部分基于理论基础以及国内外学者的相关研究，以高管团队认知需求和高管认知能力共15个测量维度的高管团队认知为自变量，构建以技术创新为中介变量，同时以股权激励变量和晋升激励变量为调节变量的高管团队认知、技术创新与企业绩效关系的理论分析框架，并通过分析框架中各个变量之间的逻辑关系提出相关研究假设。根据理论基础提出各变量之间的研究假设，然后构建本书的理论模型。

第4章，研究设计。研究设计部分主要为本书后续的实证研究进行准备工作，首先为理论分析框架中的各研究变量以及相关研究的控制变量选取测量变量，并对各测量变量进行定义及取值，其次根据理论分析框架构建研究模型，最后选取研究样本，对上市企业有关的财务和治理数据进行筛选汇总。确定变量测量的量表，设计调查问卷，先小范围发放问卷进行预调研、预测试，确定量表是否需要修正，再大范围发放正式的500份调查问卷，回收大样本数据。

第5章，实证分析。使用 SPSS 21.0 和 AMOS 24.0 两款统计分析软件，对收集的数据进行了一系列的综合分析。首先，进行了描述性统计分析，以了解数据的基本特征和分布情况。其次，为了验证数据的可靠性和有效性，进行了信效度分析。在此基础上，通过探索性因子分析深入探究了数据的内在结构，并识别出潜在的因子或维度。为了进一步验证这些因子的结构稳定性，又进行了验证性因子分析。在确认因子结构后，通过相关分析探讨了各因子间的相互关系，利用回归分析探究了因子间的依赖关系和影响程度。最后，利用相关分析探讨了各变量之间的关联性。通过模型拟合评估了理论模型与实际数据的吻合度。这一系列严谨的分析流程为数据的深入理解和后续研究提供了坚实基础。对提出的全部假设进行检验，得出假设检验结果并讨论。

第6章，结论与展望。在理论研究分析和实证检验的基础上，归纳总结出本书的研究结论，并结合中国当代经济转型时期这一特殊背景提出具有针对性的管理建议，同时提出本书的研究局限性并展望未来的探究方向。本书的结构框架如图 1-10 所示。

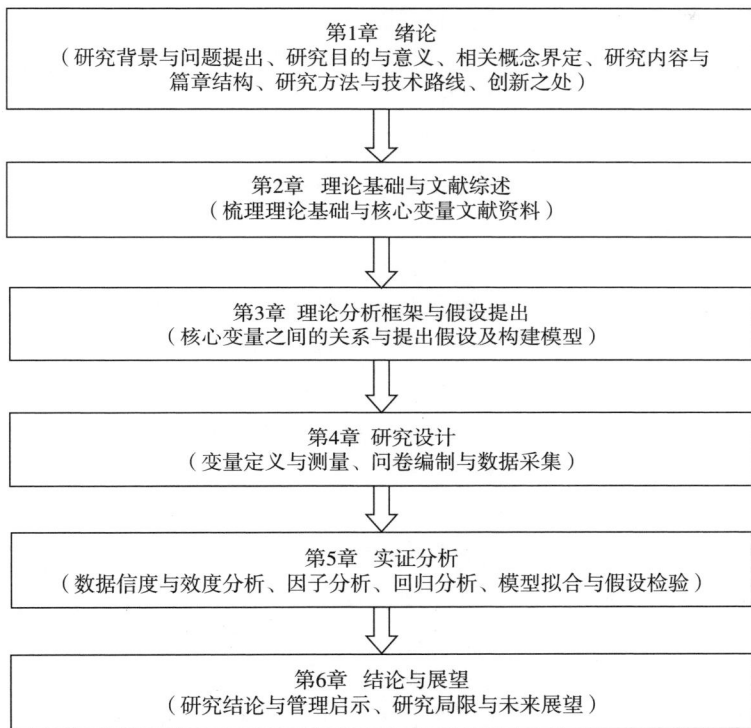

图 1-10　本书的结构框架

1.5　研究方法与技术路线

1.5.1　研究方法

本书以企业高层管理团队为研究对象，以科技创新管理为研究问题，从高管团队认知为研究视角。基于管理学、经济学、工程学、会计学和社会学及心理学等学科理论，全面研究高管团队认知、技术创新和企业绩效三者之间的逻辑关系，采用定性研究与定量研究相结合、系统分析与实证研究相结合的方法以达到预期的研究目标。本书具体的研究方法包括：

1.5.1.1 文献分析法

本书首先系统分析、收集、整理国内外的文献资料，总结国内外研究学者的研究成果，为本书奠定了理论基础。其次利用各数据库系统，主要包括 EBSCO、SPRINGER、WILEY、CUP、IOP、RSC、ABI、SAGE、eMarketer 报告及中国期刊网、中国统计局网站、万方数据库、维普数据库等搜集相关文献。最后充分阅读、收集、梳理和总结论题的国内外研究现状，寻找研究空缺，提出要研究的问题。

1.5.1.2 问卷调查法

在定量研究中，为了获取一手数据开展问卷调查法。首先通过参考国内外成熟量表设计问卷，对部分相关问卷各题项设计术语和描述做出微调，形成正式问卷。其次共发放了 500 份调查问卷，成功回收了 477 份有效的反馈。最后对这些有效问卷的数据进行深入统计与分析，通过对数据的细致处理、整合与归纳，探究各个变量之间的内在联系，从而获取宝贵的数据来验证本书的研究假设，并为构建和完善相关模型提供有力支持。

1.5.1.3 面板门槛回归法

从科创板上市企业的技术创新数据来看，技术创新的投入逐年递增，企业技术创新作为科技型企业的核心生产要素，逐年递增的投入必然越来越多，本书旨在探讨企业技术创新与企业绩效之间是否存在门槛效应。为此，本书参考了 Hansen（1999）、连玉君和程建（2006）以及戴小勇和成力为（2013）等学者所提出的面板门槛模型。在研究方法上，本书采用了 Boosttrap 自体抽样技术，这种技术能够根据数据的固有特征来划定不同的成长区间。这种方法可以深入研究在各个不同区间内，企业技术创新活动是如何影响其整体绩效的。构建模型如下：

$$Tobin_{it} = u_i + \theta' X_{it} + \beta_1 R\&D_{it} I(g_{it} \leq \gamma_1) + \beta_2 R\&D_{it} I(\gamma_1 < g_{it} \leq \gamma_2) + \beta_3 R\&D_{it} I(g_{it} > \gamma_2) + \varepsilon_{it}$$

1.5.1.4 统计数据实证分析法

统计实证分析方法在数据分析阶段是基于大量样本的统计分析，主要利用 SPSS 21.0、AMOS 24.0 以及 Excel 等统计分析软件，对收集的有效数据进行深入处理和分析。首先，采用描述性统计方法来刻画样本和变量的基本特征。其次，为了评估各变量量表的稳定性和准确性，使用了 Cronbach's α 系数来检验量表的内部一致性信度，同时运用探索性和验证性因素分析来确认量表的构念效度，包括聚合效度和区分效度。此外，本书还通过独立样本 T 检验和单因素方差分析来探究行为意向在不同样本特征上的差异。最后，利用 Pearson 相关分析法来揭示各变量之间的关联性。这些分析为本书提供了全面的数据支持，以深入理解研究变量之间的关系。为后续变量之间因果关系的检验作铺垫；通过对统计假设与概念模型的验证，探索性因子分析、验证性因子分析、相关分析、回归分析和模型拟合，对构建的理论模型和提出的假设进行检验，得出实证分析的结果并讨论。

本书在第5章基于科创板上交所上市企业面板数据，采用上述方法对企业高管团队的认知能力与企业自身资源配置（管理）以及映射至其结果之间的关系进行实证检验，确保所需测量的各个变量计量项目的可靠性和解释效度，然后通过导入中国上市公司相关数据，对本书创建的变量测量模型及假设进行检验。表1-8 详细列出了与研究主题和研究内容相匹配的主要数据分析及其处理方法。

表 1-8　研究主题和研究内容相对应的主要数据分析及处理方法

研究类别	研究主要的内容	研究方法
量表	测量表的内部一致性信度系数	探索性因子分析
数据	平均值与标准差等	描述性因子分析
研究变量	区分效度	验证性因子分析
研究模型	假设模型的检验与修正	SEM 建模
控制变量	相关控制变量（团队元素与个体元素）	独立样本 T 检验与单因素方差分析

1.5.2　技术路线

为了系统分析高管团队认知对企业技术创新体系的影响机理，技术路线作为一种指导性框架，能够为笔者提供必要的帮助，有助于厘清研究的顺序和逻辑，便于本书深入探究高管团队的认知水平是否在激励机制与团队关系之间起到了中介的作用，并全面地揭示激励机制是否能有效调节高管团队内部的相互关系。本书从高层梯队理论、委托代理理论、技术创新理论和资源依赖理论等多个视角切入，深入分析和验证高管团队对企业各方面产生的具体影响和什么时间段影响企业技术创新以及管理行为。

首先，从理论与实践两个角度提出本书的研究问题，阐述研究的目的、研究的理论意义和实践意义，对涉及的相关概念进行明确界定，并详细阐述研究的主要内容和整体结构、研究方法与技术路线以及创新之处等。其次，阐述相关研究变量的理论基础，并将对相关文献进行系统性的回顾、梳理、总结和评述。进而，从理论演绎的角度出发，构建高管团队认知需求和能力对企业技术创新的延伸体系的作用机理这个框架为本书后续的研究假设提供了全面的支撑。本着"提出问题—研究假设—假设检验—研究结论"展开研究。最后，总结了本书的理论与实践管理价值，同时指出了本书研究的局限性以及未来的研究方向。在研究过程中，本书主要遵循以下技术路线，如图 1-11 所示。

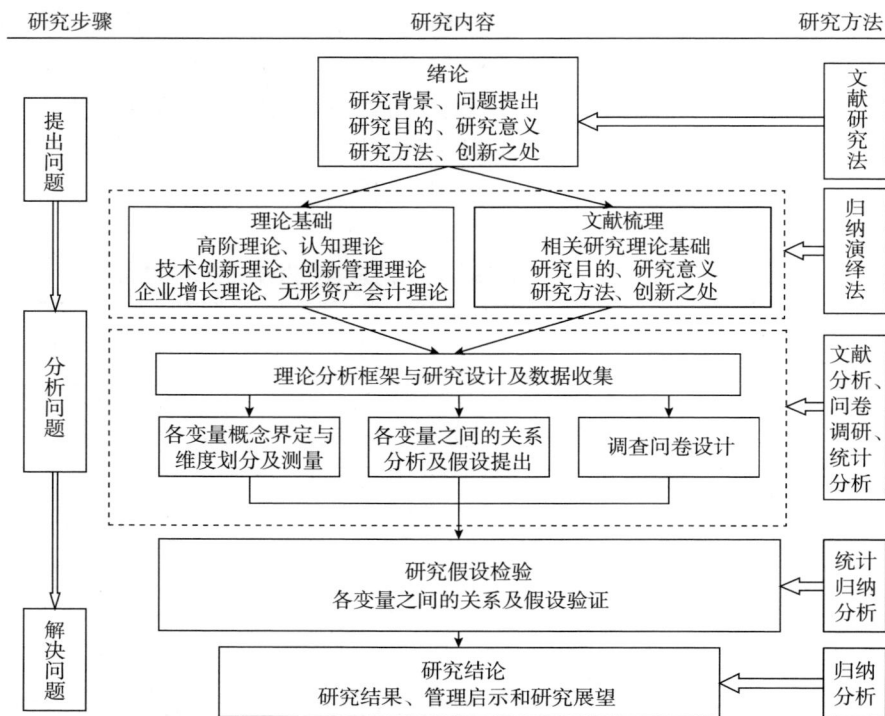

研究步骤	研究内容	研究方法

绪论
研究背景、问题提出
研究目的、研究意义
研究方法、创新之处

文献研究法

提出问题

理论基础
高阶理论、认知理论
技术创新理论、创新管理理论
企业增长理论、无形资产会计理论

文献梳理
相关研究理论基础
研究目的、研究意义
研究方法、创新之处

归纳演绎法

理论分析框架与研究设计及数据收集

| 各变量概念界定与维度划分及测量 | 各变量之间的关系分析及假设提出 | 调查问卷设计 |

分析问题

文献分析、问卷调研、统计分析

研究假设检验
各变量之间的关系及假设验证

统计归纳分析

研究结论
研究结果、管理启示和研究展望

归纳分析

解决问题

图 1-11 技术路线

1.6 创新之处

本书在整理和归纳国内外相关研究成果的基础上，以中国科创板企业作为调查研究对象，以高管团队认知水平（认知需求与能力）作为自变量，构建以技术创新作为调节变量、以激励机制（股权激励与晋升激励）为中介变量的企业高管团队认知对企业绩效影响的理论模型，通过运用实证分析方法，对这个有调节的中介模型进行验证，证实几个变量之间的相互影响关系，从而得出结论。本书与之前的研究相比，主要有以下几点创新之处：

第一，研究视角的创新，推进企业高管团队认知演化的内涵深入研究。本书关于高管团队认知与企业技术创新的研究既有积极的方面，也有消极的方面。积极的方面催生了更多的选择，如市场环境的动态性，企业高级管理者或团队的认知水平提高可以更好地预测市场环境变化带来的机遇与企业绩效的提高（Finkelstein and Hambrick，1996）。消极方面的影响大多是团队决策滞后、信息不对称、沟通不畅和个体与个体之间交往缺乏自反性、易发生人际关系冲突（O'Reilly et al.，1993）。为深入探究高管团队认知如何影响企业技术创新，本书在借鉴前人研究成果的基础上，创新性地将技术创新作为中介变量，置于企业高管团队认知与企业绩效之间。通过这一研究，本书揭示了 TMT 认知水平与企业绩效之间的内在联系，从而进一步充实了创新管理理论的研究内容。

经过对文献的梳理发现，许多学者对团队认知、团队异质性、高管认知（能力、交互、多样性等）、企业技术创新和企业创新管理行为以及企业绩效的单变量研究成果相对较多，两两变量之间的影响关系研究也有，但是相对较少，大都没有深入系统的研究。本书从高管团队认知需求和认知能力两个维度考察对技术创新行为的影响，识别高级管理者的认知水平对环境变化的洞察及把握机遇，拓展了以往研究中维度单一且变量之间差异性不足的问题。同时，引入股权激励与晋升激励，通过融合组织行为学、管理学、经济学以及心理学等多个学科领域的微观与宏观视角，本书不仅拓展了先前的研究成果，还展现了一定的前沿性和创新性。

第二，本书实现了研究内容的创新和研究对象的转变。本书重点关注认知能力这一变量在高级管理者由于自身因素、对市场环境动态变化、风险与机遇并存的情景下对企业技术创新行为效果的影响，不同于以往关注的高级管理者、团队或组织异质性对执行管理行为的结果影响。传统经济学通常假设组织内的个体都是风险厌恶的，却未考虑个体在认知需求和风险识别方面的差异性。为了弥补这一不足，本书通过综合运用经济学分析和企业管理学的实证研究方法来进行深入探讨，验证组织内的高级管理者认知能力在面对市场环境动荡面临的风险与机遇会有不同的选择。当然，不同的企业体制也不尽相同，企业的高管团队个体背景与认知能力也会有较大的差异，从而形成了不同的战略决策偏好，即企业高管团队内的个体在面对企业技术创新类别管理时，TMT 中的成员在年龄、性别、受教育程度、工作经历、个人成长环境以及任职时长等方面的差异，会对团队产生不同程度的影响，影响到高管团队总体决策制约技术创新行为。由于组织内个体元素的差异比较容易受内外部环境因素影响，为了促使优秀卓越的高管团队成员个体激发潜能并保持增进，引入了激励机制（股权激励与晋升激励）的情境研究，以加强高级管理者对技术创新的重视，分析了高管股权激励和晋升激励两者之间的综合效应，进而完善了企业激励机制的相关研究，丰富了技术创新理论的研究。

第三，本书在方法上进行了创新，依据中国科创板上市企业的公开数据特点，对企业的发展阶段进行了细致划分。本书运用 Bootstrap 自体抽样技术，构建了多重面板门槛模型，以深入探究技术创新在企业发展中的角色。本书致力于解答这样的问题：技术创新是否总是越多越好？如何有效管理科研成果的转化？是否存在单一或多个影响技术创新的门槛效应？为了更全面地理解 TMT 认知与企业技术创新体系的互动关系，本书融合了心理学与行为组织经济学的理论，放宽了 TMT 成员个体认知需求的严格假设。通过数理演绎和图形解析，本书从动态（宏观）和静态（微观）两个层面对这一机理进行了深入的经济学剖析。此外，本书采用了多元回归分析方法，构建了调节模型和中介模型，以更精确地揭示各种变量之间的关系。在对企业绩效和激励机制等变量进行研究时，本书根据科创板数据的特点，采用了综合指标分析法，并进一步区分了不同的绩效水平组别。从整体验证技术创新在高管团队与企业绩效之间的中介效应，为提出高管团队从宏观与微观认知水平对技术创新治理结构优化措施提供价值参考。

第四，对高管团队的认知理论进行了深化和拓展，并为其技术创新内涵注入了新的元素。原有的研究对高管团队认知的理解多种多样，但较为模糊和抽象，这限制了该理论的进一步发展。本书通过以"知识"为核心，从知识共享、资源共享、信息共享、知识获取方式、知识的吸收与实践应用，以及认知整合等多个角度，对高管团队认知进行了全面的解读。这一新视角有助于本书更好地理解和掌握高管团队的认知概念。经过定量分析，研究结果显示所有变量的值和信度分析都达到了预期标准。同时，通过探索性因子分析和大规模样本的验证性因子分析，验证了测量项目的有效性。本书从认知理论的新视角出发，以"知识"为媒介，深入探讨了高管团队认知意愿的产生机制，使研究更具科学性和实证性。这一研究系统地整合了 TMT 认知的内涵与测量的维度，为相关领域的研究提供了新的思路和方法。

2 理论基础与文献综述

2.1 相关理论基础

2.1.1 高层阶梯理论

高管团队一直被视为企业的核心资源，对企业的战略决策和战略执行有着显著影响，同时发挥着协调和指挥的重要作用。Hambrick 和 Mason（1984）最早提出高层梯队理论并以此理论研究管理团队的基本特征。高层管理团队是由企业内高级别的经理人员所组成的一个紧密相关的小团队。这个团队的核心成员通常包括总经理、副总经理以及那些直接向他们报告的高层经理们。陈璐（2011）进一步明确了高管团队的定义，认为这个团队是能够直接参与并影响企业经营和战略决策的关键群体，他们不仅制定策略，还负责实施，并在整个企业运营中拥有重大的决策权和控制权。这个群体包括但不限于董事长、总经理、相关部门的总监，以及在国有企业中的党委正、副书记。学术界也广泛接受 Finkelstein 和 Hambrick（1996）的定义，即高层管理团队是企业中处于战略制定和执行最高层级的那一群经理，他们不仅负责企业的整体组织与协调，还手握企业经营管理的重大决策和控制权。

Hambrick 和 Mason（1984）认为，企业的高层管理者是制定战略决策的核心。这些高管的背景特征等可客观统计的信息，能反映出他们的心理状态，并能在一定程度上预测出他们在不同类型战略选择和绩效水平上的表现。然而，高层阶梯理论也指出，由于信息不对称，总经理或企业家有可能会作出不够理性的决策，这种决策的局限性是需要注意的。在企业组织架构中，高层管理者占据了举足轻重的战略地位，他们是企业感知与各利益相关者联系和压力的中心。从更深层次的角度来看，企业绩效的核心问题实际上是企业高管针对与企业紧密相关的社会性问题如何处理。在涉及企业社会责任的决策、执行和信息披露等各个环节中，高管层都起着至关重要的作用。

从性别的视角来看，社会角色理论揭示了一种普遍的性别期望：女性通常被视为更具抚养性和亲社会性，而男性更倾向于竞争和绩效。这种性别的社会认知在企业决策中也有所体现。具体而言，女性高管往往更加关注员工的需求、客户的满意程度以及企业对社会的贡献。相反，男性高管则更注重销售业绩和利润等经济指标。从年龄因素来看，根据认知道德发展的理论，年长者通常更愿意遵循普遍的伦理原则。因此，随着高管年龄的增长，他们可能会更加谨慎地防范风险，更加全面地考虑员工、政府等多方面的利益，能从长远的角度审视不道德行为对企业的潜在危害，并因此更倾向于承担社会责任。学历也是一个重要的影响因素。学历不仅反映了一个人的认知能力和专业技术水平，还在很大程度上塑造了一个人的价值观。一般来说，学历较高的高层管理者更能做出理性、客观和全面的决策，更能深入理解和考量利益相关者的需求，并因此更好地完成其社会责任。高管的任职时间也不容忽视。任职期限越长，高管越有可能与企业内外部的各种利益相关者建立起稳固的关系网络。这样的高管更可能从企业的长远利益出发，更多地考量社会责任问题。毕竟履行社会责任虽然短期内可能会带来一定的财务或其他资源的压力，但对于企业的长期发展而言是至关重要的。最后，TMT的规模也是一个值得考虑的因素。团队规模的扩张意味着有更多的资源来源，这有助于解决问题，提高决策质量，并降低失误和风险，从而有可能提升企业绩效。

基于高阶梯队理论，国内外学者已对高管团队特质与企业行为和绩效之间的关系进行了深入研究。这一理论主张，企业的高层管理者是关键的决策者，他们在塑造企业行为和推动绩效方面扮演着举足轻重的角色。在众多关于高管团队特性与创新战略、创新成果之间联系的研究中，学者主要从高管的性别、年龄、任职期限以及教育背景等角度进行了剖析。特别值得注意的是，高管团队的职能背景作为一个重要的特征，其对企业创新能力的影响正逐渐受到学术界的重视。所谓TMT的职能背景，指的是高管在不同职位上的工作经验和专业技能。相较于其他特征，这种职能背景更能长久地影响高管的思考方式和决策偏好，进而决定他们在创新战略上的选择，最终显著地影响企业的整体绩效。

Thomas和Simerly（1995）率先运用高层阶梯理论进行研究，他们发现TMT的平均年龄和受教育程度等公司特性会影响到企业对社会责任的变化，这一发现激发了学者们探究TMT在企业承担社会责任与战略决策中作用的兴趣。然而，目前关于发展中国家高管团队特性与企业业绩之间关系的研究还相对不足。孙德升（2009）基于中国背景，提出了一个理论分析框架，该框架阐述了高管团队特性如何影响企业绩效行为。他认为，高管团队的年龄、任职期限和教育水平等特性会对企业的社会责任表现产生积极影响，但他的观点尚未通过实证检验。黄荷暑和周泽将（2015）利用 A 股上市公司的数据进行研究，结果显示提高企业绩效信息的透明度，积极地履行社会责任多是企业高管团队中的女性成员促进的。王士红（2016）发现，TMT 的任职期限与企业绩效呈负相关关系，但团队的年龄和教育水平对企业绩效并无显著影响。综上所述，目前的实证研究结果并不统一，且现有研究大多忽视了 TMT 获取知识资源的能力对企业绩效的潜在影响。高阶理论的基本观点如图 2-1 所示。

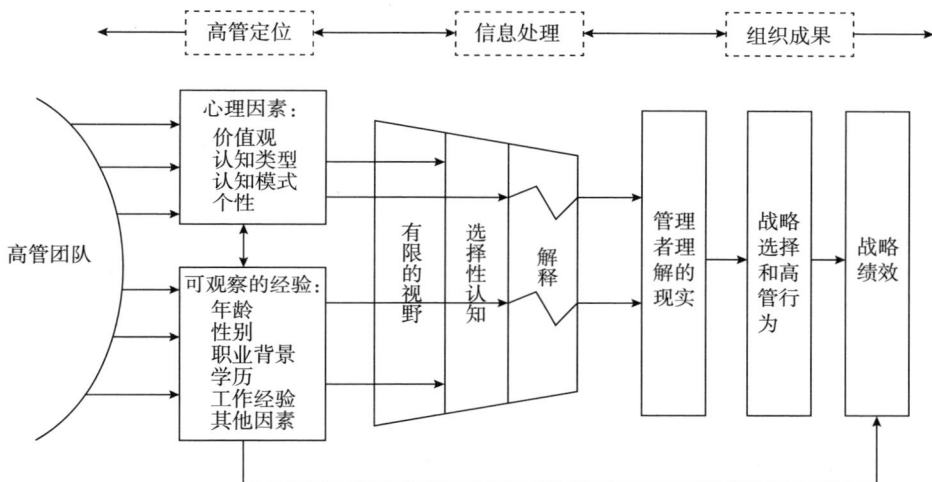

图 2-1　高阶理论图示

资料来源：Hambrick D C，Mason P A. Upper echelons：The organization as reflection of its top managers [J]. Academy of Management Review，1984，9（2）：193-206.

2.1.2　高管团队认知理论

近些年，众多学者基于社会认知视角下的高管团队认知研究逐渐兴起。社会认知理论为团队认知理论的研究提供了理论支撑，推动了团队研究从团队结构特征研究上升至团队认知研究，进而衍生出团队认知能力和团队认知需求，揭示了组织行为学背后所隐含的团队认知驱动机制，逐渐成为管理学领域的重要课题。过去许多学者对企业战略管理的研究多是着重研究组织行为、内部结构、外部环境、人力资源、企业绩效、资源储备等宏观变量方面，只有部分学者把关注点或着重点放在微观变量方面，如组织结构中最基本的元素是"人"。巴纳德在《经理人员职能》中的观点是："人始终是组织中最基本的战略元素。"Hambrick 和 Mason（1984）认为，人口统计学特征可以在很大程度上反映出高层管理者的认知水平和价值观，用容易考核的人口统计学特征代替认知水平、价值观和心理因素等主观现象去预测高管团队 R&D 创新活动及高管团队绩效。同时又指出，纯粹的人口统计学特征影响力远远大于复杂的心理测量指标。例如，一位高层管理者的认知水平、凝聚力与价值观的高低不仅与其受教育程度有关，而且其对外部风险的感知也与受教育程度有关。当然，管理者受教育程度也许不能准确地反映高管团队的认知基础、风险偏好与价值观等心理特征。同时，学者的类似研究规避了对高管团队个体成员的认知方式、风险偏好和价值观等真实反映高管团队运作和绩效差异的因素研究，造成运作过程中成为一个"黑盒子"，这就导致在高管团队人口统计学特征与组织绩效之间的关系研究的实证研究出现了不一致的情况。Pfeffer（1983）认为，人口统计学特征是一个极其重要的因变量，该变量会对中介变量与插入变量产生作用而影响组织绩效。Scully 等（1994）认为，高管团队的人口统计学特征对企业绩效没有直接影响，而是受社会的整合资源与非正式的团队沟通的影响。Priem 等（1999）研究显示，团队特征对组织绩效产生影响的可能性很小，真正的因果关系在很大程度上受制于高层管理者的认知和思考过程。

研究表明，认知分个体和团队（组织）两个方面的理念（个体认知和团队认知）。Philip Kotler（2003）和 Kotler 等（2006）认为，个体组织在选择、分析和处理信息时，构建一个有价值的个体全方位结构过程。相对个人来说，认知作为人类基础的心理过程，涉及人们如何获取并应用知识。这一过程也可以被看作是信息的处理与转换。它涵盖了如知觉、感觉、思维、记忆、语言以及想象等多个层面。当人们的大脑接收到来自外界的各种信息时，这些信息会经过大脑的处理与解析，然后被转化为个体内在的心理活动和反应。这些心理活动和反应进一步影响和引导人的行为。简而言之，这个从信息接收到行为产生的连续过程，就是认知过程，也是我们常说的信息加工过程，也称"认知历程"。西蒙（1982）认为，人类有三种认知基本过程：一是问题解决，采用启发—手段—目的分析和计划过程法；二是模式识别能力，人要建立事物的模式就必须认识各元素之间的关系，如等同关系、连续关系等，根据元素相互之间的关系构成模式；三是学习，学习是获取信息资源并将其贮存起来便于以后使用。当然学习分不同的形式，如辨别学习、阅读、理解、实践、范例分析等。De Dreu 和 Weingart（2003）指出，对个体的认知水平与激励效度进行关系研究发现两者为互相关，由于认识过程的异同，认知水平越低的个体选择即时奖励的意愿越强烈。研究表明，传统上的认知过程是指人脑以感知、记忆、思维等形式反映心理过程，这涉及大脑如何捕捉事物的独特属性，并理解这些事物之间如何相互影响和联系。结构主义认知心理学皮亚杰学派的观点认为，认知是通过原有的认知结构（图式）对刺激物进行同化和顺应达到平衡的过程。另外，信息加工认知心理学认为，个体处理信息的过程包括接收、编码、存储、提取和使用等几个环节。这一过程是通过多个系统协同工作来实现的。首先，感知系统负责捕捉和接收外界的信息。其次，这些信息被传递到记忆系统，在那里被存储，以便日后能够提取使用。同时，控制系统在整个过程中起到监督和执行决定的作用，确保信息处理的准确性和效率。最后，反应系统负责控制信息的输出，将内部处理的结果转化为可观察的行为或反应。这四个系统共同构成了一个完整的信息加工模式。个体认知过程如图 2-2 所示。

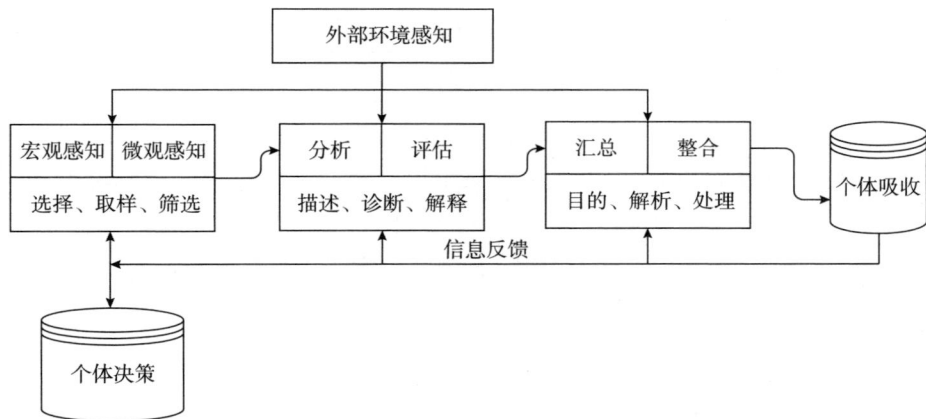

图 2-2　个体认知过程

随着人口统计学特征及其相关的理论模型日益完善，以及以人力资本"黑盒子"问题的凸显，学者逐渐重视以隐性的人力资本为研究对象，有些学者认为企业绩效的本源就是隐性的人力资本。随着对"个体认知"研究的不断深入，很多学者研究发现个体认知普遍具有局部特征。研究表明，个体认知对管理者决策、团队行为和团队沟通等方面的处理方法也受到质疑。通过上述可以看出，任何独立个体都归属组织，而组织中任一成员的认知行为都会受组织内外环境等多种因素的影响。当独立个体因环境变化作出某一决策时，会下意识地按已有的价值观和认知水平主观臆断，而个体的价值观和认知水平有可能造成决策的误判。又因为个体认知存在一定的局限性，所以企业有必要设立一个超越个体认知层面的团队认知结构。近些年，一些学者对团队认知理论的研究已逐渐兴起，团队认知脉络如图 2-3 所示。

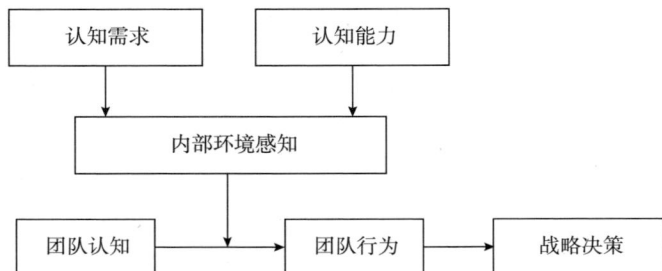

图 2-3　团队认知脉络

团队认知是组织内的所有个体在特定事件上的观点或策略相一致。因此，团队认知属于社会心理学的认知范畴（Rentsch et al.，2014），在一定程度上团队最终决策取决于事件在情境中团队个体间的沟通。李明岩（2005）、林海芬等（2015）在研究团队认知结构形成过程中强调了团队之间的沟通与冲突。De Mol 等（2015）认为，团队认知是以组织之间个体的互为协助为主体。吕洁和张钢（2013）认为，组织内的个体之间的沟通属于团队认知范畴。还有学者经过深化研究，从认知的视角下解释团队之间个体沟通过程。Wegner（1987）认为，团队的个体之间通过信息交流达成对不同领域的数据信息进行"检索、编码、储存和分析"的方式共享认知。Grégoire 等（2011）认为，团队采取的目录更新、数据整理、信息分配、过滤以及检索等过程，可以有效地减少认知资源的需求，促进团队个体以一些比较有效的方法处理或转移信息。Chowdhury（2005）的研究表明，认知冲突也是分析团队认知水平的重要因素。认知冲突的出现有利于团队中针对特定问题有不一样的观点发生激烈争议时能有效地化解质疑，在很大程度上提高了团队的效率。Ensley 和 Pearce（2001）指出，认知冲突与信息共享对团队认知水平呈正相关关系，促进团队推动认知策略的形成。

综上所知，团队认知的内涵中还应体现出动态环境下认知具有调节性特征，彰显出认知在理论中的感知和处理能力。Haynie 等（2009）和 De Mol 等（2015）的研究却忽视了这一视角。所以，本书综合以上观点，把团队认知定义为在组织情境中，通过团队个体之间的认知水平促进企业团队内部资源整合、文化建设、信息分配与加工，从而促成团队个体在特定事件问题达成共同见解、认知水平的精准控制以及团队在认知过程中的监督与自反性，以此促使高管团队作为一个整体的决策者来完成企业绩效。

2.1.3 技术创新理论

技术创新是人类进步生存发展的一种本能。熊彼特在《经济发展理论》中首次系统地阐述了技术创新理论，将"创新"定义为"建立一种新的生产函数，即生产要素与生产条件的全新组合，并将其融入生产体系"。他进一步详细描述了创新的五个核心方面：第一是创造消费者尚未了解的新产品；第二是采用产业内尚未普及的新生产方法；第三是开拓尚未被特定产业或国家涉足的新市场；第四是发掘原材料或半成品的新供应渠道；第五是构建新的组织形式，可能是创造新的或打破旧有的垄断结构。重要的是，熊彼特强调创新远不止于单一的技术突破或工艺发明，它是一个持续活跃的机制。只有当新的发现或发明被实际应用于生产中，并对现有生产体系造成显著影响时，这样的过程才能被称为真正的创新。技术创新过程模型如图 2-4 所示。

技术基础 ⟷ 应用研究（研发）⟷ 生产加工 ⟷ 营销 ⟷ 市场需求

图 2-4　技术创新过程模型

Krugman（1980）提出的"本土市场效应"为基于本土市场规模的内生化技术创新路线提供了思想基础。这一效应指出，在报酬递增和存在贸易成本的环境下，拥有较大本土市场需求的国家能推动大规模生产并提高效率，从而在满足国内消费的同时，还能通过外贸增加收入。熊彼特的创新理论则更侧重于技术创新，并触及了管理创新和组织创新等领域。他主张将技术资源等要素与经济活动紧密结合，实现技术与经济的融合。在熊彼特的理论框架中，"创新"是一个具有经济学意义的概念，强调的是新技术发明在经济活动中的应用与实现。只有当技术或方法在实际经济活动中得到应用，才能称之为真正的"创新"。

创新是企业、地区与国家核心竞争力的主要源泉，技术创新是近年来在管理学中发展迅速、综合性强的新兴学科，是一个涉及经济学、会计学、管理学、社会学、心理学与工程学等诸多学科的综合性研究领域。不同学者的背景知识、认知水平、研究视角都有差异，因而技术创新是一个百花齐放、百家争鸣的综合性研究领域。与经济学、营销学等学科相比，技术创新作为一门独立的学科时间并不长，还没有完全形成一套标准的研究范式，因而其学科体系各抒己见。纵观目前国内外关于技术创新理论体系的研究成果，从不同角度，有不同的分类方式。整体而言，技术创新可以定义为狭义和广义两种，狭义的技术创新主要是指企业的技术创新。赵曙东（1999）和阎军印（2001）从企业内部技术创新活动的开展角度出发，将企业技术创新的管理体系分为技术创新资源管理、技术创新决策管理、技术创新过程管理、技术创新绩效管理、技术创新风险管理、技术创新制度管理、技术创新营销管理和技术创新文化管理八个关键环节，这些环节共同构成了全面的技术创新管理体系，如图 2-5 所示。

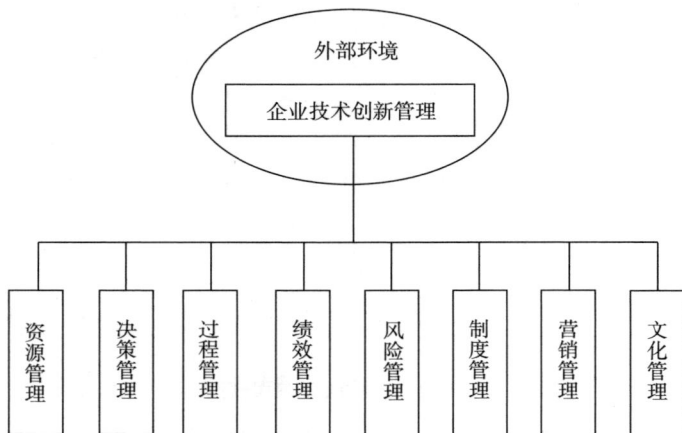

图 2-5 企业技术创新的管理体系

上述八个环节共同形成企业技术创新体系的整体框架。同时，管理体系的运行需要外部环境与政策、经济、社会文化等外部环境的支持，因此，有必要将技术创新体系的研究进一步拓宽至外部环境的研究。

广义的技术创新包括创新的外部环境，涉及整个科技政策、经济以及社会文化等因素。广义的技术创新研究可以分为宏观层面（国家）的技术创新、中观层面（产业、地区）的技术创新、微观层面（经济实体、企业）的技术创新，每个层面都有各自的研究视角和研究重点，如图 2-6 所示。

实际上，随着相关研究活动的深入，对企业内部技术创新过程的独立研究相对较少，而根据管理实践的需要，注重问题导向的研究则成为国内外技术创新的研究趋势（Fagerberg et al.，2009）。创新能力与测度、技术创新战略、组织系统、创新系统、知识产权与技术转让、创新网络、创新扩散、创新与经济增长等主题一直都是技术创新领域相关学者关注的重点（傅家骥等，1998）。近年来，

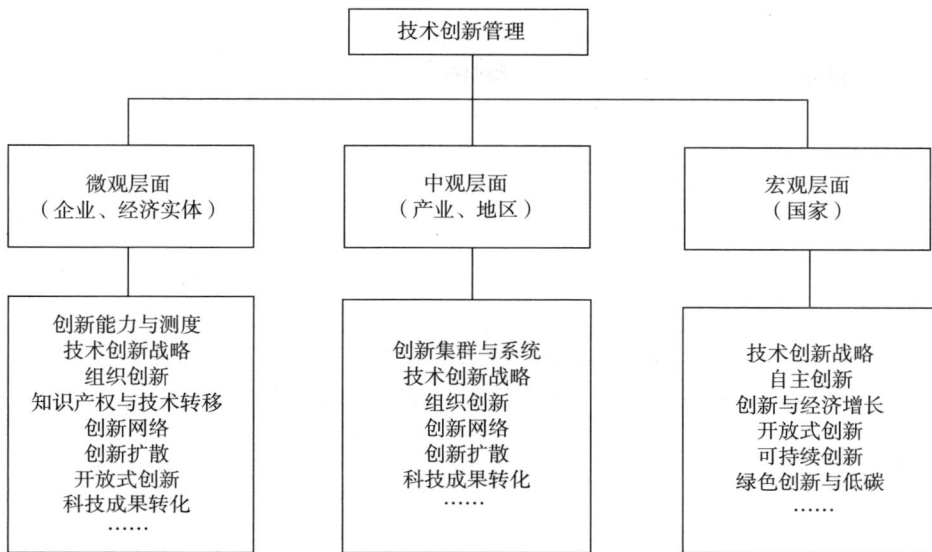

图 2-6 技术创新的研究体系

各国学者的研究热点如开放式创新、绿色创新与低碳、可持续创新等，均是围绕经济社会活动现状提出的具有针对性的研究课题。这些学术界关注的研究主题分别来自技术创新研究的微观层面、中观层面和宏观层面。然而，随着理论的演化，某些主题也不仅仅在初始的研究层面展开讨论，如技术创新战略来自微观层面，后续已经上升到国家技术创新战略；开放式创新来源于企业创新模式的发现，但也可以应用于一个国家的技术创新模式。

综合 2010 年技术创新类文献的整理分析，结合近年来技术创新各主要领域研究状况变化，技术创新在提升企业增长质量和效益方面发挥着至关重要的作用。它是运用高新技术来改进和提升传统产业的必由之路，能够推动企业实施产业结构调整，促进高新技术的大力发展，从而极大地增强企业的发展潜力和后劲。可以说，一个企业的生命力与其技术创新的能力息息相关，这种能力在很大程度上决定了企业的未来发展。改革开放以来，中国企业技术创新取得了一定的成绩，特别是在发展高科技及其产业化上取得了一定的成果，但是由于受传统体制的影响，企业自主技术创新环境尚未形成，技术创新在企业中还未得到充分的认识与发展，严重影响着企业的发展。总的来说，技术创新对经济增长还远未发挥巨大的促进作用。那么，我们应如何通过技术创新来发展企业？企业技术创新过程如图 2-7 所示。

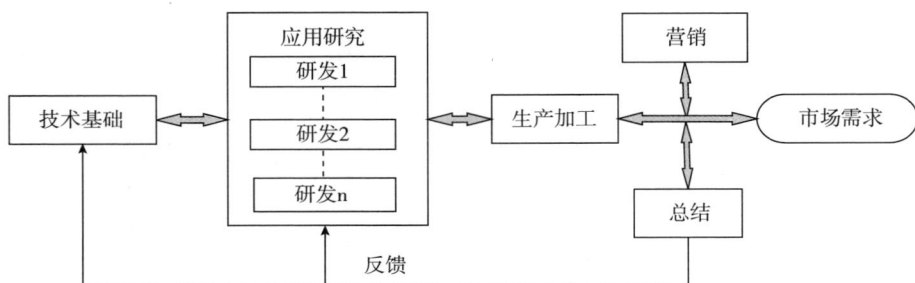

图 2-7　技术创新过程

　　企业在技术创新上应该重点强调不能仅仅因为技术创新而创新。不管是何种技术创新模型，均应从企业长远发展的角度来考虑问题。Philip Kotler（2003）认为，新产品项目的研发与管理是企业整体的活动。他们认为，应将技术创新看作是对企业创新整体战略目标做出贡献的多种活动过程中的一种，或者说，应该从企业整体活动的角度来看待技术创新。将技术创新作为企业的整体活动，需有相应的组织管理体系作为保障。企业在考虑技术创新项目管理时，不可避免地要将组织管理包含在内，这是企业技术创新项目体制模型的特点（Markus and Morten，2006）。技术创新的体系模型如图 2-8 所示。

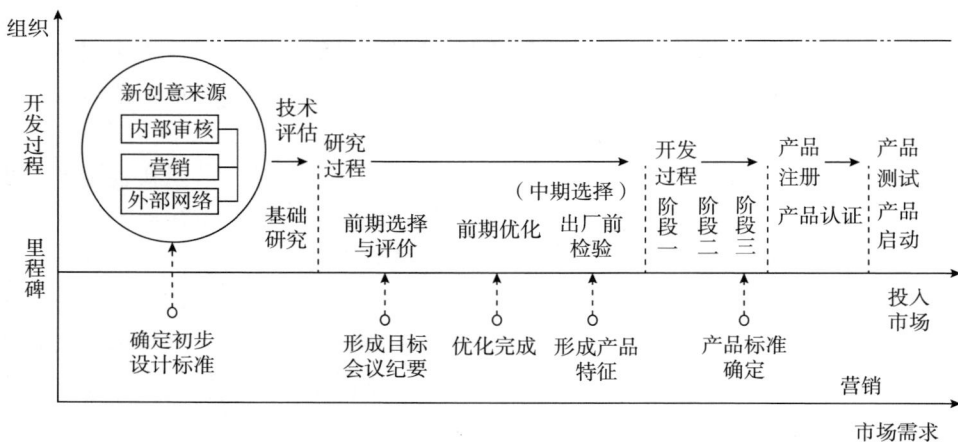

图 2-8　技术创新的体系模型

2.1.4　企业成长理论

　　企业成长理论作为当今国内外经济与管理理论界的重点研究对象，是众多学者和研究人员关注的热点领域之一。企业是社会经济系统中的最基本的组织。成长是事物与外界发生能量交换从而实现从低级走向高级的过程。企业成长不仅是发展的过程，更是一种成果的体现。资源作为企业成长的坚固基石，其重要性不言而喻。从本质上来看，企业成长意味着在一段时间内其资源价值持续上升，这源于资源在数量和质量两方面的有机积累和高效整合。这种成长显著表现在资源重组过程中，企业对环境的适应力日益增强。企业核心能力理论认为，在复杂多变的商业环境中，企业需要不断地获取、整合、重构和释放资源，通过优化资源配置以形成新的资源结构，这样才能更好地适应市场的变化，并支撑企业的持续发展。此后，学者开始从多个核心能力角度，如产品构建能力、技术能力、分销渠道能力和组织能力等，来深入剖析企业的成长轨迹。在这一理论框架下，推动企业成长的动力由具体的物质资源转变为开发、重构和保护这些资源的能力。然而，企业内部资源在强调核心能力理论重要性的同时，却在一定程度上忽略外部环境变化对企业成长的潜在影响。为了弥补这一不足，Teece 等（1997）提出了动态能力理论。他们主张，企业应不断构建、整合自身的资源、技术和实力，以更好地适应外部环境的瞬息变化。这样，企业才能持续创造新的产品或服务，从而保障其竞争优势，推动企业持续成长。

Teece 等（1997）探讨了动态环境下企业的成长问题，但他们没有将企业的能力提升与其知识体系的动态联系起来。在探讨企业成长的过程中，出现了几个重要的理论模型，Baumol（1962）的营销收益模型、Spoerel 等（1964）的管理者效用函数模型，以及马里斯（1964）的企业稳定增长模型。这些模型都从不同的角度探讨了企业的经营目标和行为特征。在管理者理论中，一个核心观点是，随着现代企业所有权和经营权的分离，管理者实际上控制了企业的日常运营。因此，企业的目标不再是单一地追求所有者的利润最大化，而是更倾向于实现管理者阶层的效用最大化。由于管理者的利益通常与企业的规模和增长紧密相关，而非直接与利润挂钩，这就使企业成长本身成为企业的一个重要目标。在各种管理者理论中，一个共同点是它们都将企业成长视为企业的核心目标，并在此基础上探讨推动企业成长的各种因素和保障稳定增长所需的条件。图 2-9 为技术创新企业成长机制的理论模型。

18 世纪，以 Smith（1776）、Marshall（1890）、Charles Babbage（2013）等为代表的古典经济学派，将企业的发展归因于社会分工和规模经济。这一观点为后来的企业成长理论奠定了基础。到了 20 世纪中期，Samuelson（1948）从宏观经济角度对企业发展进行了深入研究，认为企业的发展过程就是增加订单、加大生产以达到最优规模的过程。随后，Coase（1937）在其《企业的性质》中提出了一个新的观点，即企业作为价格表征的产物，其存在的主要目的是降低交易成

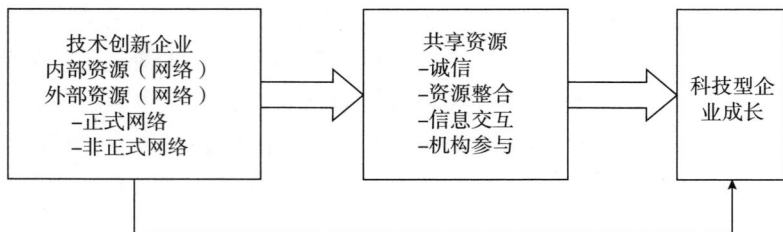

图 2-9　技术创新企业成长机制的模型

资料来源：彭伟，朱雪嫣，符正平. 集群新创企业成长机制：理论模型与案例验证［J］. 产经评论，2012（3）：65-72.

本。他强调，企业扩张的驱动力是为了降低市场交易费用。Penrose（1959）的《企业成长理论》一书的出版，更是将企业成长理论推向了一个新的高度。她从"资源"的角度深入探讨了制约企业发展的各种因素和机制，认为企业所具备的资源情况是决定其实力的基础，而企业的实力则进一步决定了其发展的行为、速度和方式。此后，Penrose又进行了进一步的补充和优化，指出由于资源具有稀缺性和难以模仿性等特性，企业与企业之间的资源差异将会长期存在。因此，企业所拥有的核心资源就成为了其竞争优势的重要来源。到了20世纪90年代，Timmons（1999）进一步夯实了企业成长资源论的范围。他强调，实现企业成长的资源并不仅限于企业已获得、支配或沉淀的资源，还应包括企业可以利用的资源。他认为，企业可以通过有效地整合其内部和外部资源来获取终极的竞争优势。

国外企业成长理论在前期有多个重要的成果，这些理论从不同的角度探讨了企业成长的原因和机制。古典经济学用合作和规模经济的观点来解读企业成长。亚当·斯密指出，企业的发展受到市场规模和合作程度的影响。马歇尔则提出了"外部经济"和"内部经济"的概念，认为企业的成长受到外部市场环境以及内部管理效益的共同影响。新古典经济学则侧重企业规模的调整，认为企业对规模经济和范围经济的探索是推动其成长的主要动力。在这个理论中，企业成长被看作一个从一般规模向最优规模调整的过程，这一过程是在追求利润最大化的目标下进行的（Winter，1982）。新制度经济学从节约市场交易费用的角度分析了企业成长，认为企业的出现和成长是为了减少交易成本，但同时也会带来管理成本的增加。因此，企业规模的最优选择是在管理成本和交易成本之间找到一个平衡点。后凯恩斯主义则强调企业的增长最大化目标，并构建了一个集产量目标、投融资决策和定价决策于一体的企业成长模型。Chandler（1962，1973）从历史和宏观的角度探讨了企业成长的制度变迁，认为企业从传统企业向现代企业的转变，对企业自身和社会经济体制都具有重要意义。这种制度变迁是随着企业经营规模的扩大而出现的，并且是企业持续和激发企业扩张规模的重要条件。Penrose（1959）提出了企业内在成长理论，他强调企业能力，尤其是管理能力，是决定企业成长模式、速度和形式的关键因素。这一理论建立了一个从企业资源到企业能力，再到企业成长的分析框架，为深入理解企业成长提供了新的视角。

Chandler（1962，1973）从历史和宏观的维度深入研究了企业成长与制度变迁的理论。他的观点主要体现在三部重要著作中，这些著作详细剖析了美国工商企业的成长历程和管理革命。Chandler描述了现代企业的两种主要扩张方式：一种是生产型企业主动向采购和渠道领域进军，实现产业链的全方位一体化；另一种是小微企业通过横向整合，先集中生产再实行全方位的合作，进而发展成规模性企业。他特别指出，多元化和纵向整合是现代企业发展的重要战略。Chandler的研究发现，随着企业的发展，管理等级制度成为现代企业的显著标志。历史上，现代企业曾采用过三种内部管理等级制度："H"型、"U"型和"M"型。这些组织结构反映了企业对成长和多样化经营策略的反应和调整。此外，他还观察到，真正的企业成长与现代企业的崛起紧密相连，这一过程伴随着两个关键的企业制度变迁：所有权与管理权的分离，以及企业内部等级制度结构的形成和发展。这种制度变迁不仅对企业自身有重大意义，而且更推动了社会经济体制的转变。他进一步指出，企业经营规模的扩张包括大规模分配和生产的发展，以及通过深度和广度两种方式实现的一体化，这导致了大量市场交易活动的内部化。

国内学者在探讨企业成长方面也做出了深入研究，他们主要从微观视角剖析了多种制约企业成长性的要素，其中财务因素备受关注。以下是几位学者的主要研究观点：洪锡熙和沈艺峰（2000）以及陆正飞和辛宇（1998）的研究都表明，企业的成长性和其资本结构之间没有明确的关联性。然而，程惠芳和幸勇（2003）在对高新技术上市企业的数据进行回归分析后得出了不同的结论。他们发现，对于这类公司而言，成长性和资本结构之间存在着显著的正向关系。吕长江等（2006）从另一个角度指出，财务杠杆对业绩好的企业有积极影响，但对业绩不佳的企业可能产生负面效应。王青燕和何有世（2005）进一步探讨了其他因素，他们的研究显示，盈利能力与企业的成长性正相关，而企业规模和国有化程度与成长性负相关。值得注意的是，他们并未发现核心竞争力和成长性之间有显著关系。除了财务视角，姚益龙等（2007）还从企业生产要素的供给视角进行了研究，认为企业的信用意识对其成长具有显著的负面影响。蒋美云（2005）的研究揭示了行业对企业成长性的重要影响，发现行业的成长性差异与市场的经营环境和成长特性紧密相关。在上述探讨中，由于成长性指标和样本选择的多样性，国内学者在成长性与上述因素之间关系的研究上存在着不同的结论。此外，杨杜（1996）以"运营资源"为核心概念，深入探讨了企业成长的多个方面，如规模经济、成长经济和多元化经济等。尹义省（1999）在《适度多角化——企业成长与业务重组》一书中，详细回答了企业多元化成长的理论和实际问题，为企业战略决策提供了有力的理论支撑和实例参考。杨杜（1996）进一步发展了Penrose的企业成长理论。他强调了"运营资源"与"多样化经济"的新概念，指出企业是多种特性资源的集合。杨杜认为，企业成长是在内外因素的推动下，运营资源不断积累和优化的过程，这包括资源的蓄积、结构调整以及特性革新。黎志成（1991）提出，企业的成长潜力是由其"量"的拓展和"质"的提升能力共同决定的。这种成长力并非仅由推动企业发展的积极因素构成，而是成长动力和阻力相互作用的结果。

本书研究认为，企业的核心竞争力源自其内部的学习和发展机制，这是企业实现长期发展的基石。Lucy等（2000）认为，从传统的索洛—斯旺增长模型到新的学习驱动的内生成长模型（Romer，1990），每个流程都与组织学习紧密相连。新成长理论强调学习是有战略目标的，且需要成本的投资行为，是企业对市场变化的应对策略，也是推动其成长的内生力量。学习型组织理论强调，组织学习对于企业的成长至关重要，现代企业必须被视为一个持续学习、不断适应环境变化的生命体（Dodson，1993）。在这个过程中，企业通过持续地吸收新知识、新技能来优化自身结构，提升竞争力，从而实现稳健而持续的发展。企业外生成长理论将企业的成长归因于外部因素，尤其是市场结构，但这种理论难以解释在相似外部环境下企业的发展为什么会有显著差异。相对而言，企业内生成长理论更注重企业内部因素，这与唯物辩证法中内因决定作用的理论相吻合，因此被视为更真实反映企业成长的理论。企业的成长是一个在挖掘内外部资源基础上展现的整体发展过程，包括量和质两方面的成长，这一过程是内生性的。虽然现有的企业内生成长理论在企业内部合作、管理、核心资源和能力等方面有深入研究，但对企业家角色的分析相对缺失。然而，在当前的"企业家经济"体系中，企业家的重要性日益凸显。贺小刚和李新春（2005）都强调了企业家在促进企业发展中的核心作用。因此，将企业家要素纳入企业内生成长理论，构建一个以企业家为基础、以TMT认知水平为动力、技术创新为源泉的分析框架，这样的研究框架有助于更全面地解释企业成长的内在机制和动力，不仅具有深远的理论意义，也是现实发展的迫切需求。竞争力与企业规模之间的关系如图2-10所示。

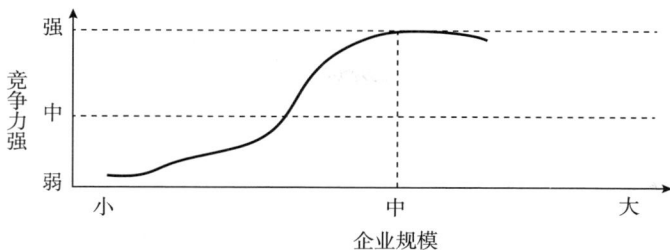

图 2-10　竞争力与企业规模之间的关系

资料来源：笔者根据文献资料整理。

2.1.5　无形资产会计理论

无形资产会计理论的研究与环境的演变紧密相连，可以说，它是一种随着环境变化而兴起的新型会计模式。传统的无形资产会计研究主要集中在基础理论探讨和会计准则的规范问题上，重点关注无形资产会计准则的研讨。在经济发展日新月异的今天，无形资产，如专利权、商标权、商誉等，在企业中的比重日益增大，特别是在高科技公司中，它们的地位甚至超过了固定资产。正因如此，无形资产会计理论与实务成为了现代财务范畴的热点和争议目标。为了深入理解这一理论，本书需要从其产生的背景出发，探索其存在的目的和基本原理，进而掌握它的发展规律。同时，对无形资产会计的当前发展现状进行分析，有助于识别其面临的发展阻力，并为未来的进步提供有益的建议。在知识经济日益凸显的今天，无形资产管理显得尤为重要，相应的会计记账模式也必须与时俱进，确保其在实际应用中的有效性。在中国，无形资产会计的发展可视为智力成本下会计记账模型的一种自然延伸。随着企业间的竞争日益激烈，竞争焦点已从单纯的资本转向了人才。虽然人才本身不具备直接的资产价值，但他们所拥有的知识和专业技能已成为企业竞争的核心要素。在这种背景下，人们对无形资产的重视程度不断提高，相应的会计理论也应运而生。

在 19 世纪末，无形资产这一概念由美国经济学家托尔斯·本德首次提出，这标志着国外学者对无形资产问题研究的开端。此后，无形资产在法律实践中逐渐得到了承认，并在一系列经济案件中得到了进一步的确认和强化。同时，会计和资产评估的活动也进一步推动了无形资产的应用和发展。在中国，无形资产的研究也取得了重要的进展。1926 年，杨汝梅的《无形资产论》为无形资产会计领域的研究做出了杰出的贡献。1985 年，《中华人民共和国中外合资经营企业会计制度》更是首次将无形资产明确地纳入了会计核算的体系中。然而，我国对无形资产会计进行全面系统的规范，是在 1992 年的会计改革之后才开始的。

1993 年，在《企业财务通则》和《企业会计准则》中，首次对"无形资产"和"知识产权"进行了官方且完整的定义。在会计行业，无形资产通常被狭义地理解为包括专利权、商标权等在内的资产。因此，在传统无形资产会计阶段，主要探讨的是商标权和非专利技术等知识产权类的无形资产。这些无形资产的会计理论问题，已经基本上被反映在无形资产会计准则中，并已纳入会计法律体系和规范。

无形资产的理论成果主要体现在两个方面。首先是无形资产的基本理论方面。这一领域的探讨主要集中在无形资产的概念、分类以及特性上。对于无形资产的定义，国内外学者有三种主流方法：Sidney 和 Woil（1983）的直接列举法、William Andrew Paton（1922）的特征归纳法、吴君实和曹振昭（1991）的本质描述法。这些不同的定义方法催生了多样化的无形资产观念，如超额收益观、无形固定资产观、无形资源观等，都是对无形资产本质的深入探讨。在无形资产的分类上，学者也提出了多种分类方式，包括按存续期限、可辨认性、存在形式或产生条件等进行分类，这些分类方式有助于本书更全面、深入地理解无形资产。关于无形资产的特性，虽然学者们的观点从"三重特征"到"八重特征"各不相同，但都认同无形性和价值的不确定性是无形资产的核心特征。其次是无形资产会计准则的制定。无形资产会计理论的研究成果在很大程度上已经融入了无形资产会计准则中。随着会计的国际化，全球的无形资产会计准则日趋一致。我国经过多次修订，形成了系统且完整的《企业会计准则》，为无形资产的会计计量、记录、确认和报告提供了详尽的理论指导。值得一提的是，我国已经连续多年召开了全国无形资产理论与实务研讨会，其中无形资产会计准则始终是讨论的重点。然而，至今仍存在一些争议较大的问题，如无形资产的核算范围、研发支出的资本化与费用化处理、无形资产的摊销方法以及无形资产的价值评估等。这些问题的深入探讨和解决，将有助于进一步完善无形资产会计准则，提高会计信息的质量和透明度。

从企业会计的维度来看，技术创新涵盖了研发及生产过程中涉及的各种费用，这包括设备仪器的折旧、原材料消耗、研发人员薪酬与福利，以及研发期间产生的租金、水电费、物业费和研发经费等。从更宏观的视角来看，技术创新实质上是一种投资行为，但与常规的生产经营活动相比，其收益的不确定性和风险性都更高，这使在会计账面上的登记和计量变得更加复杂。技术创新是一个探索性的过程，它是否能为企业带来持续的经济效益是不确定的，存在一定的风险。然而，当企业将研发成果转化为实际生产力并应用于市场时，这种技术创新行为往往能为企业带来更大的经济利益。在研发阶段，企业需要投入大量的人力、物力和财力。如果新产品研发成功，获得市场认可，那么这项技术创新就会成为企业的一项新的无形资产；相反，如果新产品未能研发成功，那么所投入的资本将成为企业的沉没成本。因此，无形资产会计认定面临的一个重要问题就是如何准确地界定和处理这些技术创新资本。

2006年2月，中华人民共和国财政部颁布了新的《企业会计准则》，对企业的会计确认、计量和报告行为进行了统一规范，不仅有效保证了会计信息质量，而且实现了与国际会计准则的趋同，加速了中国经济向国际化发展的趋势。其中，对于无形资产会计有了更为详尽的披露要求。自2007年起，上市企业在年度财务报表附注中需要详细披露以下关于无形资产的信息：①必须明确展示无形资产的开始和结束账面余额，包括其摊销情况以及减值亏损的累计金额。②关于无形资产的使用年限，企业需要提供相关信息。对于使用年限可预测的无形资产，应详细披露其预测的使用年限；对于使用年限不确定的无形资产，则需说明其披露的基础和判断依据。③附注中还需包含无形资产的摊销情况，包括摊销的方法和摊销期限等。④企业必须披露每项无形资产的账面价值以及当前的摊销进展。⑤在技术创新过程中产生的损益金额和最终被确认为无形资产的成本也需要在附注中明确反映。此外，新标准对于R&D支出的会计处理提出了更为明确的指导。根据新规定，企业内部项目研究的损益和R&D支出的全部费用都需进行会计处理。这意味着，企业需要按照新的标准来有条件地资本化这些支出，确保准确反映技术创新投资的情况。这一变化有助于更真实地体现企业的R&D投入和无形资产的积累，为投资者和其他利益相关者提供更全面的财务信息。

综上，无形资产的成本验证过程与经济利益紧密相连，而研发支出的会计记账方式展现出了一定的灵活性。这种灵活性在某种程度上赋予了企业管理层主观预测的区间，为盈余管理提供了可能。新《企业会计准则》特别要求，对于未能成功研发出新产品的经费，以及研究和开发过程中的支出，企业应根据实际情况进行确认。这一规定间接表明，在确定无形资产形成过程中，即便存在人为判断失误，也并不违背会计准则。甚至在某些情况下，前期对后期的会计更正或错误调整也是被允许的。总体而言，企业在技术创新和新产品研发过程中的资本投入，其科研经费的最终确定，需要服务于盈余管理的目标。这种处理方式既体现了会计准则的灵活性，也要求企业在管理过程中更加审慎和准确地进行会计处理和盈余管理。

2.1.6 委托代理理论与激励理论

委托代理理论是制度经济学中的一个重要理论，它从不同于传统微观经济学的视角来剖析企业内外部的委托与代理之间的关系。这个理论聚焦于由委托代理关系所引发的信息偏差、目标异同和合同不完整等问题，并探讨如何通过设计激励机制来有效解决这些问题。近年来，该理论的模型构建方法取得了显著进展。最初，Wilson（1969）、Spence和Zeckhauser（1971）、Calder等（1973）采用了状态空间模型化方法。这个方法能很自然地展现各种技术关系，但缺点是难以从中获取具有经济意义的明确解答。随后，Mirrlees（1976）和 Holmstrom（1979）提出了分布函数的参数化方法。这一方法现已成为该领域的标准研究工具。此外，还存在一种名为"一般分布方法"的模型化手段，它虽然对代理人的具体行为和成本描述不够明确，但能够推导出非常简洁且通用性强的模型。在信息不对称不存在的理想情况下，委托人可以直观地观察到代理人的行为，并据此进行奖惩，从而实现帕累托最佳的风险分担和努力水平。

最早研究委托代理动态模型的是 Rubbinstein（1979）和 Radner（1981）。这些学者使用重复博弈模型验证，在委托人与代理人之间维持长期关系，并且双方的信任度足够高（贴现因子较大）的情况下，可以实现帕累托一阶最优风险分担和有效激励。这意味着在长期合作中，有几个关键因素在起作用：首先，随着时间的推移，外部不确定性因素的影响可以逐渐消除。这使委托人能够通过观察到的数据更准确地评估代理人的努力程度，从而防止代理人通过懈怠来提升自身利益。其次，长期合同为代理人提供了一种"自我保险"机制，降低了代理人承担的风险，因为委托人可以在一定程度上为代理人分担风险。即便合同在法律上不具备强制执行力，双方也会出于维护自身声誉的考虑而恪守合同条款。Rogerson（1985）、Lambert 等（1993）、Roberts（2001）、Townsend（1982）的研究都强调了长期关系在解决激励问题上的有效性。他们认为，最优的长期合同与一系列短期合同在本质上是有区别的。然而，Dekel 和 Fudenberg（1990）的研究指出，如果代理人能够以与委托人相同的利率条件进入资本市场，那么长期合同的功能可以被一系列短期合同所替代。尽管如此，对委托人与代理人之间长期关系的持续关注和研究仍然揭示了其独特优势。特别是在代理人的行为难以甚至无法被直接证实时，显性激励机制难以实施，这时长期委托代理关系的"声誉效应"就显得尤为重要。总的来说，尽管在某些条件下短期合同可能具有替代性，但长期委托代理关系在处理激励问题、风险分担以及利用声誉效应方面仍具有显著优势（Dekel and Fudenberg，1990）。委托代理理论关系如图 2-11 所示。

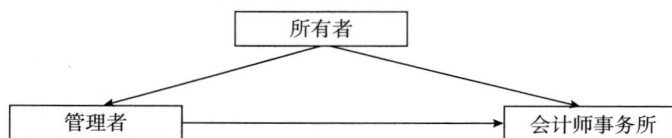

图 2-11　委托代理理论关系

20 世纪 30 年代，美国经济学家伯利和米恩斯发现，当企业所有者同时担任经营者时，这种做法会带来诸多问题。为了解决这一问题，他们提出了"委托代理理论"，主张将企业的所有权和经营权进行分离。这意味着，企业的所有者仍然保留对收益的索取权，但将日常经营管理的权力交给专业的代理人。这一理论为现代公司治理体系奠定了基础，成为其逻辑起点。现代契约理论的历史可以追溯到 1937 年，由经济学家 Coase 和 Ronald（1937）首先提出。之后，该理论在众多学者的研究下得到了不断深化和发展，如 Alchian 和 Demsetz（1972）、Williamson（1975）、Jensen 和 Meckling（1976）、Ross（1973）等。进入 21 世纪后，张五常（2003）、Grossman 和 Oliver（1986）、Holmstrom 和 Milgrom（1989）以及 Hart 和 Tirole（1990）等也对此进行了进一步的研究。基于不同的前提和理论逻辑，现代契约理论逐渐形成了几个重要的流派，其中最核心的是委托代理理论。除此之外，激励理论、不完全契约理论和交易成本理论，都是现代企业管理与组织研究中不可或缺的部分。这些理论的共同发展和完善，为本书提供了深入理解企业内部运作和外部交互的视角和工具，如图 2-12 所示。

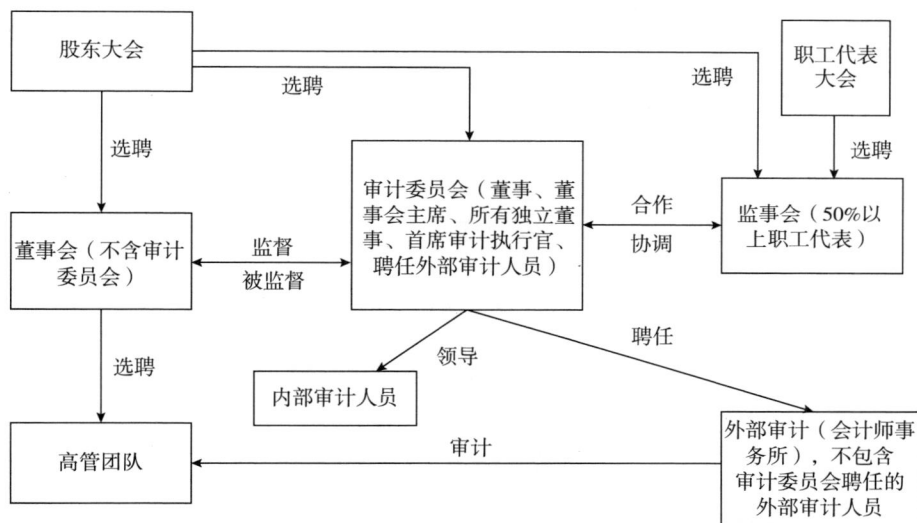

图 2-12　委托代理理论关系框架

资料来源：https://zhidao.baidu.com/question/266608060134426165.html?fr = iks&word =% CE% AF% CD%D0%B4%FA%C0%ED%C0%ED%C2%DB%C4%A3%D0%CD%CD%BC&ie = gbk。

　　企业所有权归股东拥有，依据委托代理理论，企业股东与管理者各自扮演着委托人与代理人的身份。委托人的最大目的就是使企业资产与资本收益增加，归根结底就是追求利益最大化。代理人的最大目的就是能够得到更高的薪酬奖励，此外还会追求薪资报酬以外的其他的非物质利益，这与委托人的利益大致趋向一致，造成其目的无法完全实现。通常委托人与代理人的追求趋向相悖，企业股东与管理者所拥有的资源也存在差异，高管团队所接触和拥有的企业内部信息和外部信息其实要比股东了解的信息更加详细和具体，股东几乎不能判断个人能否实现最大化利益的原因来自哪个层面，是高管团队的工作不够积极和敬业，还是因为动荡的外部市场环境因素所造成的，通常管理者比较明白自己的实力，清楚地知道能把工作做到何种程度，能为企业拥有者与股东带来多少效益。相对而言，管理者具有股东与委托人不可比的优势，他们能直接、高效地面对市场环境风险与机遇，能准确地判断并分析制约企业效益的各种因素，因此管理者会因追求个人的最大利益而损害企业与股东的权益，在现实中这种现象和问题几乎不可避免。信息差异的存在是委托人与代理人拥有各自资源要素的结果，以及形成激励机制的不完善也会为管理者利用机会主义行为创造便利条件，委托代理理论的核心其实是解决二者之间利益目标相悖的问题。通过健全、完善管理者激励机制体系，力求把权力禁闭在制度的笼子里，可以从根本上避免管理者利用机会主义行为想法。综上所述，企业在治理结构方面最重要的是在解决代理的问题，避免代理人利用职务之便以权谋私，急功近利追求个人利益最大化问题，即委托人的终极目标是使代理人高效地服务于企业。激励机制框架与代理人参与约束下的效益最大化如图 2-13、图 2-14 所示。

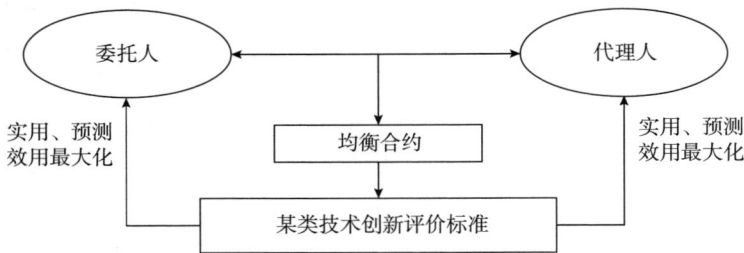

图 2-13　激励机制框架

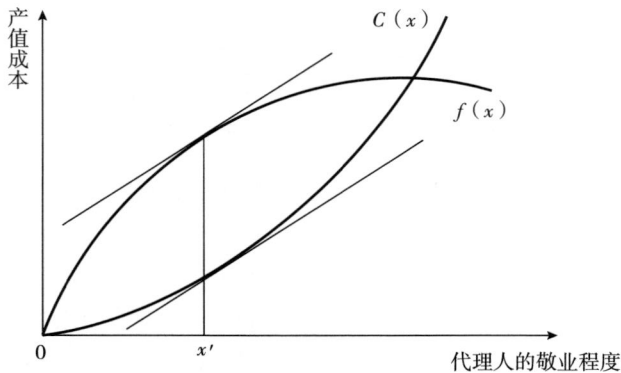

图 2-14　代理人参与约束下的效益最大化

　　实施激励行为能够促进管理者的敬业度进而影响企业绩效，物质激励与非物质激励是区分管理者激励"能否可货币化"的标志，也称显性激励与隐性激励，显性激励通常是指薪酬激励与股权激励等。隐性激励通常是指对管理者的心理给予积极暗示活动与精神鼓励，管理者自身对工作努力程度以及得以回报的公平感与成就感等，具体包括晋升激励和控制权激励等。郭慧婷等（2015）基于马斯洛需求层次理论研究分析认为，委托人对代理人最低程度的激励就是满足自身生理需求，而最优的激励方式其实是着重激发代理人实现自我价值的需求。当然，如果显性激励没有实现预期激励的目标，委托人通常会选择某种隐性激励措施，以有效的激励机制促进管理者工作努力、爱岗敬业、提升企业绩效，达到较好的激励效果。

　　委托代理理论来源于所有权与经营权的分离，委托人是企业的所有者，拥有企业所有权，而代理人是企业的经营者，享有企业的经营管理权，在委托人赋予的权限范围内经营管理企业。所以，代理人与委托人之间会面临信息不对称的问题，当企业的利益和代理人的利益以及委托人（含股东）的利益发生不一致的情况时，代理人（管理者）通常在做决策时或许会以自身利益为核心，进而可能会损害股东的利益，甚至去损害企业的利益，出现了"道德风险"问题（Beatty and Zajac，1994）。企业在这种体制下，因为内部信息的不对称以及代理成本的增加，拥有者通常会考虑选择某种手段和行之有效的策略激励代理人行为，着重以股东的利益与企业利益为出发点，做出全局性的决策是委托代理理论的核心价值。如何设计行之有效的管理者激励机制，加以缓解管理者和拥有者在经营决策中的异同利益，一直是相关研究学者最为关心的问题。激励理论是把个体行为的外部特征内部化，减弱管理者与拥有者之间的利益冲突（朱国泓和方荣岳，2003）。一方面，监督机制与激励机制的构建可以有效降低或缓解高管团队与股东之间的矛盾关系；另一方面，能促使他们趋向相同的目标，从而激励代理人高效工作，达成委托人与代理人共赢。委托代理理论重点是如何设计激励机制契约行为，避免利益冲突及减轻内部信息不对称问题，激励机制核心是激发管理者的主观能动性，委托代理理论与激励机制互为补充关系，为研究管理者的创造性以及科技成果转化等问题奠定理论基础，也为高管团队认知与技术创新的研究提供了依据。

2.2 相关文献综述

2.2.1 高管团队认知相关研究

2.2.1.1 认知的内涵

认知是心理学中的一个核心概念，通常被心理学家从信息加工的角度理解，即视为知识或信息的处理过程，与情感、动机和意志等心理过程相对。简言之，认知就是人们获取和应用知识，或是处理信息的过程，这也是人类大脑最为高级的功能活动。它涵盖了思维、感觉、知觉、想象、记忆和语言等方面，其中思维处于核心地位。当外界信息进入大脑时，经过加工、解释后转化为内在心理活动，并进一步指导人的行为，这就是一个完整的认知过程。人的认知能力与其认识世界的过程紧密相连，可以视作是这一过程的产物。人对事物的感知、思考等，都是认知活动的体现。这是一个主观与客观相结合的过程，即通过主观认知去理解和反映客观世界。近年来，认知神经科学的研究为本书提供了新的研究视角。Laureiro-Martnez 等（2009）指出，个人的认知灵活性可能是组织学习和适应环境变化的基石。从组织管理的角度来看，认知涉及管理者如何处理信息，并与环境中的新情况或突发事件相适应。进一步地，根据 Laureiro-Martinez 等的研究，注意力的神经调节或许能帮助我们理解和解释个体间在认知灵活性上的差异。他们的研究发现，大脑中的前扣带皮层、眶额皮层和蓝斑核之间的相互作用调控了注意力的神经机制，这可能深刻影响着个体的认知模式。基于这些发现，研究者进一步构建了管理者认知的神经科学模型，以期更深入地了解认知过程，如图 2-15 所示。

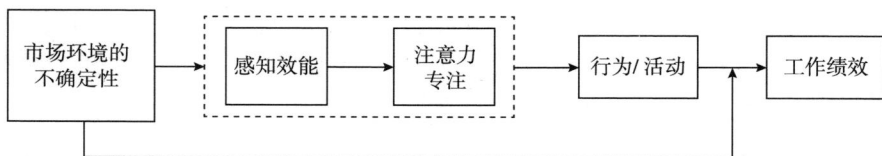

图 2-15 管理者认知模型

资料来源：Laureiro-Martnez 等（2009）。

　　这一神经科学模型深入探索了管理者学习和组织适应的神经基础。它揭示了一个重要观念：认知柔性，即决策者在面对环境条件变化时所展现的认知适应能力，实际上是一个动态循环的过程。在这个过程中，个体遭遇特定情境，感受到效用的不确定性，随后调整其注意力的集中点，并据此采取相应行动。值得关注的是，大脑皮层的相关区域在这一系列过程中对个体的注意力集中产生着神经调节的作用。当个体的行为与所处情境高度契合时，其认知柔性便得到增强，进而在任务绩效上表现更佳。Laureiro-Martnez 等（2009）的研究中进一步强调了认知柔性在动态能力研究中的重要性。他们指出，管理者的认知柔性很可能构成了企业调整其对认知战略问题和解释方式的基石。那些具备较高认知柔性的管理者，更倾向于采用多元且丰富的方式来理解和解释战略问题，从而更有可能创新性地解决问题。同时，这种柔性也是企业为调整运营惯例以避免核心刚性、提高适应性的关键初步步骤。此外，管理者的认知柔性还赋予他们更好地处理企业面临的探索与挖掘活动的平衡问题的能力。这是因为具备认知柔性的管理者能够在不同的思考和搜索模式间灵活切换，因此在处理此类权衡问题时表现更为出色。认知与价值分级模型如图 2-16 所示。

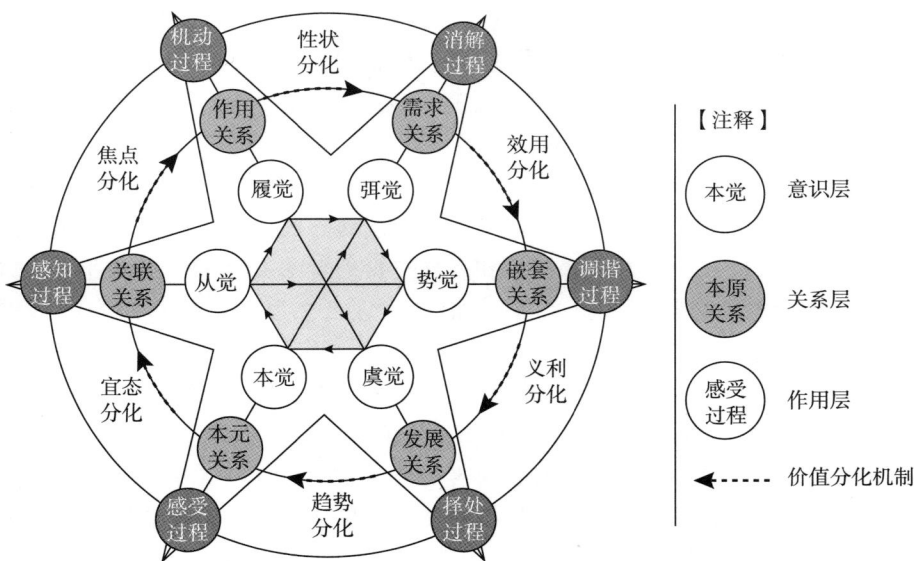

图 2-16　认知与价值分级模型（雪花模型）

资料来源：https://blog.csdn.net/renzhiweidu/article/details/83217989.

　　刘永芳（2007）深入总结了认知在管理研究中的重要地位，他强调了认知心理学对人的主观能动性和认知复杂性的重视，凸显了管理过程中人的核心作用和管理者的个人能力。刘永芳还指出，认知心理学的发现为管理实践提供了宝贵的指导和启示，了解认知的特点和规律对管理者至关重要。此外，认知心理学的方法论对管理理论和实践研究也具有重要的参考价值。在管理研究中，认知有着广泛的含义，但多数研究都借鉴了心理学的解释。这涉及管理者如何制定决策和行动基础，包括如何感知、筛选和概念化信息（Hambrick and Mason，1984）。最早是 March 和 Simon（1958）关注到管理领域中的认知，提出认知是管理决策的基础，包括管理者对未来的设想、对决策选项的知识以及对选择后果的考量。这些认知基础有助于本书更好地理解和应对企业面临的复杂外部环境。通过认知形成的表征，管理者能更有效地简化环境信息，从而弥补因个人能力限制而形成的"有限理性"。Nosek（2004）以及 Guyer 和 Paul（2006）认为，认知是掌握和构建行为能力的心理过程，受组织成员智力水平的影响。菲利普·科特勒（2006）则将个体认知定义为个人选择、组织和信息输入，以创造对世界有意义图像的过程。简言之，认知是人们根据现有信念、规则和经验解释和加工信息的过程，通过直觉感知、理解、整合和解释，最终形成个体独特的默会性和体制化记忆。这种假说性记忆在反馈过程中得到验证和修正，从而进一步得到强化和巩固。

在管理学领域，对于"管理认知"的理解，多数情况下是借鉴了认知心理学中关于信息的概念。简言之，它与获取、存储和处理某一特定领域的信息息息相关。然而，在实际的研究中，学者们对"管理认知"的诠释呈现两种不同视角。

一种视角是将"管理认知"视作一个名词，它体现为一种认知结构或认知表征。在这种理解下，管理认知是帮助管理者捕获、储存和加工特定领域信息的一种信念或心智模式。这种认知结构和表征在管理者的决策过程中发挥着至关重要的作用，它们像一张"认知地图"，指导管理者在复杂的信息海洋中找到方向。另一种视角把"管理认知"看作一个动词，强调的是一个动态的认知过程。在这个过程中，企业成员积极地获取、保留并处理特定的信息。这种认知活动不仅涉及信息的接收和储存，还包括信息的解释、整合和应用，是一个持续不断、动态变化的过程。这两种解释并非相互排斥，而是相辅相成的。静态的认知结构和表征为动态的认知过程提供了基础和框架，而动态的认知过程又不断塑造和更新着静态的认知结构和表征。它们共同构成了管理者复杂而丰富的认知世界。

综上所述，本书深入探讨了高管团队认知的多维内涵，通过综合状态观、过程观和能力观三个不同视角，对团队认知进行了全面的剖析。在梳理了国内外众多文献后发现，尽管团队认知的概念被赋予多种标签，但每种视角都有其独特的侧重点和局限性。状态观将团队认知看作团队成员心智模式或知识结构相似性的结果，却未考虑团队成员间的信息交流动态。过程观虽然重视认知信息的互动，但忽略了这些互动背后隐藏的、可能导致认知趋同的机制。能力观更多地关注团队在认知过程中的行为或能力展现，却未深入分析这些行为或能力中的认知要素。尽管如此，这三种观点都涉及组织内部认知或信息的收集、整理、编码、储存及提取等核心认知任务，并都强调了认知行为的嵌入性（Haynie et al.，2009）。因此，本书提出一个综合性的团队认知定义：在技术创新过程中，团队成员通过心智交互，推动组织内部信息和知识的有效沟通与加工，从而达到对技术创新任务的共同理解，精准把握团队专业知识和技术的分布，并对认知过程进行监督、总结和反馈。这种综合性的团队认知有助于团队作为一个协同整体，更高效地完成技术创新任务。值得注意的是，这一过程中体现了团队认知的动态调节功能，这是以往某些研究所忽略的重要视角。通过整合不同观点，本书期望为团队认知提供一个更为全面和深入的解读。

2.2.1.2 TMT 认知的特征与测量

管理者认知推动 TMT 认知研究已经实现了从单纯聚焦于团队认知行为的理性层面，到深入探索团队整体认知水平的转变。这一演变不仅加深了本书对团队决策过程的理解，更揭示了隐藏在团队决策背后的核心驱动机制。通过这种研究视角的转换，能够更加准确地洞察团队如何在复杂多变的环境中作出决策，以及这些决策如何受到团队成员集体认知水平的影响。这一研究路径便于本书深入地剖析并优化团队的决策流程。目前针对高管团队认知的研究处于起步阶段，研究内容也较为零散。随着市场竞争的日趋激烈和信息的日益碎片化，企业经营所面临的风险和不确定性不断攀升。这种环境下，企业的创新活动也在发生转变，从以往更多依赖个体技术创新，逐渐演变为团队或组织的集体创新（Beckman，2006；West，2007）。这种转变反映了企业对资源整合和创造性应对复杂挑战的新需求。近年来，TMT 认知的研究受到广泛关注。学者试图探究 TMT 认知如何影响企业的整体绩效已成为当下研究的热点（Forbes et al.，2006；杨俊等，2010）。以往的研究多聚焦于 TMT 的架构特点、成员间的异质性、背景特征以及他们在工作过程中的特征，以此揭示这些因素如何作用于企业绩效。这些研究路径虽然有其价值，但也存在局限性（Bryant，2014）。特别地，以高管团队过程特征为核心的研究，往往未能深入挖掘创新过程中团队行动背后的真正驱动力或诱发因素（Eisenhardt and Schoonhoven，1990；胡望斌等，2014）。以背景特征为研究重点的文献，则可能过度强调了高管团队成员之间的个体差异，忽略了他们作为团队整体的协同作用。因此，本书需要一个新的理论视角来全面审视高管团队的认知问题，这一视角应该能够平衡个体特质和团队过程，从而更准确地理解和评估 TMT 在企业创新和绩效提升中的关键作用。

近年来，社会认知理论为团队认知的研究开辟了新的视角，许多学者开始从这一视角深入探索企业的技术创新。然而，由于企业技术创新往往依赖于团队来完成各种高度复杂的认知任务，这些任务涉及的认知表征已经超出了个体认知的范畴，因此，学术界普遍认为认知构念应从个体层面延伸至团队层面（Vallacher and Wegner，1987）。社会认知理论在揭示团队技术创新如何有效运作以达到最佳绩效方面具有巨大的研究潜力和探索空间（Chowdhury，2005；Dimov，2011）。鉴于此，管理者的认知研究逐步从关注技术创新过程中团队行为的理性，转向对团队认知理性的深入研究。通过归纳、整理和识别那些具有共性的高管团队认知特征或状态，可以更深入地理解技术创新行为背后的驱动机制（Gregoire and Andrew，2011），为高管团队认知研究提供了全新的视角。目前，虽然群体意义构建和团队认知的议题已经受到了广泛关注，但 TMT 所处的环境具有其特殊性。他们通常身处于动态变化的新组织中，并深深嵌入技术创新的情境中，这种情境的行为准则和规范往往尚不明确。加之组织内工作描述的模糊性和任务的分散性（Staw，1991），使现有的 TMT 认知概念不能简单地套用到团体认知的研究框架中。因此，本书迫切需要对创业团队认知的内涵进行更为深入的研究。

近年来，TMT 认知逐渐受到了学者的关注。De Mol 等（2015）初步探讨了 TMT 认知的定义。Andre Spithoven 等（2010）主要是从现有的多元化概念，如信息共享心智模型、交互记忆系统和集体认知中提取了所谓的理论内核。然而，这种方法并未全面考虑不同视角下 TMT 认知研究的差异和关联，也未能有效地对其结构维度进行划分。尽管 De Mol 等（2015）尝试提出了 TMT 认知的研究框架，但该框架主要是简单列举了影响 TMT 认知的前后因素，缺乏对这些因素间逻辑关系的深入探讨。显然，目前国内外在这一领域的研究尚处初级阶段，关于 TMT 认知的结构化定义和描述尚显模糊，同时对其前置因素与应变机制的研究也显得零散，这无疑制约了该领域的理论和实证研究进展。鉴于此，本书有必要进一步挖掘 TMT 认知的研究成果。本书在综述相关文献的基础上，指出了当前 TMT 认知研究的不足，并指出了未来的研究方向。这不仅为国内学术界追踪国际研究前沿提供了有价值的参考，而且为深化和拓展 TMT 认知理论与团队管理理论的研究奠定了基础，从而更好地服务于创业实践。

Mitchell 等（2011）认为，认知通常被看作个体对感官输入的信息进行回忆、简化、转换、解释、储存和应用的过程。在现代企业中，许多复杂的认知任务是由团队来完成的，这使个体层面的认知研究逐渐扩展到团队层面。由于研究目标和学科背景的差异，团队层面的认知研究涵盖了多个主题，如共享心智模型、集

体认知、交互记忆系统和共享战略认知等。团队认知研究的特殊性虽然为 TMT
认知研究带来了一定的挑战，但也为其内涵的界定提供了借鉴。目前，学术界主
要从状态、过程和能力三个视角定义团队认知。状态视角将团队认知看作一种集
体信念或共享理解的涌现状态，强调团队从低层到高层所形成的共识和集体意
义，凸显团队整体的认知结构。过程视角关注团队成员之间如何加工处理信息和
知识，更侧重于团队成员间的认知互动。能力视角认为团队认知是团队感知并适
应外部环境变化，感知和辨别关联记忆信息、线索，获取知识，调整行为并处理
问题的能力。

　　从状态视角来看，团队认知是团队成员在特定情境或任务中共同形成的一
种认知表征。这种视角聚焦于成员间的主体性统一与共识，表现为一种"结果
性"状态。简单来说，团队认知源于个体认知，但又超越个体，形成了一种团
队成员共享的、对团队环境中关键要素有系统理解和心理表征的合成式认知结
构（De Mol et al.，2015）。这种合成式的认知强调了团队成员心智模型之间
的相似性或重叠性（刘霞等，2013），它像是一种集合模式，使团队成员能够以
一种相互接受的方式来有效地组织、表达或分配知识，从而达到对任务有相似理
解的状态（DeChurch and Mesmer-Magnus，2010）。另外，学者也用"共享"和
"集体"等词来描述这种团队认知（De Mol et al.，2015），虽然这些术语有时会
造成一些概念上的模糊，但表明团队认知具有多元性的特点。Ensley 和 Pearce
（2001）将"共享"理解为"拥有共同之处"，并将共享认知定义为团队成员对
企业战略心智模型相似的程度。"集体"则用来描述团队成员间知识的交错性，
如集体认知指的是创业团队内部对个体成员认知的整合程度及这种整合的结构化
程度（Nancy et al.，2012）。总的来说，状态视角下的团队认知更像是集合性的
心智模型，它为团队活动提供了认知架构，确保团队能够协调统一完成各项
任务。

　　从过程视角来看，团队认知不再被视为简单的知识集合，而是一个动态的互
动过程。为了深入理解这一点，有学者开始从认知过程的角度来研究创业团队的
认知（Robinson and Larson，2010）。以互动理论为基石，一些学者提出了团队互
动认知理论，强调团队认知系统是由团队内部个体认知元素之间相互协作和关联
的过程所构成的（Nancy et al.，2012）。这种视角下的团队认知研究，实质上是
对分布式认知的一种描述和解析（Hutchins，1995）。分布式认知是一种广泛的
认知观念，它不仅包括个体"颅内"的认知活动，还涉及人与人、人与技术工
具之间通过交互来实现某一活动的过程（聂品和孙继伟，2009）。从这个意义上
说，认知的本质是分布式的。这种分布式的认知观念强调了认知元素的分布性和
认知过程的互动性，凸显了认知的社会化层面。换句话说，个体的认知是涉及与

他人的认知交互的（Dew et al.，2015）。同样地，团队认知也不是孤立存在的，它是分布式过程的体现。此外，也有学者指出，分布式认知的核心在于团队内部的信息加工处理过程。从信息加工的角度来看，团队认知是团队成员通过语言或动作的方式，将自身获取的信息转化为输出结果的一个互动过程（Marks et al.，1973）。这个过程包括信息的获取、意见的交换、备选方案的制定以及领导的控制等环节。总的来说，无论是从分布式加工维度、信息加工维度来看，还是从团队互动认知维度来看，它们都强调了团队认知是在社会互动过程中构建的，体现了人们之间的互动以及他们与环境的互动过程，进一步突出了认知的社会化层面。

从能力视角来看，团队认知成为学者研究的焦点。一些学者倾向于从信息处理的角度来分析团队认知，认为认知是主体对相关信息或知识进行理解、加工及运用的能力（Hunter，1986）。针对这种观点，团队认知能力可以理解为团队成员在理解和加工信息的过程中所形成的某种识别和监督的能力（Cohen and Levinthal，1990）。另外，还有学者从组织与外部环境的关系入手，将团队认知看作团队成员对外部环境变化的预测与应变能力，认为主张团队认知实际上是企业运营能力的一种体现，主要表现在企业对不断变化的环境的适应上（Eggers and Kaplan，2009）。同样地，有学者指出团队认知是团队成员根据外部环境的变化以及团队内部资源的预判，从而做出可执行的决策能力（葛玉辉和陈倩，2011）。综上所述，团队认知能力可以理解为团队对环境、信息与知识的敏锐感知，并通过这种感知来有效监测、分析与处理问题的能力。这种能力不仅涉及信息的处理与判断，也包括对外部环境的敏锐洞察和灵活适应。

经过对相关研究和文献的仔细分析，本书发现认知，特别是团队认知，在推动企业的技术创新和实践管理中扮演着至关重要的角色。这一发现促使研究焦点从单一的个体认知扩展到了更广泛的组织层面。目前，组织和管理科学的研究者正越来越多地聚焦于"集体意识"上的团队或组织认知，使团队认知成为了一个热门的研究领域。随着对团队认知内涵的深入理解，如何衡量团队认知也受到了广泛关注，相关的测量量表和多个维度的研究（如风格、过程、能力、效能和表征等）也日渐丰富。这些研究为实证性分析提供了坚实的基础。此外，管理科学的研究者逐步将团队认知的研究深入管理的各个层面，如竞争战略、组织变革、组织绩效、领导行为以及企业的智力资本等，这表明团队认知在管理学术领域中的影响力正在逐步扩大。

经过对团队认知研究的详细梳理，本书注意到，尽管该领域在管理学中的重要性日益凸显，并获得了学者的广泛关注，但当前研究仍存在一些明显的不足。主要问题在于，关于团队认知的确切内涵学术界至今尚未形成统一的看法。虽然学者从多个角度对团队认知进行了解读，但这些定义和解释仍缺乏一个普遍接受的框架或共识。因此，尽管团队认知的概念在管理学中得到了广泛的探讨，但其具体的定义和内涵仍有待进一步明确和统一。这种概念上的模糊性在一定程度上影响了团队认知研究的深入和发展。

随着团队层面认知研究的推进，学者开始聚焦团队认知对组织绩效的潜在影响（Floyd and Wooldridge，1992；Wooldridge and Floyd，1999；Michael et al.，2001）。然而，这一领域的深入探索面临一个核心挑战：如何准确衡量团队认知。这个问题长期以来一直是团队认知理论发展的主要阻力。尽管近年来团队认知内涵理论的进步推动了测量研究的发展，但由于学者对团队认知概念的理解存在差异，从而导致不同的测量方法。

目前关于团队认知的测量研究显得有些混乱，还存在诸多需要深入和完善的地方。团队认知的测量作为该研究领域的一个核心议题，虽然已经积累了一定的研究成果，但仔细剖析后会发现现有研究仍存在诸多问题。一个突出的问题是，团队认知与其前因要素之间的界定模糊不清。有些研究的数据指标错误地将团队成员间的互动关系理解为团队认知，如企业内部凝聚力、团队沟通、团队效度以及团队文化等，这些实际上是影响团队认知的要素。这种概念上的混淆，无论是有意还是无意，都导致了团队认知研究的困境。为了推动这一领域的研究进展，本书将在系统梳理现有文献的基础上，尝试明确区分和界定团队认知与其前因要素之间的关系，旨在为未来的研究奠定坚实的基础。

国内学者在研究团队认知时，普遍倾向于采用定性研究、案例分析和经验研究的方法，并聚焦于团队认知的概念界定、特征识别和模式探讨。这主要是因为团队认知作为一个前沿的理论工具，其本身的抽象性和难以量化的特点使得实证检验颇具挑战。因此，将其作为一个变量并整合到统一的研究模式中仍处于起步阶段。值得注意的是，虽然对团队认知本身的剖析已较为深入，但关于其影响因素，特别是组织文化这一对团队成员行为有显著影响的变量，还缺乏深入研究。此外，尽管团队认知近年来在管理领域的应用日益广泛，但现有的研究层次仍浅显，多集中在组织变革、竞争战略等宏观领域，缺乏更深入、细致的研究。本书从认知的维度出发，对团队认知进行探讨，旨在推动该理论在管理科学中的交叉与深入发展，并期望能对团队认知理论产生积极的影响。

关于团队认知的内涵、测量维度及量表，学者进行了深入研究。从风格角度出发，他们探讨了个人在信息处理、经验加工时的个体差异，这主要体现在感知、记忆、思维和处理问题的过程中。这种差异被看作认知活动相关的人格变量，Kagan等（1964）认为团队认知可以通过认知风格来描述。目前，对团队认知风格的研究大多参考了个体认知风格，如场依存与场独立、冲动型与反思型思维等。有学者对各种团队认知风格进行了系统整理，主要归为两大类（Cools and

Herman，2007）：一是推论性、分析性、严格性、收敛性、正式和鉴定的风格；二是诱导性、分歧性、非正式、综合性、扩张性和创造性的风格。实证研究进一步将第一类风格细分为学习和计划类型，将第二类风格称为创新型。国内学者在界定团队认知风格时，多借鉴国外的研究。但也有少数学者，如石盛林和陈沂（2010）进行了本土研究，他们结合 Cools 和 Herman（2007）的量表，将认知风格简化为"分析—创造"两种类型，并基于这一分类探讨了团队认知风格与企业竞争战略的关系。

2.2.1.3　TMT 认知与技术创新及管理研究综述

（1）TMT 认知与技术创新的相关研究。近年来，高管认知已成为管理科学研究的热点。许多研究都建立在认知影响战略的理论基础上，研究结果指出管理者会处理复杂的环境信息，形成自己独特的认知模式，并据此进行战略选择。有趣的是，即使在相同或相似的市场环境中，拥有相似资源的企业也可能会做出截然不同的战略决策。这主要是因为高层管理者会运用自己的认知模式来识别和解读环境中的机会与挑战，从而对企业的战略决策产生决定性影响。换句话说，高层管理者如何理解环境变化会显著影响其所服务公司的战略行为。Hambrick 和 Mason（1984）的研究表明，在复杂多变的环境中，经理人的注意力会激发大规模的风险投资决策并实施。他们通过选择关注点、解读信息并最终做出决策，将公司行为与外部环境动态联系起来。其他研究也通过实证数据支持了管理者在推动企业重大战略变革中的核心作用。特别是在环境复杂且变化剧烈的情况下，高管认知的影响力更为显著。由于企业的创新投资策略通常伴随着高风险和高度不确定性，因此，技术创新的程度将在很大程度上受到高管认知的引导和塑造。

技术创新的研究在国内外主要有两个方向。首先是关于企业技术创新与绩效之间关系（Barney，1991）的研究。有研究表明，企业可以通过增加技术创新，复制或模仿成功产品来获取独特资源，从而改变企业间的绩效差异。随着知识型产业的崛起和传统产业的创新，公司的技术创新水平得到显著提升，进而提升了公司的整体价值（Pandit et al.，2015）。其次是关于技术创新影响因素的研究，特别是企业规模如何影响技术创新。熊彼特早期提出的假说认为，大企业更有可能进行大规模的技术创新投资，并承担研发失败的风险。然而，后续研究发现，企业规模与创新之间的关系可能并非线性，而是存在一种倒"U"形的关系，且这种关系在不同产业中可能有所不同（Scherer，1965）。近年来，更深入的研究揭示，即使考虑到企业性质、规模、资源和行业结构等因素，企业之间的技术创新仍存在显著差异。这引导研究者开始关注 TMT 的认知，TMT 认知在很大程度上决定了企业的未来发展方向（Finkelstein and Hambrick，1996）。TMT 的认知水平受到企业外部环境、团队内部因素以及高管自身特性的共同影响。然而，目前的研究主要集中在外部和内部环境因素上，对高管个人认知需求和特征的影响研究较少。市场的复杂性和不确定性的增加都会为企业带来更多的资源和竞争者，从而影响高管的认知水平。随着企业经营年限的增长和规模的扩大，团队惯性可能会增强，从而降低高管的认知水平。在中国特定环境下，如果企业的最高管理者是由政府任命的，其认知水平可能会显著降低。尽管已有一些关于高管认知和技术创新之间关系的研究，但这一领域仍待深入探索，尤其是以中国企业为研究对象的实证研究非常缺乏。因此，本书旨在填补这一研究空白，通过实证检验高管认知水平对技术创新的调节作用，以期为理解高管认知与企业技术创新之间的关系提供新的视角和证据。

战略管理方面的研究日益重视战略决策者的认知（Schein，1973）。这种现象源于人们逐渐认识到在研究环境、战略和结构之间的相互关系时，关键决策者的认知起着至关重要的作用。同时，他们也意识到管理者的认知在诊断和解决企业战略发展中的问题时的价值（Scherr et al.，1993）。举例来说，在战略变革的深入研究中，一项研究是在企业战略制定的企业家模型中，新战略的开发常常依赖于"纯粹的非凡脑力"，企业家模式是众多知名企业取得成功的关键。另一项研究（Hambrick and Mason，1984）指出，战略决策受到决策者认知框架和高层管理者决策行为的影响，而团队的战略选择、行为结果和有效性通常反映了组织内最有影响力个体的价值观和认知基础。许多学者基于这样的逻辑思路，开始探讨团队认知与企业技术创新之间的联系。Orasanu（1990）以团队共享心智模型代表团队认知，并针对某企业技术团队进行研究，重点探讨了团队共享心智模型如何影响技术创新的决策过程。Smith 等（1994）从高层管理团队的角度出发，利用人口统计学数据检验了影响高层管理团队的组织战略制定与决策是基于团队认知的整合和信息沟通。Cannon-Boewers 等（1993）以共享心智模型代表 TMT 的认知，深入研究了它在团队决策中的重要性，并构建了一个以 TMT 认知为基础的技术创新模型。

此外，Gerardo（2001）研究了认知结构的演变如何改进企业的管理流程决策。Murswiek（2003）分析了团队成员认知结构的差异如何通过团队个体的相互依赖性和团队认知来影响团队效能。Hambrick（2003）以团队认知为基础，提出团队的分布式协同对团队决策者及企业绩效都有正面影响。近年来，国内学者在高管团队认知方面的研究相对较少，且主要是在借鉴国外研究的基础上进行了一些应用性和延展性的探讨。举例来说，高静美和郭劲光（2006）专注于跨国企业高管团队的认知互动。他们提出，企业技术创新并不仅是理性分析的结果，而且是一个由最高决策者心理认知过程所驱动的行为，这个过程中也包含着非理性因素的影响。简言之，他们的研究揭示了高管团队在技术创新决策中的复杂心理过程。

陈传明和陈松涛（2007）提出，TMT 的企业战略发展能力主要由两部分构成：认知能力和沟通协同能力。他们指出，认知能力主要取决于 TMT 的整体认知，而沟通协作能力受到 TMT 成员对公司战略规划的认可和执行的影响。谢凤华和古家军（2008）进一步探讨了 TMT 对决策认知水平、管理创新过程以及企业绩效之间的关系。他们通过对中国民营企业进行调查分析后，发现决策者的认知差异会对决策中的决策者之间相互影响，管理创新水平以及企业绩效具有积极的显著影响。谢科范和陈云从多个学科角度出发，提出了技术创新构架，并对不同类型企业中高层管理团队的冲突问题进行了分析。到了 2010 年，张钢和张灿泉从认知的视角出发，分析了外部环境变化下组织认知的形成机理，并建立了基于组织认知的组织变革模型（张钢和张灿泉，2010）。石盛林和陈沂（2010）以289 家制造业企业为样本，研究了高管团队的认知风格类型及其与竞争战略的关系。朱碧提出技术创新战略的一致性包括外部和内部一致性，并认为最高管理者的认知能力可分为认知辨析能力和认知合作能力，这两种能力在创新管理决策的不同阶段发挥作用。成瑾、白海青和李自平在 2010 年归纳了影响企业技术创新发展的五个要素，包括团队认知需求、决策者的开放性、团队合作行为意识、团队个体成员责任感和决策者对人才的尊重。他们进一步构建了一个基于高管团队认知和个体及团队价值观的视角来理解企业技术创新的理论模型。这些研究共同揭示了高管团队认知在企业战略发展和技术创新中的重要性。

（2）TMT 与技术创新的关系。企业的技术创新不仅受到外部市场环境的影响，还受到其内部组织架构的制约。特别是在组织架构中，TMT 对技术创新的实施方式与其认知水平或认知差异紧密相关。这些观点主要基于 Hambrick 和 Mason（1984）提出的高层梯队理论。进一步的研究主要集中在高管团队的人口统计学构成如何影响技术创新，包括以下几个关键因素：

第一，年龄：多项研究都指出，平均年龄较低的 TMT 更倾向于尝试具有创新性的冒险活动，并更容易接受企业或组织的变革（Wiersema and Bantel，1992；吴家喜和吴贵生，2008）。相反，平均年龄较高的高管团队成员则更趋向于保守经营和规避风险。

第二，受教育程度：众多学者的研究表明，高管团队各成员的受教育程度越高，他们对市场经营环境的判断力和应变能力就越强。这种高水平的教育背景使他们更倾向于接受或实施创新策略，或更开放地接受变革。这一观点得到了 Bantel 和 Jackson（1989）以及 Wiersema 和 Bantel（1992）的支持。

第三，专业背景：研究者根据专业技能将高管划分为技术型和非技术型。研究发现，技术型高层管理者在团队中的比例对技术创新投入和技术创新成果有显著的正向影响。这一发现与 Daellenbach 等（1999）以及李华晶和张玉利（2006）的研究结果相吻合。

第四，任期：关于任期的影响，存在不同的观点。一方面，Bantel 和 Jackson（1989）发现，高管团队个体成员在组织内的平均任期对技术创新和创新管理有负面影响。另一方面，Wiersema 和 Bantel（1992）发现，任期较长的高管团队比任期较短的高管团队更容易接受变革。

高管团队的异质性，对技术创新有着复杂且多方面的影响（Eisenhardt and Schoonhoven，1990）。尽管异质性能够为企业提供丰富的认知资源和多角度的思考，可能促进创新思维的产生，但它也可能导致团队成员之间的隔阂（Ancona and Caldwell，1992），使信息交换变得困难，并可能降低团队认知水平的一致性（Jackson et al.，1991）。这种异质性在某些情况下甚至可能引发成员间的不信任与不尊重（Hambrick and Mason，1984）。因此，关于 TMT 异质性对技术创新影响的研究结论并不统一。Astebro 和 Dahim（2005）研究发现，TMT 的异质性对技术创新有正向影响，能够促进创新成果的转化。例如，在半导体行业中，TMT 成员在行业经历上的异质性与企业增长率呈正相关关系（Eisenhardt and Schoonhoven，1990）。此外，还有研究表明，教育水平的异质性以及任职经验的异质性对研发绩效和技术创新有积极影响（谢凤华和古家军，2008；Hoegl and Parboteeah，2006）。然而，Mooney 等（2010）研究发现，高管团队的异质性对技术创新的影响并不显著，甚至可能存在负面影响。例如，在某项针对科技型中小企业的研究中，发现高管团队职能管理经验的异质性与企业技术创新之间存在负相关关系（李华晶和张玉利，2006）。另外，还有研究表明，高管团队的年龄异质性对企业的研发绩效没有显著影响（谢凤华和古家军，2008）。

TMT 的认知行为过程，如自适应性、团队冲突以及知识共享，对技术创新与管理产生深远影响。

首先，自适应性是 TMT 成员能够适时审视、检查和总结组织内的目标、行为过程和科研成果（West，2007），并根据内外环境的变化做出相应的调整。这种自适应性强的团队会更加注重细节，全面考虑潜在问题，从而对创新管理和效率产生积极影响（Carter and West，1998；Tjosvold et al.，2003），同时显著影响产品技术创新和知识产权管理（Maccurtain et al.，2009）。自适应性可以按程度划分为深度、中度和轻度三个阶段，自适应性程度越高，团队成员对决策信息的挖掘和思考就越深入，辨识也更准确，进而对企业绩效产生更显著的正向效果。

其次，团队冲突在高管团队中也是不可忽视的因素。冲突管理可以分为整合、强迫、义务、逃避、妥协五种类型（Jing Li et al.，2010）。合作型的冲突处理方式有助于形成建设性冲突，提高团队效能，进而推动组织创新、管理和绩效的提升。此外，高管团队中的个体认知性冲突与组织创新管理呈正相关关系（Li et al.，2010）。

最后，知识共享也是高管团队认知行为过程中的重要环节（Swee，2002）。知识共享是指团队成员在组织内部交换并利用信息资源和知识管理以做出更科学的决策（Nahapiet and Ghoshal，1998）。包括知识共享能力和知识共享动机两个维度。知识共享对组织创新产生显著影响（Basadur and Gelade，2005），同时对产品技术创新与管理有着重要影响。通过有效的知识共享，高管团队能够更好地利用集体智慧推动技术创新和管理的不断进步（Matzler et al.，2008）。

2.2.1.4　TMT认知与企业绩效的关系研究综述

学界大多是从TMT背景特征、团队冲突、认知异质性以及认知多样性进行对企业绩效影响的研究。为了弥补该部分研究的不足，本书通过分析以往相关研究结果，将TMT认知界定为认知需求和认知能力两个维度，以科创板上市企业高管团队作为样本进行实证分析，综合考虑激励机制对TMT认知两个维度的调节作用，分析TMT认知对企业绩效的影响。结果表明，激励机制对TMT认知需求和认知能力与企业绩效的正向关系存在着显著调节作用，具有强烈认知需求和认知能力的TMT团队比弱的认知需求和认知能力的TMT团队对企业绩效的正向作用效果更加显著。Coovert等（1990）、Johnston等（1997）证实了团队认知在团队工作中起着重要作用。企业尤其是在管理过程中依赖于组织来解决一系列具有复杂和难度的任务（Langan-Fox et al.，2004；Callow et al.，2006）。Salas和Fiore（2004）认为，组织任务目标的实现需要组织成员相互依赖和支持，团队认知作为团队内部资源整合的核心过程和机制，正逐渐成为团队研究领域的重要焦点。

已有研究指出，团队认知的研究具有多维的探讨空间，如团队对环境的敏锐洞察力、成员间的共识即共有认知、团队对于任务和目标的理解、整个团队的思考和决策方式即集体认知，以及通过形成客观化的心理意象来增进团队协作、团队成员间的知识经验分享，还有团队成员间通过交互形成的共同记忆等多个方面（Casazza and Endsley S，1993；Endsley，1996；Wellens and Sandra，1993；Nosek and Mcneese，1997；Tindale and Kameda，2000；Gibson，2001；Petre and Green，2004）。学者们普遍认同存在一种普遍性的认知结构，这种结构对提升团队效率和效果具有显著的正面作用（Cooke et al.，2001）。团队认知通过协调成员间的知识和行动，在团队中的作用日益凸显（Quinn and Brian，2007）。多项研究也印证了这一点，Katz和Tushman（1979）以团队沟通模式为变量，通过对研发团队的实际调查，验证了团队沟通对组织绩效的积极影响；Jackson 等（1995）指出，团队认知对团队决策及其效能有积极作用；Cannon-Bowers 等（1997）进一步探讨了管理计划、共享心智模型和组织协调绩效之间的关系，并提出了一个逻辑分析模型。另外，Levesque 等（2001）从认知多样性角度出发，构建了一个共享心智模型，用来分析软件研发团队的组织绩效。Harrison 等（2006）从团队任务的角度，探讨了团队成员间的熟悉程度如何影响团队任务的连续性及中断，从而影响团队绩效。Murdock（2004）将团队沟通视为团队认知的成本，深入探讨了团队成员间的相互理解对认知过程的重要性，并对比了作为成本的团队沟通与组织绩效之间的关系。这些研究共同揭示了团队认知在提高团队效能中的关键作用。

Bierhals 等（2007）从人际互动的角度出发，深入分析了研发团队的认知过程，并阐明了团队认知如何影响管理团队的表现。他们以住友金属矿业公司的员工为实例，利用实地观察数据探讨了团队成员的动机等感知因素对团队交流和认知的影响。相比之下，国内在这方面的研究较少，但仍有几位学者的研究值得一提。例如，葛玉辉（2009）指出，高管成员的认知对团队绩效有重大影响，他聚焦共享心智模型，从人力资本的角度探讨了该模型对组织绩效的作用机制。贺立军和王云峰（2010）发现，团队认同感对团队合作和相互学习行为有正面影响，他们将团队认同定义为团队成员将个人目标和价值观与团队目标、其他成员特性及互动经验相对比后形成的一种归属感和凝聚力。汪航（2004）强调，应将社会观和认知观相结合来研究团队成员间的互动行为，从而为理论研究带来新的视角。王海霞（2008）认为，团队互动是团队输入与输出转化的关键环节，对团队认知的深入理解有助于揭示这一过程，她对团队互动的测量维度及其相互关系进行了分析，并探讨了它们对团队效能的影响。严立锋（2009）将团队情绪智力视为团队成员个体情绪智力的综合体现，并通过实证研究证明了团队情绪智力与团队绩效之间的显著正相关关系。汪洁（2009）以创新团队为研究对象，从认知信息加工的角度出发，探讨了团队任务冲突及其对任务绩效的影响机制，并构建验证了一个关于团队任务冲突与任务绩效关系的模型。

Hambrick 和 Mason（1984）提出的高层梯队理论建立了高层管理者的心理特征与可观察的人口统计方面的特征、激励机制和组织绩效之间的联系，强调高层管理者的认知对技术创新及管理对组织绩效的影响。此后的研究主要围绕三个方面展开研究：

第一，特定的高管团队人口特质，如年龄、受教育程度、专业背景和任期等对企业绩效等组织结果的影响。

年龄。研究发现高管团队平均年龄越大，越倾向于回避冒险，比较保守经营所执行的企业，企业技术创新仅有较少变化，对企业绩效求稳步增长；而年轻的 TMT 很容易改变企业战略，比较愿意技术创新行为的冒险（Wiersema and Bantel，1992），为企业创造更多价值。

受教育程度。根据美国学者的调查研究，他们针对美国制造业和银行业的高级管理团队进行了深入的探讨，结果显示，那些拥有高学历背景的高管团队在认知能力上有显著提升。这种提升使他们在推动企业改革时表现得更加游刃有余，能够更有效地执行各项变革措施，比较容易成功（Wiersema and Bantel，1992；Bantel and Jackson，1989）。

专业背景。Hambrick 和 D'aveni（1992）将高管团队成员的专业技能划分为两个类别。第一类是会计、金融和法律等领域的专业技能，他们认为这些技能虽然重要，但并不能为企业创造持久的竞争优势和经济效益。第二类包括产品设计、生产加工、市场营销以及经营管理等，被他们视为企业的核心能力，因为这些技能能够不断为企业提供持续的竞争力，并带来长期的经济效益。值得注意的是，与那些取得成功并实现长远发展的企业相比，破产的企业通常缺乏具备各种核心技能的专家。这强调了核心技能专家在企业发展中的不可或缺性。

任期。高管团队的成员任期对组织内部的团结和协作具有显著的影响。随着长期共事，成员间的信息交流、共享和沟通行为会逐渐塑造并影响整个团队的行为模式。Smith 等（1994）特别提到了信息共享在这一过程中的重要性，而 Finkelstein 和 Hambrick（1996）强调了沟通行为的关键性。Katz（1982）在研究高管任期与企业表现的关联时发现了一个有趣的模式：高管任期与企业绩效之间大致呈现出一种倒"U"型的关系。他解释说，团队发展会经历三个不同的阶段。首先是"融合期"，也就是团队刚成立的阶段，这时成员间的默契和合作程度较低，因此政策执行效率不高。其次团队进入"革新期"，成员间开始积极分享各自的见解，明确自己的角色，从而更有效地利用团队资源。最后经过 2 ~ 5 年的紧密合作后，团队会进入"稳定期"，此时成员间的互助和深入沟通减少，更多地依赖于既定的程序和惯例行事。这种稳定状态可能导致团队成员缺乏灵活性和创新精神，进而影响企业的整体绩效。

第二，高管团队的异质性对企业绩效等结果的影响。高管团队的异质性指的是团队成员之间在价值观、人口背景特征、认知观念、心理特征和工作经验等方面存在的差异；相对地，同质性是指团队成员在上述各方面具有较高的相似性（Finkelstein and Hambrick，1996）。简言之，异质性反映了团队成员间的多样性和差异性，而同质性体现了他们的相似性和一致性。高管团队异质性方面的研究主要是关注团队的年龄、任期、教育、工作经验等异质性与企业绩效的关系。已有很多学者研究表明，团队内部的异质性和成员间的认知差异与企业的战略选择及整体绩效之间存在明显的关联性（欧阳慧等，2003；Cannella et al.，2008），而这种关系，即团队异质性与认知差异对企业战略及绩效的影响，同时受到多重外部因素的调节，包括企业本身的特性、高管团队或组织所处的社会背景、所属行业类别以及资本市场环境等（Keck，1997；张平，2006；贺远琼和陈昀，2009）。异质性研究没有得出相互认可的结论。

年龄异质性。基于社会同一性理论的研究认为，高管团队个体成员年龄异质性越大，造成沟通和互助的困难与成员之间冲突越显著增加，造成团队个体成员的信息交流与合作契机越减少，从而影响团队凝聚力显著下降，导致企业绩效降低（张平，2007；古家军和胡蓓，2008）。根据信息与决策理论的研究，有学者认为，TMT 成员的年龄异质性意味着团队中包含了具有不同观点和见解的个体。这种多样性在很大程度上能够提升团队的决策质量，因为它带来了更广泛的视角和思考方式。因此，这种年龄异质性对企业的绩效有明显的促进作用（Jehn et al.，1997；Milliken and Martins，1996）。

任期的异质性。高层管理者因入职高管团队的时间点不同，导致他们经历了企业发展的不同阶段，并对企业事务有不同的看法。这种差异使 TMT 的每个成员对组织架构和企业战略规划有着独特的解读（Katz，1982）。因此，由任期各异的团队成员组成的 TMT 能够通过不同的信息渠道获取信息，并对共享的信息作出差异化的解释。这种多样性使团队成员能够提出各自独特的战略规划，并进行全面细致的评估，从而确保决策的效率和质量，有力推动企业的发展（Dutton and Duncan，1987）。古家军和胡蓓（2008）研究发现，TMT 成员的任期差异性对企业战略决策的效率有负影响，对执行决策的成本有正影响，对决策的质量（正确性）没有显著影响。

教育的差异化。高管团队个体成员的教育差异化可以分为两类，即受教育程度的差异与教育专业学科的差异。团队整体接受教育程度的差异会带来两种相反的影响。一方面，当团队成员的受教育水平差异较大时，他们在交流中更容易产生冲突。这种差异会导致 TMT 在战略规划的起草与制定、战略目标的执行以及战略部署等方面产生较大的分歧（Knight et al.，1999）。另一方面，受教育程度的差异化也为 TMT 提供了多元化的信息和资源，使他们对企业的战略部署有更深入的理解。这种多样性能够显著提升 TMT 的决策质量，进而提高企业的整体绩效（Smith et al.，1994）。高管团队受教育程度的差异化越大，就越能获得更多元的信息与资源、专业技能和先进观念，更容易拥有开阔的关于战略规划制定、战略方案部署的设想，因此，影响企业战略的改变也就越大（Wiersema and Bantel，1992）。尽管教育水平的差异化能使 TMT 成员从多元的视角审视问题，然而，当这种差异过大时，可能降低 TMT 决策的准确性。这是因为过大的差异增加了团队成员间沟通和协调的复杂性，导致决策过程中的不确定性和误解增多。这种降低的决策准确性进而会带来更高的决策成本，包括时间、资源和人力等方面的投入，同时也会降低决策的效率（古家军和胡蓓，2008）。

工作经验的差异化。管理者的知识结构、价值观的认知与形成，以及工作能力取向，均会受到他们在不同行业、不同企业或者同一企业内部不同部门的工作经验的影响。这些多样化的职务经验塑造了管理者的专业素养和视角（Hambrick and Mason，1984）。Hambrick 等（1996）研究发现，TMT 的工作经验差异对企业绩效有着积极的影响。Carpenter（2002）发现，高管团队的工作经验差异与企业绩效，在国际化程度相对低的企业中是负相关关系，而且这种负相关关系在团队任期较短的企业中表现更为明显；但在国际化程度相对较高的企业中，高管团队工作经验的差异与企业绩效是正相关的。张平（2007）发现，高管团队工作经验差异化越大的企业其绩效越差。古家军和胡蓓（2008）研究结果显示，尽管工作背景的差异能够为团队成员带来不同的视角和思考方式，但当这种差异过大时，团队的决策准确性却会降低。原因在于，过大的差异增加了沟通和协调的复杂性，导致团队在决策过程中难以达成共识。这种降低的决策准确性不仅会提高决策成本，包括时间、资源和精力的额外消耗，还会拖慢决策的效率。

第三，高管团队认知需求及行为过程，如团队管理者的异同与沟通对企业绩效的影响。

团队管理者（决策者）。团队管理者的效能与团队内部的凝聚力和整体绩效之间存在正相关关系（Chase，1997）。当团队管理者设定较高的绩效目标，并通过鼓励和激励团队成员来达成这些目标，同时提出切实可行的战略规划并付诸实施时，这样的团队往往会比普通团队展现出更高的效能和内部凝聚力（Zaccaro and Klimoski，2002）。

团队冲突。高管团队内的冲突可以分为认知冲突和情绪冲突两种类型。认知冲突主要是由于团队成员对于任务目标、完成任务的方法和流程存在不同的理解和看法；而情绪冲突源于成员之间的不信任、不适应或相互否定。认知冲突对高管团队是有益的，因为它能激发团队成员的集体智慧和思维碰撞，有助于团队在决策过程中达到更高的质量、更深的理解和更广泛的接受度。相反，情绪冲突会对决策质量、成员间的理解和满意度产生负面影响，降低团队成员的归属感和执行效能，甚至损害成员间的情感联系。因此，为了提高团队的协作效率和团结力，应该努力营造一个鼓励认知冲突、化解情绪冲突的氛围。抵制情绪冲突的团队氛围（Amason，1996）。团队内的冲突可能会导致成员间产生抵触情绪和不满，但同时，它也有可能成为促进相互理解和激发创造力的催化剂。善于利用冲突来管理的高管团队应该具有更好的企业绩效（Amason et al.，1997；Chen et al.，2005；雷红生和陈忠卫，2008；李燕媛等，2009）。

团队沟通。在任何团队中，冲突都是难以避免的。然而，有效的沟通在成功解决这些冲突，特别是认知冲突，以及使冲突变得富有建设性方面起着至关重要的作用。通过信息共享、深入的交流与沟通，团队成员能够更好地了解彼此，建立友谊、信任和合作精神，从而增强对工作的责任感和使命感。在这种环境下，团队成员之间的不同见解更多是基于共同目标而发表的，而不是无意义的争执。因此，营造一个鼓励开放、坦诚沟通的氛围，对于促进 TMT 的高效运作至关重要（Tjosvol et al.，1980；Smith et al.，1994；Carpenter，2002）。

2.2.2 技术创新的相关研究

2.2.2.1 技术创新的内涵

傅家骥（1998）认为，技术创新是企业家敏锐捕捉到市场中潜在的盈利机会，并以实现商业利益为最终目标的一种行为。这种行为涉及重新整合生产条件和要素，以构建一个更高效、更经济、性能更佳的生产经营体系。这不仅包括推出新产品或改进生产工艺，还涵盖开辟新市场、寻找新的原材料或半成品来源，甚至可能涉及对企业组织结构的创新。技术创新是一个融合了科技、组织、商业和金融等多个领域的综合过程。许庆瑞和王方瑞（2003）认为，技术创新是一个新的技术思想从提出到首次付诸实施，并取得预期的实际效益的非连续过程。尽管学术界在描述技术创新时存在差异，但有几个共同点被普遍认可。一是强调技术创新的效果，这种效果最终通过市场成功来衡量。但如何理解这种市场成功呢？弗里曼（2004）指出，技术创新的成功并不仅仅以商业盈利为唯一标准。麦凯对贝尔实验室长达近六十年的创新研究也支持这一观点，他认为，虽然将新产品商业化是技术创新的最高境界，但这并非是唯一形式。技术创新成功的标志并不仅限于即时的商业利润，它还可以表现为市场状态的改善，如开辟新市场或扩大原有市场份额。此外，创新主体素质的提升，如技术能力和优势的增强，以及创新管理经验的积累，也是技术创新成功的体现。这些成果可能并不直接转化为当前的商业盈利，但它们极有可能转化为潜在的、未来的经济利益。

二是强调创新是依赖于技术实现的。美国国家科学基金会将技术定义为"任何能够扩展人类能力的工具或技能，这包括了有形的设备以及无形的工作方法"。Friar 和 Eddleston（2007）提出，技术指的是"一种能够创造出可复制的方法或手段的能力，而这些方法和手段能够推动产品、工艺过程和服务的改进"。从这些定义中可以看出，技术不仅涵盖了"硬技术"，即有形的工具和装备，也包括了"软技术"，如无形的技能与组织、方法及管理的知识等。特别是在知识经济时代，大多数产品和服务的价值已不再主要集中在"硬"资产，如土地、厂房和设备，而是更多地依赖于企业如何开发"以知识为基础的无形资产"，如技术诀窍、产品设计、独特的营销手段、对客户的深入了解、个人的创造性和创新能力等。这些因素在现今的经济环境中，对于推动技术创新和企业发展具有至关重要的作用。

另外，中外学者在技术创新理解上有分歧，主要集中在三个方面：技术的界定、技术变动的强度，以及市场成功的标准。这些差异来源于技术创新本身的复杂性，跨越了技术与经济两大系统，涉及多种组合。技术创新是科技与经济的结合，其定义会随着经济科技形态的变化而调整，具有鲜明的时代特征。因此，技术创新是一个动态变化且内涵可能因时代而异的概念。技术创新是一个以市场为导向、旨在提升国际竞争力的全过程活动，它涵盖了从新产品或新工艺的初步构想到研发、工程化、商业化生产，再到市场推广应用的完整链条。这一理论深度融合了科技与经济发展，展现了两者的一体化进程。技术创新活动具有五大特点：一是其综合性，技术创新不仅关乎技术层面，还与经济、教育、文化紧密相连；二是系统性，它涉及多个环节和要素；三是创造性，整个技术创新流程都充满了创新与探索；四是技术与市场的有效结合，即技术的研发和应用是相互统一的；五是技术创新始终紧密围绕市场需求进行，体现了技术与市场的紧密联系。

杜伟（2004）提出，应从现代经济与科技发展的视角来审视技术创新的深意，并结合各国具体国情来研究，以使技术创新研究在全球经济生活中发挥更广泛且实在的作用。以我国实际情况为出发点，可以简单并直接地理解技术创新为：通过研发或技术融合产生新技术构想，进而实现其在实际中的应用，并带来经济与社会效益的商业化全过程。在理解这一定义时，需要注意几个核心点：第一，技术创新不仅是技术层面的行为，更是一个以技术为手段、追求经济效益的活动。它基于技术发明，通过新技术的商业化与产业化，将科技成果从潜在的生产力转化为现实的生产力，企业家推动这一过程的根本动力在于获取超常利润。第二，技术创新是一个由科技新发现开始，经历多个阶段，最终实现商业利益的过程。因此，从研发到市场实现的整个过程中的所有相关创新行为，都可纳入广义技术创新的范畴。第三，由于技术创新涉及多种要素的组合，它已成为一个跨越多个组织的活动。在现代技术经济背景下，技术创新已超越原有的组织界限，呈现多组织与网络化的新特点，与社会经济环境的各个方面紧密相连。第四，技术创新的核心在于科技与经济的融合，其终极目标不仅仅是研发成果，而是这些成果的商品化。实质上，它是为企业引入新的生产要素组合以提高利润。因此，经济效益成为衡量创新成功与否的关键指标。第五，技术创新不仅是一种技术与经济现象，更是一种制度现象。它总是在特定的制度环境中进行，其成败受多重因素包括制度因素的共同影响。这要求我们必须进行适当的制度安排，以高效配置创新资源，推动高水平的技术创新。

（1）技术创新的重要性。目前在很多产业，技术创新已经成为企业获得竞争成功的主要驱动因素。2018~2022年，许多企业已经成功研发出新产品，并且这些新产品的销售额或利润已占公司总销售额或总利润的1/3以上。例如，在强生公司过去五年的总销售额中，开发的产品所占比例超过了30%，3M公司的这个比例高达45%。面临国外竞争的压力，我国企业必须通过持续的创新来使其产品和服务在市场中脱颖而出。新产品的推出为企业守护自身市场地位提供了有力保障，生产流程的创新则为企业降低了生产成本。此外，信息技术的迅猛进步也推动了创新的步伐，其中，计算机辅助设计与制造技术极大地提升了产品设计与生产的便捷性和速度。同时，弹性生产技术的运用使小批量生产变得经济高效，从而削弱了大规模生产的重要性。这些技术的综合运用，使企业有能力生产出与竞争对手截然不同的产品，以满足多样化的消费者需求。2012年，丰田向美国市场推出了旗下16个不同品牌的汽车生产线，充分展示了其强大的产品差异化能力。其中包括凯美瑞、普锐斯、汉兰达和坦途。丰田还为每条生产线提供了不同型号的汽车。三星和索尼等公司在产品创新上也走在了前列。近年来，三星推出了近100款不同型号的手机，索尼提供了超过50种的便携式音频播放器。为了满足消费者的多样化需求，这两家公司都提供的色彩选择和可更换配件。诺基亚（Nokia）和索尼（Sony）的广泛产品线使它们能够渗透到几乎所有潜在的市场细分中。丰田、三星、索尼等行业领先者利用新技术推动了整个行业的创新周期，加速了新产品的引入，并引发了更深层次的市场细分和更快的产品更新迭代。特别是在软件行业，产品的生命周期已经缩短到4~12个月，计算机硬件和电子消费品生命周期为12~24个月，大型家电产品的生命周期为18~36个月。这一趋势迫使企业将创新视为核心战略，因为任何无法迅速创新的企业都将面临产品过时和市场份额下降的风险。

（2）技术创新对社会的影响。技术的进步使新的产品出现，不仅带动了新的行业的发展，而且会增加一定的就业机会，缓解就业压力；技术的创新也改进科技人员和技术工人的就业能力。创新提高了产业竞争门槛，对于一个组织来说，要获得成功也变得更加困难。创新对社会的影响是显而易见的，创新的力量已经深入到世界的每个角落，它不仅让大量的新产品和服务得以问世并普及至全世界，还极大地提高了食品和其他生活必需品的生产效率。在医疗领域，创新技术更是推动了诊疗水平的提升，从而显著改善了人们的健康状况。此外，创新还让人们能够在全球范围内轻松旅行、无障碍交流，使世界因此变得更加紧密和便捷。

分析柯布—道格拉斯生产函数：$Q = A \times L^{\alpha} \times K^{\beta}$，$Q$ 为产量，L 和 K 分别为

劳动和资本投入量，当 $\alpha+\beta=1$，称为不变报酬型，表明生产效率并不会随着生产规模的扩大而提高，只有提高技术水平，才会提高经济效益，因此技术创新会使技术在经济增长中的贡献率增大。

表 2-1 展示了 1800~2003 年技术创新时间表。如果没有这些创新，我们的生活又会是怎样？技术创新已成为推动产业结构变革、经济增长和环境可持续发展的关键力量，这一趋势日益明显。特别是在我国提出构建创新型国家的战略背景下，技术创新能力建设的重要性更加凸显，它不仅是提升国家综合实力的核心要素，而且已经成为"十二五"规划的重要组成部分。总的来说，随着信息化时代的到来，技术革新的传播速度日益加快，这不仅推动了产业结构的逐步优化，也为经济的持续发展注入了新的活力，从而提高了人民的生活水平。可能技术进步的过程中在环境方面曾有过浪费资源的行为，但随着高科技的发展，资源的利用效率得以提高，有利于经济的可持续发展。

表 2-1　1800~2003 年技术创新时间表

年份	创新事件
1800	电池
1804	蒸汽汽车
1807	内燃机
1809	电报
1817	自行车
1821	电动机
1824	盲文书写系统
1828	热风炉
1831	发电机
1836	五发左轮手枪
1841	蒂森电池（伏打电池）
1842	硫化醚基脂麻醉
1846	水压起重机
1850	石油冶炼
1856	苯胺染料
1862	加特林机枪

年份	创新事件
1867	打字机
1876	电话
1877	留声机
1878	白炽灯泡
1885	轻钢摩天大楼
1886	内燃机汽车
1887	充气轮胎
1892	电炉
1895	X 光机
1902	空调（电动）
1903	莱特兄弟的双翼飞机
1906	电动真空吸尘器
1910	电动洗衣机
1914	火箭
1921	胰岛素（冲细胞中提取）
1927	电视机
1928	青霉素
1936	第 1 台可编程计算机
1939	原子裂变
1943	核反应堆
1947	晶体管
1957	人造卫星
1958	集成电路
1967	便携式掌上计算器
1969	阿帕网络（互联网的先驱）
1971	微处理器
1973	移动电话
1976	巨型计算机

年份	创新事件
1981	航天飞机
1987	一次性隐形眼镜
1989	高清电视
1990	万维网协议
1996	无线互联网
2003	人类基因组

资料来源：梅丽莎·A.希林.技术创新的战略管理［M］.王毅，等译.北京：清华大学出版社，2011.

通过改革不断优化技术资源的合理配置，构筑促进技术创新的长效机制，加大对科研的投入来提供科技进步更好的环境，重视共性技术的推广和创新。最重要的是形成一个以企业为主体、产学研究相结合和国家政策支持的良性互动机制，从而发挥出技术创新对社会经济的有效性，形成良性循环。

（3）技术创新解决社会问题的案例。

案例一：在巴西亚马逊流域，Surui部落长期在保护森林和维持生计之间挣扎。谷歌地球小组为部落成员配备了Andriod智能手机，并培训他们使用，以便测量树木的碳补偿值。这一创新项目经过四年的合作，在2012年得到了验收。现在，全球企业可以通过购买这些碳补偿值来抵消自身的温室气体排放，从而帮助Surui部落维持其传统生活方式。

案例二：目前，全球仍有超过15亿人无法使用电力，其中大部分在发展中国家。为此，"便携光"项目致力于为他们提供廉价且耐用的太阳能电池板。该项目优化的太阳能电池板组合包括反光面板、可充电电池、USB端口和高亮度LED，仅需16美元。这种太阳能设备为当地居民提供了足够的光源，满足阅读、工作和夜间烹饪的需求。

案例三：为防止美国无家可归者人数上升，"十万家庭活动"推出了"无家者联系器"App，旨在帮助无家可归者找到永久住所，并加强全国范围内对流浪者的援助。居民可以下载并使用该App收集流浪者的信息和需求，从而能更有效地为他们提供帮助。

案例四：一种特殊的手套，配备超声波传感器，能够为乳房提供全面检查，检测肿块和异常淋巴结。这款由Singularity大学的创新者开发的产品，旨在为医生资源匮乏地区的妇女提供乳房健康检查服务。

案例五：在桑迪飓风之后，人们更加意识到飓风的威胁。为此，爱丁堡大学的工程教授提出了一种预防飓风的技术，该技术使用连接在一起的汽车轮胎，内部装有巨型管道，深入海洋100米。这种被称为"SalterSink"的设备通过混合不同温度的海水来减少水温差，从而从源头上防止飓风的形成。

2.2.2.2 技术创新的要素及发展

（1）技术创新的影响因素。技术创新在推动经济发展和社会进步方面起着重要作用，但创新的成功率是很低的。创新服从幂律分布规律：每1000个稀奇古怪的想法中，只有100个创意值得去尝试，这100个创意中，仅有10个项目值得大力投资，而在10个项目中，仅有2~3个项目最终能成为财富之源。影响创新成功的因素很多，本书总结出以下11项影响技术创新获利的重要因素，如表2-2所示。

表 2-2 技术创新的影响因素

序号	影响因素	说明
1	保密性	保密是创新（特别是工艺创新）的有效保护形式，但不能对工艺创新提供绝对的保护，因为某些工艺创新的特点可以通过分析最终产品而获得，而且工艺工程师之间的互相交流会导致信息与知识不可避免地被泄露
2	积累的隐性知识	累积的隐性知识。这种知识很难被模仿，尤其是当这些知识被整合到特定企业和特定地区时。产品设计技能就是这方面的例子，如贝纳通意大利公司的服装设计、罗尔斯—罗伊斯公司的飞机发动机设计技能等
3	研制周期和售后服务	企业管理者认为这是防止产品或工艺被模仿的主要方式。从开发新产品到市场销售再到建立客户品牌忠诚度需要的时间，都会提高模仿者的进入成本。不同产业的产品开发研制周期存在极大的差异，通过对相关企业的调查获知，汽车产业开发和营销一种产品所用时间小于五年的企业在行业中所占比例只有7.3%，机械设备产业为5.7%，电器设备产业为5.3%，而医药产业高达57.5%
4	学习曲线	学习曲线能够帮助企业降低成本，而且可以使企业积累大量独特而有用的隐性知识。在一些产业中（如半导体产业和连续流程），先进入者拥有巨大的潜在优势，因为随着累计产量的不断增加，企业可以积累大量隐性知识，从而降低成本。但这种"学习曲线"不是自动形成的，而是企业在学习和实践的投资中积累形成的
5	互补性资产	将一项创新成功地商业化需要依靠生产、销售和售后服务等方面的资产（或能力）弥补技术能力上的缺陷。例如，美国EM公司是扫描仪技术的领先者，但由于缺乏在互补性资产（生产和营销）上投资，而错失了从医用扫描仪获得商业利润的机会
6	产品复杂性	企业管理者都认为产品的复杂性是对抗模仿的有效壁垒，IBM公司就是依靠企业规模和计算机主机的复杂性对模仿者建立起有效的进入壁垒，因为模仿者要花费很长的时间才能够将复制产品设计并生产出来

序号	影响因素	说明
7	产品标准	如果一家企业的产品标准能得到广泛的接受,这家企业的市场就会随之扩大,同时也会相应提高竞争壁垒
8	开拓性新产品	在产品开发早期,产品特性和用户需求都不很明了,此时技术领先者没有很大的优势。尤其是消费品,有价值的特性是在动态竞争中(包括多次试错以及供应商和用户的共同学习)逐步显现出来的。成功往往属于那些具有建立大众市场的远见、耐心和灵活性的"早期进入者"
9	专利保护强度	专利保护对创新者和模仿者的相对商业利益具有决定性的影响。一般来说,专利对产品创新的保护比对工艺创新的保护更有效
10	高管团队认知	认知是人们获取知识或应用这些知识到实践的过程,或者说是信息加工的过程,这是人的最基本的心理过程。它包括感觉、知觉、记忆、思维、想象和语言等
11	高管团队凝聚力	团队凝聚力是指团队对成员的吸引力,成员对团队的向心力,以及团队成员之间的相互吸引,团队凝聚力不仅是维持团队存在的必要条件,而且对团队潜能的发挥有着很重要的作用

(2)技术创新的内外因素。涂俊和吴贵生(2006)列出技术创新转化成果内外部因素和制约因素的调查如表2-3和表2-4所示。

表2-3　技术创新成果转化的内外部因素

优先级	内部因素	外部因素
1	高层管理者的支持	需要供应商与客户的合作
2	研发部与生产部及市场部协助	政府或机构政策支持
3	技术总负责人	需要相关研究机构合作
4	高端技术人才	与高等院校合作
5	体制健全	获得咨询服务
6	高效的 TMT	R&D 环境
7	战略思考	市场反馈

表2-4　技术创新的制约因素

优先级	因素	备注
1	缺乏创新资金	资金因素
2	缺乏技术人才	人才因素
3	研发投入较低	资金因素

优先级	因素	备注
4	缺乏信息技术	信息因素
5	创新风险大	风险因素与具有创新的企业家精神
6	缺乏市场信息	信息因素
7	产权不明确、激励机制缺乏或偏低	体制因素
8	创新时机难以把握	风险因素与具有创新的企业家精神
9	创新网络信息不对称	组织因素与体制因素
10	创新成果转化周期长	风险因素与具有创新的企业家精神

（3）技术创新过程的重要因素。吴贵生（2006）发现，国内外从技术创新成果转化的成功与失败来看，总结出企业技术创新过程中有五个最重要的因素，如表 2-5 所示。

表 2-5　技术创新过程中的五个重要因素

序号	重要因素	说明
1	资金	资金是技术创新活动的首要条件和保障
2	团队	团队是技术创新活动的主体，其中技术创新带头人的作用尤为重要
3	决策	技术创新的关键，要求把握时机，抓住关键、把握方向、引领成功
4	组织	要求组织具有灵活性和应变能力
5	机制	构建激励技术创新的环境，提高创新效率并推动持续创新

（4）技术创新的发展。第一，技术创新理论的发展。随着经济全球化不断推进，以及可持续发展观念逐渐深入人心，人们开始重新审视传统技术创新理论。过去，这一理论主要侧重于科学技术的功利性应用，却往往忽视了其人文、社会以及自然生态的价值，这种局限性在当今社会愈发显现。鉴于此，经济学和管理学领域的学者对传统技术创新理论提出了质疑和反思。20 世纪 90 年代中期，一些新的技术创新观念和理论应运而生，如技术创新生态化理论、技术创新社会资本理论以及技术创新博弈理论等。这些新兴的理论和观念转变，为以知识经济为核心的"新经济"时代下的技术创新实践提供了坚实的理论基础，使未来技术创新理论研究与发展呈现出新的趋势。

第二，技术创新生态化发展趋势。随着可持续发展理念的日益普及和深化，技术创新理论研究开始将焦点转向技术创新与生态保护之间的相互关联。学者逐渐认识到，在推动技术发展的同时，必须充分考虑其对生态环境的影响。这种观念的转变促进了新的技术创新理念和理论的形成，这些新理念不仅强调技术的创新性和实用性，还着重关注技术如何与生态环境和谐共存，从而推动可持续发展的实现。在技术创新生态化理论中，针对传统技术创新理论单一的经济利益至上的价值取向，以及技术创新价值追求的片面性与社会发展多维性之间的矛盾，提出了技术创新的主体与创新的对象和环境应当是一个相互依赖，且不断发展的统一思想。在技术创新过程中，我们不是仅追求经济效益，而是将生态效益、社会效益以及人的发展也作为重要的考量因素，融入技术创新的目标体系中。这意味着，我们需要用更加生态友好的技术来替代传统的技术，这样不仅能实现技术创新的商业价值，还能确保其环境友好性和社会效益。通过深入研究技术创新与经济、社会和生态之间的系统效应，本书构建了一个三维的分析模型，这个模型从经济、社会和生态三个角度全面审视技术创新的过程和结果。在这个框架下，技术创新不再仅仅被视为推动国家或地区 GDP 增长的手段，而是需要遵循"共生性"和"协调性"的原则，以实现更广泛、更持久的发展。技术创新生态化的发展趋势与可持续发展战略高度契合，它明显区别于传统的技术创新理论。同时，随着绿色技术创新、循环经济和清洁生产等理念的提出和实践，不仅为技术创新生态化理论的发展提供了有力的证据，也为其进一步推广和应用创造了良好的契机。

第三，技术创新社会资本化发展趋势。随着知识全球化的不断推进，技术创新所需的资源已超出单一企业、组织或国家的范畴。为了满足更高的创新需求，跨领域的合作方式如技术合作、技术联盟、网络组织和虚拟组织等应运而生。这些新形式的出现，使技术创新理论研究从单纯的资源优化配置转向了资源合作与优势互补。在这个过程中，技术创新与社会资本之间的联系逐渐凸显，成为创新理论研究的新焦点，吸引了理论界的广泛关注。技术创新社会资本理论运用了社会学中的社会资本原理，以解释中小企业技术创新的机制和路径。该理论认为，企业通过长期积累的相互信任、互助和资源共享的社会资本，在技术创新过程中与外部实体进行广泛合作，不仅能获取所需的信息、技术和人才，更重要的是能获取新知识，包括显性知识和隐性知识。知识的创造与获取，以及内外资源的整合，对于提升企业技术创新能力至关重要。

Atkinson 等（1986）在对意大利、巴西等国家的中小企业技术创新路径进行长期研究后得出结论：技术创新更多地依赖于动态的生产关系或合作创造价值的社会网络。他强调，基于企业社会资本的构建，各创新主体之间的知识交流和沟通速度得到显著提升。企业通过与外部知识源和信息源（如大学、科研机构等）建立广泛的社会关系网络，从而提高了技术创新的能力。因此，社会资本已成为技术合作和创新成功的关键因素。技术创新社会资本化趋势弥补了传统技术创新理论中的空白，即对社会网络和信任机制的深入探究。这一趋势从社会学的视角出发，剖析并阐释技术创新的演进路径及其成功的社会环境条件。他还强调，在推动技术创新和经济社会发展的过程中，社会资本与金融资本、物质资本、人力资本以及智力资本具有同等的重要性。通过技术创新理论体系与社会学、经济学的有机融合，这一趋势不仅为技术创新理论研究注入了新的活力，更为其未来的深入发展开辟了广阔的视野。

第四，技术创新博弈化发展趋势。随着技术创新对社会经济的影响力日益加深，以自主知识产权为基石的技术创新成果及其在实践中的应用，已逐渐成为决定市场竞争力的关键因素，对资源配置和经济效率产生直接影响。然而，近年来发展中国家在引进和应用前沿技术时，面临着专利许可、技术标准等"技术壁垒"的挑战，这使得技术引进的成本不断攀升，对传统的"新技术推广模式"理论构成了挑战。这一变化导致技术转移不仅仅是技术的简单传播，更是一场自主创新与模仿企业之间的利益博弈和技术创新收益再分配的过程。由此，技术创新博弈理论应运而生，该理论从竞争的角度出发，深入探究技术创新主体间的关系、创新路径及市场结构。

技术创新博弈理论强调，企业应以增强核心竞争力和自主创新能力为发展导向。企业乃至国家的竞争力并非自然形成，而是通过学习，如涵盖模仿、创新及组织和制度的改革逐步积累起来的。学习能力和自主创新能力是决定企业、组织、地区乃至国家技术创新能力和长期竞争力的核心要素。在市场经济和全球化的背景下，虽然设备相关的技术可以通过购买获得，但真正关乎国家利益的战略高技术、关键性技术，以及决定竞争胜负的核心技术和自主创新能力是无法用金钱衡量的，也是无法通过引进或交换获得的。因此，在推进技术创新的过程中，必须妥善平衡自主创新与引进模仿的关系，持续提升组织的学习能力。通过广泛且深入地吸收全球知识与技术，结合自主创新，形成具备自主知识产权的核心技术和专有知识，从而在市场竞争中占据优势地位。

第五，技术创新博弈趋势融合了技术创新和经济博弈的理论，打破了旧有观念，即技术上的弱者只能通过模仿行业领先者来提升自己的技术水平。这一新趋势着重指出了学习和自主创新在实现技术创新的跳跃式发展中的关键作用。这一理念对于发展中国家在技术创新方面的实践和政策制定具有深远的实际指导意义。20世纪80年代，已有许多学者高度关注企业技术创新的相关研究，表明企业技术创新的构成、技术创新的认知、技术创新的能力是企业壮大发展的三大法宝。Schumpeter（1912）首次引入"创新"概念，这一概念激发了全球研究者的广泛兴趣。他们从不同角度深入探讨了技术创新在市场经济中的角色。这些研究不仅包含深刻的理论分析，还结合了实证研究，对我国传统经济学中忽视技术创新的观念进行了重要的修正。这一过程中，以技术创新为核心资源的经济发展理论和创新管理经济学理论体系逐渐成形，标志着技术创新从市场经济的外部因素转变为推动其发展的内部驱动力。由于有些西方经济学家和学者们认识到 Schumpeter（1912）的研究倾向于社会主义，而且又因 John Maynard Keynes（1999）提出1936年的"凯恩斯革命"理论，即以需求管理为中心思想的政府干预收入、分析宏观经济的影响，在很长的经济长河中，创新经济学理论在初始阶段并未受到西方国家的重视，也未引起经济学界的广泛关注。然而，在20世纪中后期，随着以微电子信息技术为核心的新技术革命的兴起，全球经济经历了近二十年的高速增长"黄金期（Golden period）"。这一时期的经济增长现象已经超出了传统经济学理论中以企业资本和劳动力等要素为基础的简单解释范畴。因此，西方经济学界的研究者重新审视了 Schumpeter 的创新经济学理论，并加快了对技术创新与经济增长关系的研究步伐。这一过程中，技术创新理论得到了显著的发展和完善。

当前，西方经济学界和研究者在技术创新理论的研究、应用与发展上，形成了四大理论学派，分别是新古典学派、制度创新学派、新熊彼特学派以及国家创新系统学派。这四大学派从不同角度深入探讨了技术创新在经济发展中的重要性和作用机制。

进入21世纪，世界各地的科技发展突飞猛进，全球经济体系以技术创新为先驱在社会经济活动中的作用显著，技术创新理论应用研究成为热点为世界各国学术界探索研究的主题。Leonard-Barton（1992）认为，企业技术创新的核心资源熟悉并拥有专业知识的个体、信息系统和管理系统的水平以及组织价值观。企业技术创新应具备高效地吸收、运用和改进原有技术的能力，并在原有技术的基础上进行加工、深化、整合和创造新技术所必需的认知和技能。Cohen 和 Levinthal（1990）认为，企业的吸收能力就是企业的创新能力，是企业新市场需求、内外部环境的识别、采集、取样、加工和处理的过程，是由企业高层管理者自身具备相关认知能力决定的。Kogut 和 Zander（1992）认为，企业技术创新是为了满足市场需求而对原产品进行技术改进、性能提升后的新产品。Erol 等（2010）认为，企业技术创新是为了能够积极调动员工认知、知识资源整合成新知识转化为新产品再造过程的创新能力。在企业组织要素构成方面，Dewar 和 Jane（1986）指出，企业技术创新其实就是组织认知水平、适应能力、资源整合能力、创新能力、信息与技术等获取的综合能力。傅家骥等（1998）认为，技术创新是技术升级和应用能力的组合。企业技术创新可以被细致地划分为多个方面，这包括技术创新能力、信息资源整合能力、创新管理的认知和能力、创新的偏好或倾向、研发与设计新产品的能力、高效的生产加工能力，以及强大的市场营销能力。这些细分的能力共同构成了企业技术创新的综合体系。魏江和寒午（1998）研究指出，技术创新是 R&D 能力、制造能力、营销能力、资源投入能力与团队认知能力。李字等（2006）经过研究进一步指出，企业技术创新能力是为了加强企业技术创新战略管理而采用的一系列资源整合，如企业可利用资源再分配、对市场环境的认知能力、对新技术应用的掌握能力、组织结构优化能力、企业文化树立和创新战略管理能力等。Yam 等（2011）的研究指出，企业技术创新包括学习与研发、资源再分配、加工制造和市场营销、组织文化和战略规划等。技术与市场需求的创新结构模型如图 2-17 所示。

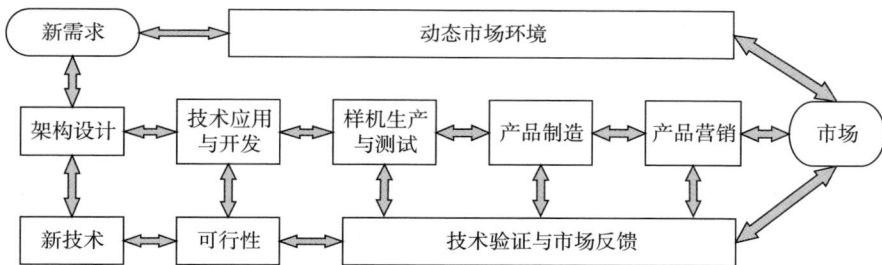

图 2-17　技术与市场需求的创新管理结构模型

从以上可以看出，各国经济学界的学者针对技术创新理论的研究和发展具有显著特征，各个学派的研究重点各有差异，对技术创新实践及管理策略的制定与实施产生了深远的影响，并起到了重要的指导作用。然而，值得注意的是，这些学派的研究都是基于一整套假设理论基础之上进行的，这使它们的适用范围存在一定的局限性。换言之，技术创新研究在理论上存在一定的限制。

2.2.2.3　R&D 管理与技术创新的关系

在当今的知识经济时代，知识是国家的重要战略资源，科技创新能力也成为国家竞争力的核心内容，是国家经济发展的决定性因素。对我国来说，发展自主创新能力至关重要。我们需要将增强自主创新能力视为科学技术进步的战略重点，以及作为产业结构调整和经济增长方式转变的核心环节。正因如此，《中共中央 国务院关于实施科技规划纲要增强自主创新能力的决定》中，已明确将提升自主创新能力定位为国家战略。对我国来说，提高科技自主创新能力，打造更多享誉全球的品牌，对于全面建设小康社会、加速社会主义现代化进程、应对新一轮科技和产业变革的挑战，以及提升中国经济和企业在国际上的竞争力，都具有举足轻重的意义。我们唯有紧紧抓住世界科技和产业革命的新机遇，积极创造、掌握并妥善管理更多的自主知识产权，研发出引领全球趋势的核心技术和知名品牌，才能切实提高中国及中国企业的核心竞争力。

R&D 与技术创新相互影响和相互促进。一方面，企业独有的核心竞争力主动力 R&D 依赖包括技术创新在内的诸多因素（Porter，1985），大力投入 R&D 活动以及实施的规模和强度指标会影响到技术创新的偏好（Porter，1996）。另一方面，企业的管理者认知以及对技术创新的管理在某种程度上来说，决定和制约着企业的 R&D 活动的规模和强度指标，规模和强度反映一国的科技实力和核心竞争力（Kamien and Schwartz，1978；Hoshi et al.，1991；Acs and Audretzsch，1991；Cooper and Kleinschmidt，1995；Lee and Cin，2010）。纵观现有文献，R&D 活动与技术创新关系的研究主要存在三种观点：层级观、资源观和互动观（许庆瑞和王方瑞，2003；汪涛和汪樟发，2005）。层级观认为，外部环境和内部资源是确定企业具有科技实力的先决条件，技术创新的定位决定了企业的技术发展方向，从而影响技术创新战略（Dewar and Jane，1986）。技术创新战略是在企业科技实力的基础上制定的，它从属于核心竞争力。两者的关系是一个从 R&D 活动到技术创新的等级式顺序过程。资源观认为，企业技术创新资源是企业资源和实力的组成部分，是企业所拥有和掌控的资源和实力（Teece et al.，1997）。依据该观点，企业的技术创新在一定程度上决定和制约着企业的 R&D 活动（Lee and Cin，2010）。互动观认为，R&D 活动与技术创新绝非简单的相互依赖与互助的关系，R&D 活动和技术创新都不能单独存在，需要团队组织也就是 R&D 体制，两者之间是种动态的、双向的、既相互依赖也相对独立的关系。

随着时间推移，R&D 活动和技术创新两者共同进步（Hyun-Dae and Jae-Keun，1992；许庆瑞和王方瑞，2003；汪涛和汪樟发，2005；Griffith et al.，2004）。现有的 R&D 活动与技术创新关系研究文献主要是理论研究，实证研究相对较少。事实上，在 R&D 活动实证研究文献中大多有涉及技术创新与管理。例如，在技术创新能力测量题项中就有制造过程创新"新产品开发"，还有学者在识别的知识管理类别中就有"产品创新和研发"（Thomas et al.，1988）、技术创新的差异化。在两者关系研究中，有些学者们使用了不同的技术创新类型研究其与 R&D 活动的关系。例如，领先创新、跟随创新、模仿创新（李浩和戴大双，2002），工艺创新、产品创新（严新忠，2003），系统创新、核心创新、外围创新（谢伟，2007），模仿创新、自主创新（施蕾，2008），渐进创新、突破创新（郑兵云等，2011）。李浩和戴大双（2002）认为，领先技术创新战略不适合与成本领先战略整合，采用领先技术创新战略的企业较易于实现差异化。成本领先战略适合与跟随创新战略整合，采用跟随创新战略的企业也可以很好地实行差异化技术创新战略。模仿创新者也非常适合采用差异化战略。严新忠（2003）发现，与成本领先战略相适应的产品技术创新是降低产品价值链成本，工艺创新是工艺柔性与成本，与产品差异化战略相适应的产品创新是产品质量特色、顾客化，工艺创新是精度、质量、交货期。

谢伟（2007）发现，本土企业成功地把握了价值链的可分割性，同时抓住了独立技术供应商的出现以及市场需求结构多样化和快速增长的机遇。这些企业有效地利用了低劳动力成本和对当地市场的深入了解，这一优势使它们在外围创新领域以及产品装配环节上取得了显著的竞争成果。施蕾（2008）认为，成本领先战略适合与模仿创新战略整合，而采用自主创新战略的企业较易于实现差异化。武亚军等（2010）基于5016位企业经营者参与的2009年中国企业经营者问卷跟踪调查数据研究发现，中国企业普遍采用了成本控制战略，以低成本、宽产品线、低价格为主要竞争手段，强调制度化和流程规范。郑兵云等（2011）基于239家企业问卷调研数据的实证检验研究发现，差异化的技术创新对企业绩效有显著的正向直接影响，同时通过渐进创新和突破创新对企业绩效产生间接影响，且间接影响比直接影响大，R&D管理差异化对企业绩效有显著的正向影响。任娟和陈圻（2012）基于283家中国制造业上市公司1999~2006年的面板数据研究发现，技术创新与技术创新成果转化效率、企业绩效之间呈显著正相关关系；差异化的R&D管理与企业绩效显著正相关，且短期内与技术成果转化效率呈显著负相关关系；技术创新通过技术科技成果转化效率作用于企业绩效的连锁机制作用显著，而差异化的R&D管理是否通过提升技术科技成果转化效率改进企业绩效的机制暂未得到证实。现有文献多是技术创新对企业发展的影响机理研究。

（1）R&D管理研究。R&D是企业技术创新中的主要活动，公司的规模会对其在研发上的资金投入产生显著影响，不同规模的公司在R&D资金投入上存在显著差异。此外，Shefer和Frenkel（2005）以209家工业企业为样本，进一步证实了R&D支出不仅与公司规模有关，还受到行业、企业所有者类型以及企业所在地区的影响。Francis和Smith（1995）、Toivanen等（2011）深入探讨了公司股权特性与创新活动之间的联系。Yuan Li等（2010）指出，公司的负债状况会在一定程度上制约其进行创新战略投资的能力。此外，由于债权人通常倾向于规避风险，因此当企业面临的环境不确定性增加时，负债融资所需承担的交易成本也会随之上升。正因如此，在高度动荡的市场环境下，公司更倾向于选择股权融资方式。他们基于对美国公司的数据分析进一步显示，在动态变化的环境中，资本结构与创新战略之间呈现负相关关系；而在市场环境稳定时，这两者之间则表现出正相关关系。

相对于国外研究的百家争鸣，我国关于 R&D 的实证研究还较少。针对企业 R&D 投资影响因素的研究，大多从公司财务结构、公司特征、公司外部监管力度等层面来分析，而忽略了高管人员对企业资源分配的影响。Nakahara（1997）认为，在促进企业技术创新的众多因素中，最高管理层对技术创新强有力的支持是最重要的一个因素。可见，高管对技术创新的影响不容小觑。本书试图在中国的文化背景和制度背景下研究企业的研发行为，通过数据验证公司高管特征对技术创新产生的影响。

Romer（1990）提出了一个基于内生技术变化的增长模型，认为企业通过研发活动追求利润，进而形成知识积累，这种知识的积累是推动经济长期稳定增长的关键因素。Romer 的研究基于 R&D 的内生增长模型奠定了基础，激发了更多学者对这一领域的深入研究。Steger 和 Leipzig 认为，企业有意识的研发活动最终会促成技术进步或创新，而创新带来的利润又会进一步激发企业的研发和创新活动，形成一种良性的市场激励机制。从长远来看，经济中投入 R&D 的资源量直接决定了经济的增长率。随着产业组织理论的发展，经济学家们能够更好地分析和理解不完全竞争和规模收益递增的现象，这也为 R&D 模型的提出提供了可能。

基于 R&D 的增长模型主要分为两类：垂直创新模型和水平创新模型。垂直创新模型，也称为产品质量升级增长模型，主要关注产品质量的改进和升级。例如，Aghion 和 Howitt（1992）提出的模型就继承了熊彼特关于增长是一个创造性破坏过程的思想，认为新产品的出现意味着旧产品的淘汰，技术进步同时存在正负外在性。水平创新模型包括最终产品扩张型增长模型和中间产品扩张型增长模型，主要关注产品种类的增加作为技术进步的标志。在 Romer（1990）的模型中，新的中间产品代表着技术进步或知识，而这些新的中间产品与原有的中间产品之间既非相互替代也非互补关系，这体现了知识生产的正外在性。尽管这两种模型在形式上有所不同，但它们的本质是一致的：企业的 R&D 投资促成了创新或技术进步，而创新带来的利润又反过来激励企业继续投入研发活动，形成了市场激励机制。

20 世纪 90 年代初期，以 R&D 为基础的新熊彼特方法内生增长模型成为最重要的内生增长模型之一。最早将熊彼特方法引入内生增长理论的是 Segerstorm 和 Paul（2000）。他们模拟了固定数量企业条件下产品的连续改进过程以解释持续增长的现象。Aghion 和 Schankerman（2000）指出熊彼特方法的特点包括：创新是技术进步的主要资源，企业出于盈利目的引入新的生产过程、产品和管理方法并预期从中获得创新成功后的垄断租金，然而创新会因新的创新出现而变得过时导致垄断租金的持续消散。这种创新性毁灭概念的引入对内生增长理论具有重要的理论意义。新熊彼特的增长模型被视为最有前途的 R&D 模型之一，其显著特点是将创新过程即经济增长过程描述为一个创造性毁灭的过程。为了形成创新后的垄断利益，企业必须进行研发活动进行创新以淘汰旧产品并让新产品独占市场从而获得垄断利润。

R&D 管理、技术管理、技术创新是企业创新活动中经常遇到的三个概念，在某种程度上也有一定的兼容性。如果加以区分的话，这三个概念在层次和范围上还是有所不同。可以认为，R&D 管理主要指对新技术、新产品的设想产生与研制开发过管理。技术管理主要指企业在技术意义上的系统化管理过程。在横向上，包括企业所具有的技术及产品能力的管理；纵向上，涉及了从技术战略制订、技术研发市场化整个过程的各个环节。例如，在有些企业，技术管理有三个组成部分：技术规划与决策；技术开发和技术转移，主要指企业内部从 R&D 到生产部门的转移；产品化（产品启动）。技术管理强调整体与连续的观点，以对企业技术发展和利用的整个过程实行有效管理，使新技术能够尽快地转化为新的产品，并保证各主要阶段的相互连接及解决重要阶段转移过程中可能产生的问题。

技术创新是一个含义广泛的概念，它主要指的是企业为了增强自身竞争优势，全面调动、整合并优化各种创新资源和能力的一系列管理活动。之所以强调这个概念，是因为通过创新来获取竞争优势并非易事，这个过程错综复杂，需要考虑诸多因素。例如，技术的独特性、技术功能之间的相互关联性、对创新方案的评估、内外部资源的有效利用、不确定性的应对，以及企业内外部工作的复杂整合方式等。这些因素都必须在技术创新的过程中得到充分考虑和妥善处理，才能确保企业从创新中获得真正的竞争优势。R&D 是企业技术创新中的主要活动，但也只是创新中的一种活动，它可以存在于创新过程的各个阶段。企业技术创新活动包括了 R&D，同时还涉及一系列的科学、技术、组织、金融和商业等方面的内容。

技术创新虽然以技术管理作为其核心框架，但它的范畴并不仅限于单纯的技术管理。在技术创新的理念中，创新不仅仅是技术层面的问题，更是包含多方面因素的综合性问题。例如，企业要从能力发展和竞争优势角度制定自己的知识和技术战略；为了不断发展自身的能力，保持持续的竞争优势，企业要对组织结构及相关制度进行调整或重组；为了有效利用资源，企业要考虑是内部创新还是外部开发，并使内部创新与外部开发相协调；现代创新要求充分发挥人的创造性和主动性；创新可以被视作是知识的重新组合与传递过程，这本质上是一个深入的学习过程。在这个过程中，对个人及组织的学习行为进行有效的管理显得尤为重要；知识的转移和综合意味着开展合作，特别是隐性知识的学习普遍是通过个人间的接触，因此要加强创新有关各方之间的沟通与协调；创新对企业的影响深远，它不仅会改变企业的运营模式和技术水平，也会在人的地位、身份以及心理状态上引发显著的变化。从这个角度来看，创新实际上是一场深刻的社会变革，它触及企业的每个角落，影响着每个员工的生活和工作，这方面的问题也应给予重视等。

自 20 世纪 80 年代以来，学术界对创新活动的认识有广泛进展。特别是 Rothwell 和 Gardiner（1988）五代创新模型中就包含了这样一些变化：创新过程从单链连续活动进到多链并行开发；更加强调企业各个部门的多种活动的综合与协调；更加重视创新企业内部和外部资源的有组织利用等。因此，有关研究更多地将创新作为企业整体的活动。一方面，创新需要企业全体的努力；另一方面，创新将导致企业的变革，因此应该说是"企业的"技术创新。简单地说，技术创新的主要职能如下：

第一，在错综复杂的技术变革和市场动态中，精准地选定企业能力提升的方向，以确保企业能够持续进步并保持竞争力。

第二，实现创新战略与企业整体业务战略的紧密结合，从而让创新活动更好地服务于企业的长远发展和市场定位。

第三，有效整合并优化企业内外的创新资源，确保这些资源能够为企业带来实质性的创新价值，推动企业的创新进程。

第四，探索并实践新型的组织管理方式和路径，旨在加快创新速度，同时降低创新过程中的风险和成本，使企业能够更高效地实现创新目标。

第五，充分利用各种沟通和协调工具，有效消除企业内部存在的阻力，为创新的顺利推进创造有利条件，促进企业创新的持续和稳定发展。

企业在创新活动实践过程中，技术创新是企业 R&D、技术及其他相关内容管理的综合或整合，或者说，技术创新是一个综合性的领域，它涵盖了 R&D 管理和技术管理两大关键要素。从整体来看，R&D 不仅是技术创新的基本活动，更是其核心任务之一，为技术创新提供源源不断的研发动力。技术管理在技术创新中扮演着主导性角色，它与技术创新紧密相连，甚至在某种程度上二者高度重合。值得注意的是，技术管理主要聚焦于技术层面，致力于协调与综合企业内各部门的技术活动，技术创新则站在更高的战略视角，重视资源和能力如何转化为企业的竞争优势。鉴于创新和技术管理的整体性与战略性特点，现今许多企业中，技术总监往往肩负着创新或技术管理的重任。

（2）技术创新的层次。企业技术创新可以分为两个层次：创新项目管理和创新战略管理。创新项目管理主要关注于具体的 R&D 项目，如产品或工艺开发项目的管理。这一层次体现了企业的 R&D 能力，其核心目标是高效地论证、评估和实施企业的技术流程和产品开发活动。这涉及对项目可行性，如技术、经济、市场等方面进行深入分析和评估，管理项目进度和费用，以缩短开发周期，降低成本，并尽快推动项目商业化，从而提高投资回报。这种管理可以由专门的 R&D 项目团队，或者 R&D 部门，甚至是营销或生产制造等业务部门来执行。

创新战略管理则是以技术战略的实施为主线，旨在提升企业竞争优势，对企业创新活动进行全局性的管理。其主要目标是构建、维护和利用企业所必需的技术知识基础，强调企业技术发展的使命和企业存在的基础与目的。这一层次主要是企业决策层和 R&D 部门的责任。具体任务包括预见未来趋势，制定清晰的技术创新战略，在技术和市场发展的复杂环境中选定正确的技术能力发展方向和路径，协调企业的 R&D 活动，努力实现技术战略与业务战略的结合，并采取有效措施授权、整合、认证和执行企业内外的创新资源，以服务于企业的创新活动和技术战略的实施。

从技术创新的全过程来看，战略管理主要集中在技术规划与决策阶段，项目管理则主要集中在技术开发、技术转移（主要是企业内部从 R&D 到生产部门的转移）以及新技术的产品化或商业化等后续阶段。在实践中，这两个层次是紧密相连的。创新战略需要通过具体的 R&D 项目来落地实施，而 R&D 项目也必须在创新战略的指导下进行。因此，确保战略管理与项目管理之间的顺畅衔接和协调至关重要。

（3）技术创新的意义。技术创新对现代企业有重要的意义，这种重要性可做多方面的解释。在这里，本书主要强调以下三点：

首先，企业发展要依靠技术与管理两个"轮子"，这两个轮子缺一不可。同样，企业要想提升自主创新能力，不仅需要依靠引进和应用先进技术，还必须采纳先进的创新管理方法。管理在这个过程中的作用就像是一个引领方向的轮子，它的重要功能在于能够将技术转化为市场所需的产品，进而转化为企业可观的利润，并为企业构建坚实的核心竞争力基础。因此，积极推动管理层面的创新，并切实提升企业的创新管理水平，已经成为增强企业创新能力不可或缺的一环。

特别地，虽然创新与管理并不矛盾，但有时候创新活动与企业的日常管理之间也存在不一致的地方，这主要是因为两者的特点与作用不同所致。大致说来，创新意味着不断地用新事物否定旧事物，日常管理则希望相对静止，力求在众多因素中寻求稳定平衡；创新具有不确定性，往往是在变化中作出新的抉择，日常管理则趋向确定性，并通过制定各种制度、规则、标准将确定性予以规范化；创新强调长远发展，注重的是未来的某种可能结果，日常管理则强调某个瞬时状态，注重的是现实的既定结果。简言之，创新倾向于变化，日常管理倾向于稳定。因此，为提高企业技术创新活动的绩效，为确保创新活动能够产生最大化且高质量的结果，必须通过有效的创新管理来协调和平衡创新活动与企业其他运营活动之间的关系。

其次，随着现代科学技术的迅猛发展和不断进步，技术和产品的更新迭代速度日益加快，这一趋势也对现代企业产生了深远影响。为保持自己的竞争优势（或者甚至为了维持自己的生存）而不得不连续不断地创新。企业的发展常出现这样的问题，即曾经通过技术创新而领先于其他企业的公司，然而新的技术创新层出不穷，企业即便取得了暂时的领先地位，也可能很快因其他企业通过新的技术创新而迎头赶上。因此，现在仅仅强调创新本身已不足以解决问题。关键在于通过有效的创新管理，推动企业实现持续的创新，从而保持长久的竞争优势。

最后，在全球化的大背景下，世界各地的联系变得越发紧密。因此，当一个企业实现某项创新时，这一创新成果往往会迅速被其他地区的企业所察觉、学习和效仿。创新的学习和模仿也具有了全球性质，其结果是创新的竞争由于模仿而经常转变为成本的竞争，因而也使创新的获益期缩短。为了维持高额收益，企业必须持续进行创新，这使创新成为了一种竞争手段。在这样的环境下，企业不仅要持续推动创新，还需重视创新管理的优化，深入研究创新的战略、策略和方法。这样，企业才能通过较小的技术创新投入，实现最大化的创新效益。

2.2.2.4 技术创新的知识产权保护与风险管理

知识产权是科技型企业技术创新的法律保障，为其持续创新活动提供了坚实的制度支持。加强技术创新不仅有助于科技型企业的稳健成长，还能推动国民经济的整体进步。这一过程中，企业能够快速积累并形成以自主知识产权为核心的技术体系，这对于减少对外部技术的依赖、促进本国高新技术产业的发展具有重大意义。高新技术企业之所以不断进行创新，主要是希望通过技术创新获得市场上的竞争优势，或是通过技术优势转化为成本优势，进而占据更多的市场份额。然而，这些优势的取得，在很大程度上依赖于企业是否能够有效保护其技术创新成果的知识产权。在现今的市场经济环境下，高新技术产品的交易实质上就是知识产权的交易，这种交易最终反映的是经济利益的交换与分配。简而言之，没有利益关系，知识产权关系也就无从谈起。知识产权制度的建立，实际上是通过授予创新者在一定范围内的专有权，并要求他们以书面形式公开其技术成果，以此来换取国家法律在一定期限内的保护，确保其技术的独家使用权。知识产权与科技进步、技术创新以及高新技术发展紧密相连。从历史角度来看，西方发达国家知识产权制度的发展轨迹体现了"社会生产与科技深度融合、科技成果转化为商品、知识商品受到法律保护、权利制度体系日臻完善"的特点。知识产权不仅从法律层面确认了技术创新的成果，更成为企业重要的无形资产。对于高新技术企业而言，知识产权在其总资产中占有举足轻重的地位。利用知识产权法律机制来推动技术创新，已成为全球各国的共识。越来越多的高新技术企业认识到，知识产权对促进技术创新具有不可替代的作用。

知识产权在技术创新过程中发挥着重要的引导作用。由于技术创新本身具有不确定性，特别是在高新技术领域，这种不确定性更为显著，导致企业在选择创新产品和技术发展路线时会产生盲目性。但知识产权的特性使技术内容得以公开，并以此为代价赋予权利人专有权。这一机制使企业能够及时了解到自身所涉及的技术领域的发展状况以及技术的法律保护情况。由于知识产权制度要求所保护的技术创新成果必须具备新颖性，因此，企业可以在对比分析已有公开研究成果的基础上，更加明智地选择产品开发的方向和技术开发的路线。这样做不仅可以避免不必要的重复研究，还能确保技术创新中的难题能够在可行的技术领域和商业领域中得到有效解决。简言之，知识产权通过提供信息透明度和法律保护，帮助企业更加精准地把握技术创新的方向。

知识产权在技术创新成果的推广和传播中起着至关重要的作用。高新技术企业通过技术创新并在知识产权制度的护航下，不仅能够获得可观的经济回报，还能激发其他企业对这种成功的追求。进而企业会对先进技术进行模仿，并在此基础上进行更深层次的创新，从而形成一种持续创新、不断发展的良性循环。站在国家的角度，这种持续创新带来的技术传播和扩散具有深远的意义。它不仅促进了新技术的广泛应用，还推动了相关产业集群的形成和发展，为经济增长注入了新的活力。知识产权的授予，实际上是将技术的专有使用权与技术信息的公开相结合，这种公开性为技术的快速传播和知识的广泛共享提供了有力支持。这一机制极大地推动了企业间生产要素的合理流动，使资源能够根据市场需求进行优化配置。

知识产权为技术创新主体，尤其是高新技术企业，提供了坚实的利益保障。当企业的知识产权受到侵害时，企业可以基于其对知识产权的支配权，行使一系列请求权和抗辩权，以确保其利益不受损害并得到最终实现。这种法律保障至关重要，因为如果没有对技术创新成果进行法律保护，这些成果很可能会被轻易窃取或滥用，导致企业的努力和投入白白流失。想象一下，如果没有知识产权的保护，高新技术企业每年投入总销售额5%的技术创新费用可能会化为乌有，30%的科技人员的辛勤创新劳动也将变得徒劳无功。因此，知识产权的存在不仅保护了企业的创新成果，更确保了企业的创新投入能够得到应有的回报。

知识产权在技术创新活动中起着重要的规范作用。技术创新领域的竞争往往导致不正当竞争行为的出现，因为侵权和仿冒的成本通常远低于企业进行高额研发投入的成本，导致某些企业可能会寻求"寻租"行为。高新技术由于其易于流动和无形性的特点，保密技术被频繁侵权，但认定侵权相当困难。知识产权制度旨在平衡权利人的技术垄断和公众利益，这种立法的双重价值目标要求知识产权主体在追求利益最大化的同时，必须遵循公平竞争的原则。此外，知识产权的专有性特性也带来了被滥用的风险。因此，知识产权制度中设立了合理使用、在先使用、法定许可和强制许可等规定，以限制权利主体的垄断权。同时，该制度还明确了发明人、专利权人和单位在技术创新收益分配方面的机制，从而进一步规范了技术创新活动，确保其健康、有序的发展。

在中国，知识产权在科技型企业技术创新中的制度保障作用尚未得到充分发挥。这主要是由于中国科技型企业在技术创新过程中缺乏足够的知识产权保护意识，同时没有确立明确且稳定的知识产权战略。为了改变这一现状，企业需要摒弃传统计划经济体制下的科技成果管理模式，以及摆脱仅凭经验或传统观念进行市场经营的做法。企业应该树立专利意识和品牌意识，重视对品牌的保护和风险防范，深刻认识到知识产权作为一种极具价值的无形资产的重要性。一方面，企业通过利用知识产权制度，可以更好地保护其技术创新成果，从而改善竞争环境并扩大市场份额，企业还可以在仿制的基础上进行研发和技术创新，并及时保护这些创新成果，申请知识产权保护。这样做有助于企业形成自己的核心技术和创新团队，从而彻底摆脱对外部技术的依赖。另一方面，企业需要制定明确且稳定的知识产权战略。在规划阶段，应主动利用专利文献等资源来为决策提供支持。这样的战略不仅有助于提升企业的技术创新能力，还能确保企业在激烈的市场竞争中保持领先地位。

技术创新的风险管理。吴涛（2002）详细阐述了风险理论的分类。他认为风险可以分为纯粹风险和投机风险两大类。纯粹风险指的是那些只会带来损失而不会带来收益的风险，如火灾和地震等自然灾害。这类风险的后果相对简单，只有两种情况：要么发生损失，要么没有损失。与纯粹风险不同，投机风险涉及更多不确定性。投机风险不仅可能导致损失，还可能带来盈利机会，或者没有盈亏（特指货币价值），如股票投资和商业经营活动中的风险。由于投机风险中潜在的利益诱惑，它往往对人们有一定的吸引力，使许多人愿意为了可能的收益去承担这些风险。值得注意的是，技术创新所带来的风险也被归类为投机风险。Arabshahi 和 Fazlollahtabar（2017）提出数据包络分析方法的创新风险评价框架。Roper 和 Tapinos（2016）研究了环境不确定性的认知和对所涉风险的认知如何影响企业进行绿色创新的意愿研究结果强化了感知环境不确定性与感知创新风险之间的关系，强调了宏观不确定性在塑造企业绿色创新意愿中的重要性。创新的感知（与市场相关的）风险也会正向影响创新。Bi 等（2015）从研发风险、制造风险和营销风险三个角度对全球化下新兴经济体低碳对技术创新的风险进行了深入分析后发现，技术创新的主体是希望通过成功的技术革新来实现其所期望的利益。也就是说，企业在进行技术创新时，不仅追求技术上的突破，也更看重这些技术突破带来的经济回报和市场优势。因此，技术创新不仅是一个技术层面的挑战，也更是一个与风险和利益紧密相连的战略决策过程。Zhenni 等（2015）从公私伙伴关系风险管理创新、工具、风险敞口、公私伙伴关系风险管理中国家支持的方向等方面进行了研究。技术创新活动在受到外部和内部多重因素的影响下，可能会产生三种不同的结果。首先，最好的情况是创新成功，实现了预设的目标，带来了可观的收益。其次，有可能出现创新失败的情况，这样不仅无法实现预期目标，甚至可能无法收回初期的投资成本。最后，是技术创新并未达到预期的理想效果，其投入与产出基本持平，没有显著的盈利也没有亏损。企业进行技术创新的核心目的在于捕捉和利用机会，而非单纯地冒险。但在抓住机会的过程中，不可避免地需要承担一定的风险。著名管理学家彼德·杜拉克曾指出，成功的创新者和企业家通常并不具有"冒险癖"。他们的成功在于能够准确地识别和评估风险，并将这些风险控制在可接受的范围内。他们擅长系统地分析创新机会的源头，精确定位并抓住这些机会。他们的关注点并不在于风险本身，而在于如何发现和利用机会。

技术创新风险是一种比较繁杂的动态风险。李俊林（2012）在企业技术创新风险内涵以及企业技术创新项目风险因素的基础上，构建了企业技术创新项目风险评价指标体系，并应用德尔菲法和模糊数学方法相结合的方式，探讨了企业技术创新项目模糊综合评价方法。技术创新系统的风险可能来源于外部或内部因素的变动。外部因素包括经济、社会、技术、政策、市场等环境的变动，而内部因素可能涉及研究开发、市场调研、市场营销等方面的管理不足。这些因素都可能导致技术创新过程中风险的发生。郝清民和孙雪（2015）指出，技术创新风险其实是一个理性过程中的风险。在技术创新过程中，不确定性因素是逐步减少的。他们引用了美国布兹阿伦和哈米尔顿咨询公司的研究，该公司基于 51 家公司的经验，描绘出了新产品设想衰退曲线。这条曲线显示，从新产品的设想到最终产业化成功，各个环节都存在着大量的衰减。具体来说，平均每 40 项新产品设想中，只有约 14 项能通过初步筛选进入经营效益分析阶段；符合盈利条件，能够进入实际开发设计阶段的仅有 12 项；经过试制试验成功的只有 2 项；最终能通过试销并成功上市进入市场的仅剩 1 项。这个衰减过程实际上是在逐步排除不确定性因素，随着过程的推进，可能导致风险发生的不确定性因素在逐步减少。不过，不同产品和技术的复杂程度会导致衰减比率有所不同，而越保守的公司往往衰减率越高。值得注意的是，这个衰减曲线的形状具有一定的典型性，它表明随着技术创新过程的深入，技术创新的风险实际上是在减小的。但同时，技术创新的风险也随着创新过程的推进而具有积累性。在此基础上，郝清民和孙雪提出了他们的风险管理模型。

风险变量 V 可以通过创新项目的投资费用 I 和项目失败的概率 P（i）的乘积来表示，即：

$$V = I \times P(i) \tag{2-1}$$

这个公式量化了技术创新项目的风险。

现在，假设一个技术创新项目从初步构思到最终在市场上实现需要经历 n 个不同的阶段。在每一个阶段，风险 V（i）与该阶段累积的投资额 I（i）之间存在一种关系，这种关系可以表达为：

$$V_i = I(i) \times P(i) \tag{2-2}$$

其中，i 代表项目的不同阶段，取值范围为 1，2，…，n。

结合式（2-1）和式（2-2），我们可以得出一个综合的结论：整个项目的总投资 I 是各个阶段投资额 I（i）的总和，即 $I = \sum I(i)$，其中 I（i）代表项目各个阶段的投资额。通过这个模型可以更全面地理解技术创新项目的风险分布和投资情况。

显然，在技术创新的过程中，投资是具有积累性的。尽管在初始的概念开发和方案分析阶段，项目的淘汰率较高，但由于这些阶段的投资费用和累计投资量相对较低，因此由公式 2 表示的风险实际上还是比较小的。然而，随着项目进入样品开发和商品化阶段，投资额度显著增加，累计投资量也逐渐扩大。尽管这些阶段的失败率可能不如初始阶段那么高，但由于投资量大，根据式（2-2）计算出的风险值 V 会变得很大。

如果在项目初期不能有效地淘汰那些没有成功希望的设想或方案，让这些不可能取得技术或市场成功的项目进入创新的后期阶段，那么风险就会逐渐积累和沉淀，最终导致风险的显著增加，甚至可能引发企业的经营危机。

从这个角度来看，技术创新风险在某种程度上是可以预防和控制的。技术创新活动是一种有目标、有组织的技术经济活动。通过加强技术创新系统的组织管理和风险管理，特别是树立风险意识，可以在一定程度上预防和控制风险损失的发生和发展，使技术创新活动能够按照预期目标进行。因此，技术创新风险被视为可管理的风险。

虽然完全消除技术创新风险是不可能的，但相对来说，那些技术创新体系比较完善、风险管理更加有效的企业，其技术创新成功的可能性会更高。所以，要想在技术创新上取得成功，不仅需要完善技术创新本身，还需要加强技术创新的风险管理。在某些条件下，技术创新风险导致的失败结果是可以改变的。例如，电视机和电子表的销售在美国公司遭遇失败后，经过日本企业的改进和市场开拓，最终取得了成功。这表明，通过控制某些可以改变的风险因素，可以改变原本失败的结果。

陈青华和张卓（2005）指出企业技术创新项目的风险因素，并在此基础上建立了风险评价指标体系和一个模糊评判模型，以科学评价企业技术创新的风险。为了有效地管理技术创新风险，必须树立强烈的风险意识并加强风险管理。这需要采取一系列对策：首先，进行多阶段的评价，以确保在每个关键节点都能及时发现并应对风险；其次，谋划多种可行的备选方案，以备不时之需，提高项目的灵活性和应变能力；再次，将风险的控制点尽可能设置在创新过程的初期阶段，通过早期识别和干预，尽早释放可能存在的风险，防止风险在后续阶段累积和放大；最后，通过采取有效的管理措施，严格控制费用，避免不必要的浪费，确保资源的有效利用。

此外，充分利用信息也是防范或降低技术创新风险的重要途径。新技术开发具有很强的探索性，因此潜藏着许多失败的风险。在制定风险决策时，情报的数量和质量显得尤为关键。只有掌握足够多且准确的信息，才能做出正确且有把握的决策，从而降低企业承担的风险。反之，如果信息不足或不准确，企业承担的风险就会相应增大。因此，必须采取有效措施，加强情报信息的搜集工作。这不仅在技术开发阶段至关重要，在样品研制、商品化和进入市场等各个阶段，获取准确和及时的信息都是不可或缺的。

2.2.2.5 技术创新与企业绩效关系的研究综述

基于创新理论，学者开始关注技术创新对企业绩效的影响，以往的大多数研究表明了随着技术创新的增加，能够有效地改善企业绩效。由于研发活动的周期比较长，企业通过研发获得的新产品、新技术可能会在一定时期内都能对企业的经营绩效产生影响。因此，学者在研究两者之间关系的时候主要从两个方面进行：一是技术创新与企业当期绩效的关系；二是技术创新与企业后期绩效的关系。

（1）技术创新对企业当期绩效的影响。关于研发决策与企业当期绩效之间的关系，大多数学者发现两者正相关，也有人发现两者之间是负相关或者是不相关。Faccio 等（2006）与 Mcconnell（1985）的研究表明，当企业增加用于研发的开支时，企业的价值会得到有效的提高。Griliches（1998）发现在美国上市公司中，研发决策能够正向影响公司的市场价值。Aghion（2002）的研究表明，技术创新能深入影响企业价值。Becker 和 Pain（2008）研究了英国的重工业企业，发现技术创新与企业绩效正相关，增加技术创新能促进企业的长远发展。Lin（2006）收集了258

家美国技术密集型上市公司的专利数和相应的财务数据，通过研究发现研发密度与知识储备量和经营业绩正相关。Brown 和 Petersen（2011）的研究也证实了两者之间的正向关系。

鉴于企业所处的行业不同对研发活动的重视程度也有所不同，中国学者从企业所处的不同行业出发，研究技术创新和企业绩效之间的关系。发现在高新技术企化中技术创新对企业的盈利能力和技术实力有显著影响。游春（2010）、梁莱歆和张焕凤（2006）、梁莱歆和张永榜（2006）发现，在中小板上市公司中研发人员投入与 EPS 有显著的正相关关系，而研发资金投入与 ROE 和 EPS 都不相关。鲁盛潭和方旻（2011）对中国高科技高成长企业进行回归后也指出，技术创新与经营绩效存在正相关关系。赵喜仓和吴军香（2013）深入探讨了电子行业、信息技术行业、医药生物行业以及机械设备行业中技术创新与企业绩效的关联性。他们发现，技术创新与企业绩效之间的相关性在不同行业中表现出差异性。

李璐和张婉婷（2013）聚焦中国制造业上市公司，探究了技术创新与企业绩效的关系。研究结果显示，两者之间存在显著的正相关关系，且与研发人员相比，研发资金对企业当期绩效的影响更为显著。淳正杰（2014）以四川省的高新技术企业为研究对象，发现技术创新与企业绩效之间呈正相关关系。但值得注意的是，对于大型和国有企业，技术创新并未能带来企业绩效的显著提升。彭泽瑶和黄德忠（2015）指出，在中国汽车行业，技术创新能够显著影响企业的当期绩效，且这种影响并无明显滞后现象。

沈弋等（2016）研究发现，国有企业的技术创新显著提升了其扩张型绩效，但并未推动收益型绩效的增长。相对而言，民营企业的技术创新明显提高了单位销售额的经济效益。吴建祖和肖书锋（2016）利用 2007～2013 年中国 374 家上市公司的数据，结合事件研究法和文本分析法进行了实证分析，他们主要关注了技术创新跨界对企业绩效的具体影响。陈霞（2009）研究表明，技术创新可以有效地促进企业业绩的提升。李春玲和任磊（2018）研究表明，技术创新对公司绩效产生积极影响。郭斌（2006）研究表明，技术创新与企业绩效之间可能存在负相关或不相关关系，他探究了研发人员投入和资金投入对企业利润率和产出率的影响。结果显示，研发人员的投入能够积极地提升企业利润率和产出率；相反，研发资金的投入对利润率和产出率产生了消极的影响。

陆玉梅和王春梅（2011）发现，企业的技术创新强度会对其当年的经营绩效产生负面影响。齐梅（2013）的研究也得出类似结论，发现当期的技术创新总额与公司业绩呈负相关关系。

此外，还有一些学者认为技术创新与企业绩效之间并无直接关联。例如，郑宝云和陆玉梅（2010）针对电子信息行业的研究中发现，企业的技术创新强度与其经营业绩之间并没有正向关系。同样,黄禹和韩超(2013)指出,在新能源上市企业中,技术创新与企业绩效之间的关系也并不明显。

王琴等(2017)从技术创新、财政补贴、成长绩效、市场绩效和企业规模角度分析了物联网上市公司绩效的影响因素,研究结果发现技术创新在当期对绩效具有抑制效应。王玉春和郭媛嫣(2008)在研究中得出了一个有趣的结论,研发人员的投入与企业的盈利能力之间并无直接相关性。这意味着,仅仅增加研发人员的数量,并不一定会提高企业的盈利能力。范旭和黄业展(2018)以广东省的3214家科技型中小微企业为研究样本,深入探讨了 R&D 投入对这些企业绩效的影响。他们发现,研发经费的投入总量与企业的绩效之间并没有显著的调节作用。这意味着,对于这些科技型中小微企业来说,单纯地增加研发经费的投入,并不一定会带来企业绩效的显著提升。

(2)技术创新对企业后期绩效的影响。研发工作通常具有长期性和持续性的特点,有些研发项目甚至需要数年时间才能完成。即便研发最终成功,其成果也并不会立刻转化为企业绩效的提升。然而,研发的成功意味着企业能够推出新产品或新技术,这些创新可以使企业在市场竞争中占据优势地位,从而大幅增加销售收入并显著提升企业绩效。正因如此,技术创新对企业后期绩效的潜在影响引起了学者们的广泛关注。他们纷纷开始研究技术创新如何为企业带来长远的竞争优势和经济效益。

郑小丹等(2015)研究发现,对于通信及相关设备制造业的上市公司而言,技术创新与当期的企业绩效并没有直接相关性,但是与滞后三期的企业绩效存在显著的相关性。这意味着,技术创新的影响可能需要一定的时间才能在企业绩效中体现出来。

陈建丽等(2015)的研究聚焦在计算机、通信和其他电子设备制造业,发现在这些行业中,技术创新与当期的企业营业利润率呈现负相关关系。同时,他们的研究还揭示出研发强度对滞后一期的企业绩效存在双门限效应。这表明,技术创新并非越多越好,而是需要控制在一个合理的范围内,以避免降低企业绩效。换言之,过度的技术创新投入可能会对企业的短期绩效产生负面影响。王琴等(2017)从技术创新、财政补贴、成长绩效、市场绩效和企业规模角度分析了物联网上市公司绩效的影响因素,研究结果发现技术创新在滞后期对绩效具有抑制效应。

孙大明和原毅军(2018)研究发现,企业间合作研发对中国制造业升级具有正向影响,产学研合作虽然对技术进步有一定的正向推动作用,但由于其成果转化率相对较低等原因,它并未能显著提升全要素生产率和技术效率,其效果并不明显。

在梳理相关学术文献时，本书注意到以往学者在探讨技术创新与企业绩效关系的研究中，对于技术创新的衡量指标有着较为一致的看法，主要集中在研发经费投入和研发人员投入这两个方面。在衡量企业绩效时，学者的选择则呈现较大的差异性。此外，由于研究样本所涉及的行业、时期和国家等因素的不同，导致在技术创新与企业绩效的研究中得出的结论也各有差异。总体来看，技术创新和企业绩效的衡量标准缺乏统一性，这可能是学者得出不同结论的一个重要原因。

2.2.3　企业绩效相关研究

通过对企业绩效概念和理论相关文献的梳理，本书发现有些学者从财务指标单维度衡量，纯粹关注企业利润、投资回报等一列可以从数字中去观察的财务指标去评价企业总体经营情况，这种方法是存在缺陷的。另外一部分学者综合考虑了财务、非财务、企业成长性，跳出了单纯用数字去观察和评估企业经营总体绩效的框架，不仅注重利润，还注重客户的反应、响应客户需求的情况、产品和服务的质量、员工的忠诚度、侧重员工知识技能提升等方面。相对于单一指标和维度衡量，多指标多维度的衡量更为有效，但是对于企业绩效评价方面的研究还未能形成一套完整的基础理论及方法论基础。对于企业绩效的评价，本书认为，财务绩效的这种客观的评估方式相对来说已经研究得比较多，也相对比较成熟，而主观的评估方式研究不多，也不够全面和成熟，未来的研究更应当关注非财务指标的衡量，产品或服务质量、响应客户需求速度、顾客满意度、员工技能和发展、员工满意度、员工忠诚度等方面，对这些指标做量化、考量是极其必要的。因此，本书对于企业绩效的测量，在评价内容上兼顾采用财务指标和非财务指标相结合，在评价方法上兼顾采用主观和客观评价方法相结合，构建以企业绩效动态评价为主的方法与技术体系。

2.2.3.1　企业绩效的内涵

企业绩效实质上是指在特定的经营时段内，企业所展现出的整体经营效果与经营者所取得的业绩的一个全面反映。这涵盖了企业在该期间的经济效益、市场地位提升、成本控制、利润增长等多方面表现，同时是对经营者管理能力、决策水平及所达成的成果的一种综合评价。企业绩效是企业用于判断和衡量企业经营效益和经营业绩的重要指标。国内外学界和实务界至今仍然没有一个统一的标准来衡量和评价企业绩效。企业经营效益涵盖了如盈利能力、资产运营效率、偿债能力以及未来发展潜力等多个层面，这些都是评估企业在特定经营期间内综合表现的重要指标。经营者业绩，则主要体现在其领导并管理企业的过程中，通过推动企业稳健经营、促进成长发展，进而取得的显著成果和对企业所做出的实质性贡献，这些成果和贡献是评价经营者工作绩效的关键依据。详细地讲，企业绩效反映了企业内成员及员工在规定时间内完成企业工作任务的总和，这包括了对工作任务的数量计算、质量要求以及效率标准。最终，企业绩效表现为企业的盈利情况，体现了企业的运营效率，这是人力资源管理的重要体现，也是实现企业预设目标的关键因素。值得注意的是，企业绩效与员工的个人绩效并不完全一致，但个人的绩效影响着企业绩效的评估。

因此，加强企业内所有员工的绩效，也是提高企业绩效的直接因素。影响企业绩效的因素主要包括员工技能、外部环境、内部条件及激励效应等。员工技能是员工所具备的核心能力，可通过培训等方式提升；外部环境指的是组织和个人无法左右的因素，如市场环境、政策环境等；内部条件是组织和个人开展工作所需的资源，如资金、设备、技术等；激励效应是组织和个人为达成目标而工作的主动性、积极性，这可以通过合理的激励机制来激发。总的来说，企业绩效的内涵是一个多维度的概念，它涉及企业经营的各个方面，是评价企业运营状况和发展潜力的重要指标。企业绩效相关研究通常采用测量企业综合绩效的方法（Choi et al.，2008；Menguc and Auh，2008；Sabherwal and Chan，2001）。

Ettlie 等（1984）认为，是否完成企业预设的目标作为衡量企业绩效的标准。Pennings 和 Steers（1977）认为，企业绩效是一个动态变化的过程，与企业员工的行为相关，可以通过企业中员工行为的变化来衡量企业绩效。Yuchtman 等（1967）认为，企业绩效衡量指标不应是单一的，应综合多个方面衡量企业在不确定的外部环境中获取稀缺资源能力大小。Connolly 等（1980）认为，企业是不能脱离外界环境存在的，在企业经营的过程中，如消费者、政府、供应商、债权人等能够对企业经营具有重要影响的个体和团体也要纳入企业绩效的考评范围。Yun 等（1997）也认同利益相关者纳入企业绩效衡量指标的观点，同时指出了企业绩效的平台和时间框架界定问题。企业绩效展现出高度的相关性（Dess and Robinson，1984；Venkatraman and Ramanujam，1986）。在实际操作中，当客观绩效数据难以直接获取时，学者常倾向于采用主观绩效的测量方法（Sabherwal and Chan，2001；Li and Atuahene-Gima，2001）。这种方法虽然依赖个人感知和评判，但在一定条件下，能够为研究提供关于企业运营状况的有效信息（Menguc and Auh，2008；Choi et al.，2008；Auh and Menguc，2005；蒋春燕和赵曙明，2006；王辉等，2006）。

综上，本书认为企业绩效是指从多维度、多方面对企业经营效益好坏和经营业绩大小进行考评、衡量的一个重要指标。

2.2.3.2 企业经济增长的产生

姜恩惠和金凯平（1986）认为，随着科技的不断发展，产业结构正经历着从资本密集型向知识和技术密集型的转变。这一转变不仅深刻地影响着产业的生产方式，而且在逐渐改变人们对规模经济的传统看法。随着这种转变的持续深化，人们对大规模生产的根本信念将会动摇，这可能预示着大规模生产时代的终结。科技型企业在技术创新方面的投入逐年增加，这极大地推动了其无形资产，如知识产权、软件著作权和专利权的快速增长。然而，Scherer（1999）的研究表明，专利发明（代表创新水平）并不与企业规模的增长直接成正比。相反，随着企业规模的扩大，企业可能会失去一定的活力和创新能力。

Kamien 和 Schwartz（1978）也指出，一个介于垄断和完全竞争之间的市场结构最有利于创新活动的开展。这种市场结构通常由各具特色的科技型企业组成，这些企业能够灵活进入市场，从而推动技术的快速进步。

Rothwell 和 Gardiner（1988）通过比较大型工业企业与科技型企业的管理结构特点，进一步论证了中小企业在技术创新方面所具有的优势。他们认为，由于科技革命的影响，传统产业逐渐衰退，而那些擅长技术创新的企业才能持续发展。

此外，新技术不仅催生了新产业，还带动了无形资产的迅速发展，为科技型企业的成长提供了前所未有的机遇和更广阔的生存空间（Baysinger and Hoskisson，1990）。Carlsson 和 Martinsson（2012）从新技术发展与引入的角度探讨了其对企业规模和产业结构的影响。他们指出，技术进步和创新降低了生产的最小有效规模，这意味着不仅大企业可以实现规模经济，具备一定技术能力的科技型小企业同样也可以实现规模经济。这一观点为科技型小企业的存在和发展提供了重要的理论支撑，并说明了科技型小企业确实具有规模经济效应。

2.2.3.3 企业绩效的评价与测量

目前，企业绩效的评价体系和指标不尽相同，至今没有一个统一的衡量标准，依旧是理论界和实务界一个重大难点课题。学者纷纷从财务方面的指标和非财务指标，两个方面上提出测量和评估企业绩效的评价方法。这些评价和测量的方法中，少数只考虑了财务绩效，进行单一维度测量；但大多数都考虑了财务和非财务绩效、成长绩效综合评价，进行多维度测量。以下是国内外学者测量和评估企业绩效的主要方法：

第一，仅从财务绩效指标单一维度测量。Alexander 等（2003）提出采用产权、固定资产比率和应收账款、固定资产周转率等七个评价指标评价企业绩效。这个方法被称为沃尔比重评分法，这个评分法主要从企业经营情况的稳健程度、信用水平，从财务效益情况、负债和清偿债务能力等来重点综合评价企业绩效。Melnnes（1971）采用投资回报率，主要是净资产回报率以及企业财务过去和现在预算比较等指标进行衡量。Persen 和 Lessig（1979）通过实证得出，经营的销售利润、每股收益、现金流量、薪金报酬可以作为衡量企业绩效的指标。

第二，从财务、非财务、成长性指标多维度测量。Drucker 和 Peter（1950）通过实证研究得出测量企业绩效的八个评价指标，即企业所占据市场地位、企业的创新和变革程度、企业生产效率高低、企业实物等财务状况、企业的盈利能力大小、企业经营者的业绩、企业普通员工的业绩和态度、企业能够承担的社会责任大小。Hiro（1981）创设 7-S 评价模式，对绩效进行衡量。Dess 和 Beard（1984）采用经营收益、经营利润、企业产品或者服务的质量、企业运行的成本、对客户需求的响应速度、顾客的满意度、员工技能水平、员工满意度和忠诚度等指标，对企业绩效进行了评价和测量。Abrams 等（2003）开发绩效管理 SMART系统，认为绩效应当是具体、可衡量、可实现、要相关、有时限的，这是从财务和非财务绩效两个方面进行评价。Zahra 和 Covin（1995）认为，企业绩效衡量指标应当涵盖销售增长率、利润率、资产回报率等。Lumpkin 和 Dess（1996）认为，评价企业绩效不应是单一指标，而应当是体现企业财务情况和企业的成长性，不能只侧重企业短期的效益，而忽视了企业的长期效益，所以应当是从多维度进行衡量。Cross 等（1988）与 Abrams 等（2003）提出的观点相似，即首次提出金字塔绩效评估模型，主要从企业总体经营情况、从财务、非财务等多方面指标进行综合评估。Kaplan 和 Norton（2005）在对多家领先的企业进行实践后，提出了平衡计分法 BSC 这一绩效评价体系，这一指标进一步突破传统的仅用财务绩效衡量企业绩效的方法，做到多方面平衡，兼顾财务和非财务的指标，涵盖了财务状况、客户满意度情况、业务管理情况以及企业员工的培养和开发情况四个方面。这四个方面相互影响、相互作用。Hanks 等（1993）从成长性绩效和财务绩效两个维度来研究企业绩效。Scherer（1998）提出应当从企业财务、企业竞争力、企业的产品和服务品质、技术革新程度，企业对资源的支配程度等几个方面来进行衡量。Barro（1997）、Hausman 等（1984）指出，应当用企业产品和服务质量、企业运作效率、企业资源的支配程度和企业人力资源四个方面来评价企业的绩效。Dutta 等（1998）、Jean-Francois（2013）提出，要从企业的文化、企业员工、企业运作过程、企业架构和系统以及技术等方面评估企业绩效。Hitt 等（1991）、Ireland 等（2007）以及 Shepherd 和 Rigden（2005）指出，整合各维度的评价指标非常重要，应当从成长性和财务绩效两个方面衡量，因为这两个方面是相互联系、相互产生影响、相互促进的，对两个方面进行考评有利于提升企业核心竞争力。Oulasvirta（2004）指出，应当从多维度衡量企业绩效，包括财务绩效、员工和客户的满意度。沈超红和罗亮（2006）实证研究指出，企业绩效评价指标应包括财务绩效、员工和客户满意度、内部经营情况等。陈国权和宁南（2009）基于 Kaplan 和 Norton（2005）提出了平衡计分卡理论，开发了基于平衡计分卡的企业绩效测量量表，从财务绩效、企业运作效率、客户和员工的满意度、忠诚度等方面进行评价。

通过梳理国内外学者对企业绩效的评价和测量方法和体系后发现，纯粹关注企业利润、投资回报等，可以从数字中观察的财务指标去评价企业总体经营情况，发现企业成长性和企业的绩效是存在相当大的缺陷的。平衡记分卡方法突破以财务作为唯一指标的传统的绩效评价体系，兼顾财务指标和非财务指标，做到了多个方面的平衡。因此，为了全面衡量企业绩效，本书参照的是陈国权（2009）基于平衡计分卡理论开发的企业绩效测量量表对企业绩效进行测量，该量表在中国情境得到实证，具有良好的信度和效度。

2.2.3.4　企业绩效实证研究

Penrose（1995）在其理论中强调，企业不仅是一个管理组织，还是人力和物力资源的汇聚地。她通过构建一个从企业资源到企业能力，再到企业成长的分析框架，深入揭示了推动企业成长的内部驱动力。Denrose 在《企业成长理论》一书中，提出了一个引人深思的问题：企业的本质中是否存在某种既推动企业增长又限制其增长速度的内在力量？这一问题及其答案本身便是对新古典经济均衡理论的一种挑战。传统经济理论往往将企业视为一个"黑匣子"，而 Denrose 指出，正是企业内部所拥有的资源和能力，构成了决定企业经济效益以及发展方向的坚实基础。她进一步阐释说："企业远不止是一个简单的管理单元，它是一个集合了多种用途生产性资源的综合体，并且这些资源的配置和使用是随着时间推移，由管理层的决策所决定的。"这一观点为本书理解企业的本质和成长提供了新的视角。

李金早（2008）认为，CEO 任期与企业绩效之间存在着比较显著的正向关系，同时指出 CEO 增强态学习能力、提升认知能力与企业绩效之间为正向关系。企业绩效实证研究是通过收集和分析实际数据，探究企业绩效的影响因素、机制及其与企业运营和发展的关系。这类研究通常基于大量的样本企业和长时间的数据跟踪，运用统计学和计量经济学等方法，对企业绩效进行定量和定性的分析。李忆（2009）研究，表明环境动态性探索式创新与企业绩效的关系有负向和正向的调节作用。肖美丹（2007）认为，人力资本和流程资本对企业绩效不产生直接影响，而是通过市场资本、创新资本和信息管理资本影响企业绩效。在实证研究中，研究者会关注多个方面的影响因素，如企业内部因素（如治理结构、资源配置、创新能力等）和外部因素（如市场环境、政策环境、行业特征等）。通过对比不同企业在不同情境下的绩效表现，可以揭示出这些因素对企业绩效的作用机制和影响程度。李志（2008）认为，创新行为与员工的创新意识有着密切的关系，但创业创造力、创新驱动型创业创造力之间的关系，以及创业创新行为与企业绩效之间的关系在一定程度上并不显著。

　　由于绩效本身的具体问题，企业创造力与企业绩效之间的关系尚未达到显著水平。有研究表明，研发支出资本化强度和企业绩效之间存在滞后效应。具体来说，在短期内，研发支出的资本化可能并不会立即带来企业绩效的提升，但在长期内，随着技术的积累和应用，这种投入会对企业绩效产生显著的正向影响。此外，股权集中度等因素也会对研发支出与企业绩效的关系产生影响。

　　总的来说，企业绩效实证研究是一种科学、系统的研究方法，有助于深入理解企业绩效的形成机制和影响因素，为企业制定有效的战略和决策提供有力支持。同时，通过实证研究，还可以为学术界和政策制定者提供有价值的参考和借鉴。

2.2.3.5　企业绩效的述评

　　绩效反馈模型的根基源于企业行为理论中的问题搜寻机制。这一机制指出，当企业在运营过程中遭遇挑战或问题时，会激发战略决策者启动问题搜寻流程，以寻求有效的应对策略（Cyert and March，1992）。随后，前景理论进一步阐释了企业经营中的盈亏状况和外部环境，均会对战略决策者在制定决策时的风险承受能力产生影响。特别是当企业的实际业绩未达到预期时，战略决策者更倾向于采用问题搜寻机制，以调整企业战略并提升个人的风险承担意愿。此外，Argote等（2007）提出的观点与组织学习理论相呼应，他们强调，在绩效反馈模型中，企业也应注重开展渐进的试错学习，并对组织惯例进行灵活的调整，以适应不断变化的环境。

　　企业行为理论认为，企业的经营活动是以目标和结果为导向的。因此，战略决策者在推动企业进步时，会先设定年度或未来的发展目标，以此作为战略决策的基础和实施的指导。随后，通过对比实际绩效与预期目标，评估战略决策的效果（Kieser et al.，1998）。这种预期目标与实际绩效之间的差距，即绩效反馈，对战略行为的调整有重要影响，并在企业行为理论中占据核心地位（Cavetti，2005）。现有的研究已经深入探讨了绩效反馈与企业战略选择之间的关系。例如，有研究分析了绩效反馈与 R&D 的关系（Washburn and Bromiley，2011；Chen et al.，2012），探讨了绩效反馈与企业并购战略的联系（McCabe et al.，2008），以及绩效反馈如何影响企业创新战略（Greve，2003）。还有研究指出，绩效反馈与多元化战略之间存在显著的正相关关系（Palmer and Wiseman，1990）。Greve（2003）以及 Lant 和 Hewlin（2002）研究指出，绩效反馈与组织变革的作用。

　　近年来，国内对绩效反馈的实证研究也逐渐增多。例如，张远飞等（2013）以中国家族上市公司为研究对象，发现当绩效反馈为正时，决策者更倾向于选择稳健战略；当绩效反馈为负时，则更倾向于扩张战略。另一项研究探讨了绩效反馈与创新承诺的关系，发现负向绩效反馈会促使决策者更倾向于推动创新战略，而正向绩效反馈可能导致决策者抵制创新战略（Tang and Hull，2012）。此外，绩效反馈对战略决策团队来说是一种强烈的环境突变。根据委托代理理论，董事会与战略决策者之间的关系受制于绩效反馈。正向绩效反馈可能巩固战略决策者的地位，而负向绩效反馈可能导致其被解雇。

总的来说，绩效反馈是实际与预期绩效之间的比较结果。当实际绩效超过预期或行业标准时，产生正向绩效反馈；反之产生负向绩效反馈（Audia and Greve，2006）。这种反馈机制在企业战略决策中起着至关重要的作用。

本书指出，绩效反馈在战略决策中扮演关键角色，特别是对管理者的认知及其与战略变革的关系产生深远影响。企业绩效反馈，即企业战略决策者的目标设定与实际业绩之间的对比，为决策者提供了更好的视角来理解和把握战略执行中的影响因素，并据此进行战略调整。简言之，当企业绩效反馈为正时，战略决策者会感受到正面的激励，认为当前战略是有效的，这将进一步加强其管理认知，从而影响其后续的战略选择。相反，当绩效反馈为负时，决策者会意识到自身认知或战略抉择可能存在对环境感知的偏差，这将触发问题搜寻机制。在这一机制下，决策者会深入剖析企业内外部环境、资源和能力，以找到问题的核心并寻求解决方案，这往往会导致对现有战略的重大调整甚至彻底变革。本书的核心在于深入探讨企业在面对不利绩效反馈的复杂环境下，战略决策者的认知、战略变革及企业绩效之间的相互作用。本书期望通过这一研究，能更全面地揭示战略变革如何多维度地影响企业绩效。

2.2.4　激励机制在技术创新中的作用

激励机制在技术创新中扮演着至关重要的角色。它构成了企业投身于技术创新的根本动力，涵盖了两个方面：一是企业出于最大化自身效益的考量，积极主动地进行技术创新，这种正向的激励机制促使企业不断进步；二是企业在外部社会环境的压力和驱动下，也不得不进行技术创新，这种逆向的激励同样推动着企业的创新发展。这种机制涉及多个方面，如经济效益和社会效益的追求，以及物质和精神上的激励。

2.2.4.1　激励机制能够激发企业内部的创新动力

首先，激励机制能够激发企业内部的创新动力。通过设定明确的创新目标和奖励机制，企业能够激发员工的创新精神和创造力，推动他们更积极地投入技术创新活动中。这种正向激励能够促使员工不断探索新的技术、方法和解决方案，从而推动企业的技术创新进程。其次，激励机制有助于形成良好的创新氛围。当企业内部形成了一种尊重知识、尊重人才的良好氛围时，员工会更加愿意分享他们的创新想法和经验，形成知识共享和创新合作的良性循环。这种氛围能够加速技术创新的传播和应用，提高整个企业的创新能力和竞争力。此外，激励机制还能够吸引和留住优秀的人才。在技术创新领域，人才是推动创新的核心力量。通过提供具有吸引力的激励措施，如高薪、股权、晋升机会等，企业能够吸引更多的优秀人才加入到技术创新团队中，为企业的技术创新提供强大的智力支持。最后，激励机制还能够促进企业与外部环境的互动和合作。通过参与各种技术创新合作项目和竞赛，企业能够与其他企业和机构建立合作关系，共享创新资源和技术成果，推动整个行业的技术进步和创新发展。

2.2.4.2　高管激励激发管理层更努力地投入工作

长期以来，如何设计激励合约以激发管理层的更投入工作态度，一直是企业高管激励研究的重点（Calder et al.，1973）。然而，这些研究多聚焦于如何诱导代理人按照委托人的期望行事以提升企业价值，深入探讨高管激励如何具体影响企业的投资行为等（Holmstrom and Milgrom，1989）。薪酬的决定方式不仅关乎高管与股东利益的一致性，而且不同的薪酬方式之间还存在协同效应（Jensen and Murphy，1990）。有研究表明，管理层的薪酬计划中对股票波动的敏感度若提高，高管就更倾向于投资风险较高的资产（徐宁和徐向艺，2013）。此外，薪酬激励和股权激励均显著地调节了资本结构与公司价值创造之间的关系（Coles et al.，2006）。具体到企业的研发效率，高管薪酬激励被证实有正面促进作用，股权激励的影响表现为一个倒"U"形曲线，存在最优的临界点。进一步的研究还揭示了薪酬激励和股权激励之间的整合效应，如在技术创新导向下，高管薪酬激励和股权激励能够相互补充，共同推动企业发展。

在此基础上，本书将研究重点放在股权激励与晋升激励上。近年来，一些学者，如 Prendergast 和 Stole（1999）以及 Gibbons（2005）已经注意到早期高管激励研究范围的局限性，他们开始将影响企业业绩的多种因素，如人力资本特征、组织的风险偏好、企业绩效等内化为研究的一部分，并整合到企业激励目标研究的理论框架中。这种做法不仅深化了高管激励的研究视野，也提高了其现实的诠释。

Zajac（1990）指出，由于管理偏好的差异性，相同的薪酬合同可能会对不同的 CEO 产生各异的激励效果，进而对公司的绩效产生不同的影响。徐经长等（2017）的研究也表明，合理的激励方式可以有效地缓解股东与管理层之间的利益冲突。他们通过实证分析发现，高管在面对风险的态度与不同的股权激励方式之间存在着显著的关联。

朱芳芳（2018）进一步考虑了 TMT 的稳定性因素，发现在面对不同的团队稳定情境时，受到薪酬激励的高管会在资源冗余和技术创新上做出不同的策略选择。李四海等（2015）在从高管的年龄角度出发，探讨了其对薪酬契约的影响，他们发现高管的年龄会降低薪酬与业绩之间的敏感性。

Wu 和 Tu（2007）从行为代理的视角出发，强调了冗余资源和企业绩效在影响股权激励效果中的重要性。他们的研究表明，当企业绩效较高或企业资源较为充裕时，会增强股权激励与研发支出的相关性。李端生和王晓燕（2017）的研究发现，薪酬激励制度会强化 TMT 异质性与 R&D 投资行为之间的关系，股权激励制度则会弱化这种关系。

综上所述，激励机制在技术创新中发挥着至关重要的作用。通过激发内部动力、形成良好氛围、吸引人才以及促进外部合作，激励机制能够有效地推动企业的技术创新活动，提高企业的创新能力和市场竞争力。

2.2.4.3 高管团队激励机制对技术创新的影响

本书已从静态经济学的视角探讨了 TMT 异质性如何经由组织的风险偏好来影响 R&D 投资活动。然而，这种关系并非孤立存在，它还会受到内外部激励氛围的影响。特别是，TMT 作为决策的主体，其行为选择会受到多种因素的调节。那么，在内部高管激励的调节下，这种异质性与研发投资行为的关系将如何变化？同样地，当考虑到外部政府补贴激励的调节作用时，这种关系又会呈现出怎样的态势？这些问题都需要通过动态经济学的角度进行深入分析和解读。

基于委托代理理论，TMT 在运行过程中可能会出现代理问题和相应的行为。为了调整这种情况，有效的高管激励措施能够显著地影响组织对待风险的态度，进而对 R&D 投资决策产生深远影响。为了深入研究高管薪酬激励和股权激励在动态经营环境中的实际作用，本书将固定薪酬与变动薪酬同时纳入高管团队的激励体系中进行考量。在本书的经济模型中涉及了多个关键变量，包括 TMT 的总效用 $U(x)$、高管的全年收入 $S(\pi)$、固定薪资部分 m、与业绩挂钩的变动薪资部分 r、企业的技术创新产出 π、高管在技术创新产出中所能分享的比例 β，以及高管在技术创新上的投入程度 e、管理能力 λ_e、所付出的努力成本 $C(e)$ 和他们的风险偏好 ρ。为了更好地量化这些关系，本书进行了以下设定：

（1）企业的技术创新成果与其产出之间存在线性关系，同时还会受到外部环境随机变量的影响。这种线性关系可以表示为 $\pi = \lambda_e e + \varepsilon$，其中 ε 代表外部不确定因素。且 $\varepsilon \sim N(0, \sigma^2)$ 对于技术创新活动的期望产出和波动，分别定义为 $E(\pi) = E(\lambda_e e + \varepsilon) = \lambda_e e$ 和 $Var(\pi) = \sigma^2$。

（2）高管的总效用 $U(x)$ 由两部分组成：固定薪资 m 和与业绩相关的变动薪资 r。因此，高管的总收入可以表达为 $S(\pi) = m + r = m + \beta\pi$，其中 $0 < \beta < 1$。进一步细化为 $S(\pi) = m + \beta\pi$，这里的 β 代表高管在技术创新产出中的分享比例，其值介于 0~1。

（3）关于高管所付出的努力成本 C，本书认为它与高管的敬业程度 e 紧密相关。当高管没有进行任何活动，即 $e=0$ 时，成本 C 为 0。随着高管努力程度的增加，付出的成本也随之增长，并且这种增长的边际成本是递增的。为了更好地描述这种关系，本书假设成本函数为 $C=C(e)$，并且满足以下条件：当 $e=0$ 时，$C=0$；C 的导数 $C'(e)>0$，表示成本随努力程度的增加而增加；C 的二阶导数 $C''(e)>0$，表示随着努力程度的增加，成本的增速也在加快。基于这些性质，本书假设成本函数的形式为 $C=0.5ke^2$，其中 k 代表成本系数。

由图 2-18 中可以看出，TMT 的每个成员所获得的收益，实际上是他们得到的报酬与所付出的成本之间的差额。这种收益关系可以通过一个特定的收益函数来表达，$W_{TMT}=S(\pi)-C(e)=m+\beta(\lambda_e e+\varepsilon)-\dfrac{1}{2}\tau_e e^2$，也可以根据预期来设定一个期望收益函数：$E(W_{TMT})=E(S(\pi)-C(e))=E\left(m+\beta(\lambda_e e+\varepsilon)-\dfrac{1}{2}\tau_e e^2\right)=m+\beta\lambda_e e-\dfrac{1}{2}\tau_e e^2-\dfrac{1}{2}\rho\beta^2\sigma^2$。

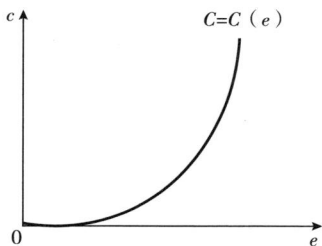

图 2-18　TMT 个体成员敬业度成本曲线

为了最大化高管团队每个成员的收益，本书以成员的敬业或努力程度作为变量，对这个收益函数求导，$\rho=(p\pi-k)\Big/\left(\dfrac{k^2}{2}+\dfrac{p\pi}{2}-pk\pi\right)$，并找到使收益最大化的努力程度。为了简化分析，假设某个参数 k 为 0，这样可以更直接地找到影响成员努力程度的关键因素，$e=\dfrac{\beta^2\sigma^2+\beta\lambda e^2}{\tau_e\lambda}$。

研究结果显示，TMT 成员的努力程度与企业的技术创新能力 λ_e、成本系数 τ_e、外部环境的不确定性 σ，以及成员所能分享的收益比例共享系数 β 紧密相关。这意味着，如果能在一定程度上提高分享系数，那么团队成员的积极性和主观能动性也会相应提高，他们会更敬业，对工作有更高的认知水平。

特别是在外部环境充满不确定性时，提升团队成员的认知能力尤为重要，因为这有助于减少信息不对称带来的风险。当然，这需要通过股权和晋升等激励机制来有效调节。但也不能仅仅依赖提高分享系数来驱动激励行为。因为团队成员在考虑自身预期收益的同时，可能会受到企业融资能力和资源有限性的约束。所以，单一地提高分享系数可能会引发其他难以控制的资源问题。

关于激励机制对技术创新的作用，国内外学者的观点存在分歧。一些学者认为股权激励能够积极推动技术创新。例如，Jensen 和 Meckling（1976）提出，股权激励可以提高高管对技术创新的热情和敬业度，进而降低代理成本。Zahra 和 George（2000）研究发现，股权激励通过利益趋同，能激发组织成员的研发热情，有助于企业的稳定发展。刘运国和刘雯（2007）以及肖海莲等（2011）的研究同样表明，高管持股能提升团队的认知水平，激发创新意识，推动研发活动。

然而，也有学者持不同观点。例如，Fan 和 Cheng（2004）以及 Cheng（2006）指出，由于存在利益趋同效应和管理防御效应，技术创新投入与高管持股之间并非线性关系。Wu 和 Tu（2007）研究发现，高管在持有一定股权和绩效良好的情况下会积极推动技术创新，但持股超过一定比例时，可能会导致高管对企业的实际控制权过大，外部环境对其约束力减弱，从而产生损害企业资产的行为，即"壕沟效应"。Fama 和 Jensen（1983）发现，高管通过持股或职位获得决策权后，可能会为了个人利益而做出不利于企业长远发展的决策。李春涛等（2014）认为，薪酬激励可以促进技术创新投入，但国有产权会减弱这种激励效果。汤业国和徐向艺（2012）发现，在股权高度集中的情况下，高管的决策可能无法兼顾其他股东利益，从而影响技术创新的投入和管理力度。

目前，关于高管激励、技术创新与企业绩效三者关系的研究还相对较少。任海云（2011）提出，股权激励在技术创新与企业绩效之间起到调节作用，有助于高管做出有利于技术创新和企业绩效提升的决策。

2.2.4.4 高管团队激励机制对企业绩效的影响

激励理论认为，企业实施行之有效的激励行为在很大程度上提升了高管团队工作积极性与敬业精神，从而促进企业绩效。Simon 和 Kaplan（1989）指出，高管团队持股能增加个体收益，Jensen 和 Meckling（1976）认为以股权激励与晋升激励的方式激励高级管理者，能使团队个体成员在做经营决策时能与企业的战略目标一致。当高级管理者持股比例过高时，在很大程度上会影响其他股东的利益，造成代理问题人问题产生偏离（Fama and Jensen，1983）。管理者持股比例过高会对企业绩效产生负向影响（胡婉丽等，2004）。企业管理层或 TMT 与技术开发团队在利益上属于不同的主体，因此在构建激励机制时，需要充分考虑并实现双方的利益目标。企业技术创新的激励机制实际上是管理者与 R&D 人员之间的一种双向信息交流过程。在这个过程中，双方的目标需要相互融合，行为需要相互协调与互动。简言之，技术创新激励是一个动态的、互动的过程，旨在通过有效的信息交流，促进管理者与研发人员目标的共同实现。这一过程可以通过图 2-19 来直观地展示其运作模式。

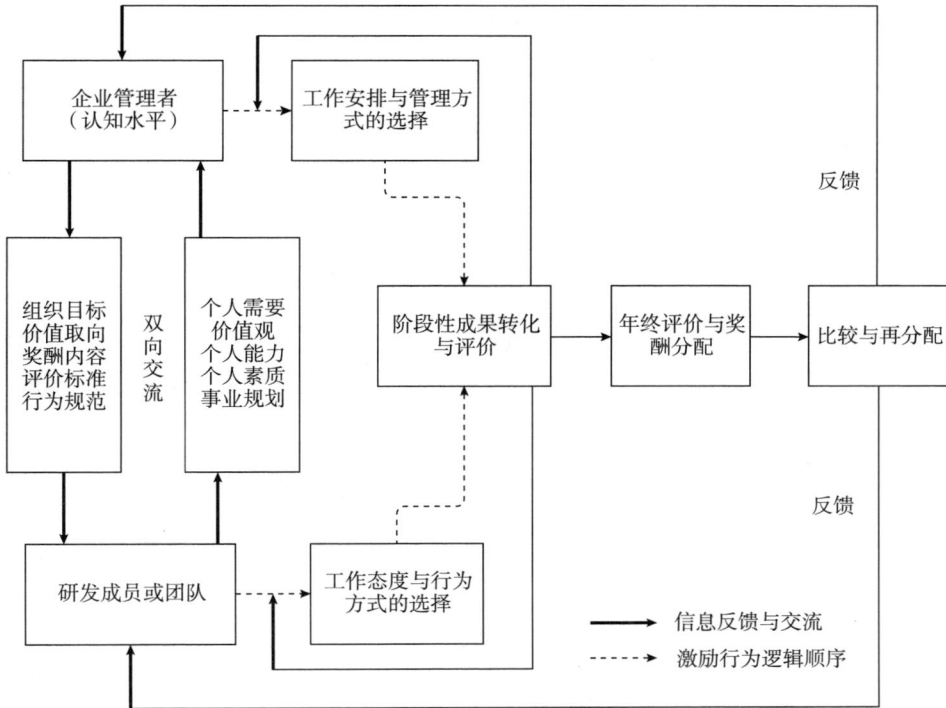

图 2-19 技术创新与激励互动关系

技术创新团队和 R&D 人员之间互为互动激励模式，是一个包含四个关键步骤的循环过程。首先，双方进行深入的双向信息交流，明确彼此的需求和期望。其次，基于这种交流，双方各自选择适合的工作行为和方式。再次，对工作进行评价和激励，通过阶段性考核信息反馈，双方可以随时调整和优化各自的工作选择。最后，进行总结，通过比较、双向交流与反馈，不断提升激励效果和工作效率。这一激励模式的核心在于承认并尊重研发人员的个人目标，并以实现管理者和研发人员的双方利益为基础。如果忽视研发人员的个人目标，那么激励的动力将会丧失，难以调动研发人员的主动性和创造性，进而影响企业的创新力和市场竞争力。

此外，这种激励模式还强调主客体利益的协调和目标的统一，这是企业激励技术创新的目的和出发点。它重视并激发研发人员的自我激励能力，使他们从被动执行转变为主动追求。通过这种方式，该模式深入挖掘和激发研发人员的内在需求、愿望等心理动机，引导他们控制、约束和规划自己的行为，从而充分调动他们的创造性、积极性和潜在能力，以实现企业和个人的双重目标。

在企业技术创新的过程中，管理者和科研人员是两大核心主体。然而，当前盛行的激励机制主要是管理者对科研人员单方面的激励，这种"指向性"的激励依赖于各自独立的激励措施，并表现为一个单向的运行过程，即管理者为实现自身目标而对科研人员实施激励。但这种方式并不能从根本上激发科研人员的工作热情。

关于 TMT 股权激励与企业绩效之间的关系，学术界进行了广泛探讨，但观点并不统一。不过，多数学者研究发现，高管持股比例和薪酬与企业绩效呈正相关关系。例如，有研究发现，在美国上市企业中，高管团队持股比例和薪酬的增加会显著提升企业绩效（Geiger and Makri，2006）。Sigler 和 Haley（1995）的研究也表明，TMT 的薪酬增加时，企业的净资产收益率也会随之提高，进一步证实了高管薪酬与企业绩效之间的正相关关系。这种正相关性在美国、芬兰、日本以及中国的企业中都有所体现（Kothari et al.，2005）。然而，也有研究指出，在我国，上市企业股权激励的力度相对较小，对高管团队个体的激励作用有限（王红等，2014），但对企业高管团队整体实施激励确实能显著提升企业业绩（陈笑雪，2009）。

叶建芳等（2008）、黄贤环和倪筱楠（2016）、莫冬燕和邵聪（2010）的研究验证了 TMT 成员持股比例能正向影响企业绩效的结论。尽管多数学者认为高管股权激励与企业绩效呈正相关关系，但也有学者提出不同的看法。他们认为这两者之间并非简单的线性关系，而是存在一种区间效应。例如，曹郑玉（2007）以中国国有企业的数据为分析基础，发现只在国有企业中对管理者实施股权激励，并不能直接提升企业绩效。股权激励要想有效发挥作用，还需要配合特定的条件，即需要制定在特许条件下的股权激励机制。相比之下，TMT 实行薪酬激励能显著提升企业业绩或有效地改善企业状况。关于高管股权激励与企业绩效之间的关系，学者的研究呈现多样化的结论。Morck 等（1988）研究发现，当 TMT 成员持股比例在 5%~25% 时，股权激励与企业绩效呈正相关；但持股比例超出这个范围后，结果则相反。鲁小东等（2011）也得出了类似的结论，他们发现股权激励与企业绩效之间并非线性关系，而是呈倒"U"型关系，即存在一个临界值；超过这个临界值，TMT 的决策能力会受到约束，且激励的边际效用会递减。

Chung 等（2002）发现，高管团队股权激励与企业绩效之间呈现出复杂的"W"型关系。而周毅等（2003）对同类型企业在不同时间段的研究中发现，高管团队股权激励与企业绩效的作用关系呈倒"U"型。刘华和郑军（2010）高新技术企业为研究样本，经过实证检验后发现，高管团队股权激励与企业绩效之间确实存在区间效应；特别地，当 TMT 成员持股比例在 6%～10%时，TMT 的激励对企业绩效有促进作用。

然而，尹美群等（2018）对 2009～2015 年中国上市企业的数据进行了分析，却并未发现高管团队股权激励与企业绩效之间存在相关性。本书认为，这些差异化结论的主要因素可能在于样本企业所处的地区和行业环境不同。不同区域和行业的股权激励策略制定和实施存在差异，同时控制变量的选择也可能导致结论的不同。这些因素共同作用，使股权激励与企业绩效之间的关系表现出复杂性和多样性。

2.2.5 对现有研究的评价及本书的研究方向

2.2.5.1 激励机制对企业绩效影响的评介

激励机制对企业绩效的影响一直是管理学和经济学领域的研究焦点。众多研究已经证实，一个科学、合理的激励机制能够显著提高企业绩效，促进企业持续、稳定的发展。以下是对激励机制对企业绩效影响研究的评介以及本书的研究方向。①激发员工积极性和创造力：激励机制通过给予员工相应的物质和精神奖励，激发他们的工作热情和积极性。员工在得到认可和鼓励后，会更加努力地工作，充分发挥自己的创造力，为企业的发展贡献更多价值。②提高员工工作效率和质量：合理的激励机制能够使员工明确工作目标和期望结果，从而有针对性地提高工作效率和质量。员工在追求个人绩效的同时，也为企业创造了更多的经济效益。③增强企业凝聚力和向心力：激励机制有助于培养员工的归属感和忠诚度，使员工更加认同企业的文化和价值观。这种凝聚力和向心力能够促进企业内部各部门之间的协作和沟通，提高企业的整体运营效率。④促进企业创新和变革：在激励机制的推动下，员工更加愿意尝试新的方法和思路，推动企业不断创新和变革。这种创新精神和变革能力是企业应对市场变化和竞争挑战的关键。

2.2.5.2 激励机制对企业绩效探索方向

激励机制对企业绩效的影响研究具有重要意义。本书将在已有研究的基础上，进一步深入探究激励机制的内在机制、协同效应和适用性等问题，为企业制定科学、合理的激励策略提供理论支持和实践指导。①深入探究激励机制的内在机制：虽然已有研究证实了激励机制对企业绩效的积极影响，但对其内在机制的理解仍不够深入。本书尝试揭示激励机制如何影响员工的行为、态度和价值观，进而影响企业绩效的具体过程。②关注不同类型激励机制的协同效应：激励机制包括物质激励、精神激励、晋升机会等多种类型。本书关注这些不同类型激励机制之间的协同效应，探究如何组合使用这些激励机制以最大化地提高企业绩效。③考察激励机制在不同情境下的适用性：不同的企业、行业和市场环境可能对激励机制的适用性产生影响。本书尝试考察激励机制在不同情境下的适用性，为企业制定针对性的激励策略提供参考。④引入心理学和社会学等跨学科视角：激励机制对员工行为的影响涉及心理学和社会学等多个学科领域。本书引入这些跨学科视角，从更全面的角度探究激励机制对企业绩效的影响。

2.2.5.3　激励机制对企业绩效的相关研究

通过对相关文献梳理，在归纳国内外学者的研究方法与研究成果的基础上，挖掘相关领域研究的不足之处，从而指出本书的研究方向：

（1）现有相关文献多是对高管团队的研究，许多学者均侧重管理者年龄、背景特征、管理者任期、管理者学历、工作经历等人力资源特征，也有许多学者从 TMT 或管理者薪酬、持股、管理者晋升、控制权等激励监督特征对企业的绩效进行研究。现有的大多数研究并没有将技术创新与管理这一特征以崭新视角来呈现，TMT 所在组织内部运行机制特征，以及所处外部环境等因素相结合来度量 TMT 认知水平，更没有分析和比较各要素间的影响因子对 TMT 认识水平的差异性。因此，在解释效度和结果上都有较大提升空间。目前我国经济正处于转型与发展时期，市场经济环境日益动态且复杂多变、外部市场拓展领域受到挑战与制约，造成市场竞争的日益加剧，这些因素都会对高管团队认知活动与行为产生一定影响。

（2）已有文献大多是以成熟、发达国家或地区的市场经济为研究背景，中国特色社会制度与市场经济体系的条件以及独特的企业性质并没有纳入研究范围。国外许多学者在评估企业管理者的认知水平时，时常会引入管理者的持股比例这一变量，主要因素是在市场经济背景下，上市企业的股权集中度普遍较低，企业高管大多持有适当份额的股权。而在中国这个特殊的经济社会背景下，企业高管持股份额还是普遍较低，甚至有些高管处于零持股情况，国有控股企业的高管在选用和解聘也都有政府行为与政治功利的背影，这与成熟的、发达市场经济背景下的企业相比，中国的上市企业高管需要面临更加复杂多变、具有中国特色的市场环境情况动态变动。因此，本书以中国现实情境，探索、挖掘不同性质和体制的企业 TMT 认知行为以及对技术创新与企业绩效的现实影响，即相关的研究结论对指导中国科技类企业具有一定的借鉴作用。

（3）现有文献对企业绩效评价与测量时，大多是以财务绩效来代替企业绩效，有些以市场经营绩效来代替企业绩效的文献中，比较常用销售额增长率、市场份额率、市场开拓百分比等作为测量指标。企业的市场经营绩效是指在特定的市场经营结构中运营的效率，无论市场环境及运营状况是否有效，均由财务的数据反映企业绩效，从某种程度上来说体现企业的运营成果与财务状况。国内多位学者的研究表明，我国当前的股票市场在很大程度上属于弱势有效市场。在这样的市场环境下，仅仅依赖过去的财务数据是无法准确预测未来的股票价格、市盈率和市场绩效的。这意味着，市场的价格已经充分反映了历史信息，包括过去的股票价格和交易量等，但并未完全反映所有公开信息，更未反映内幕信息。因此，在低迷有效市场中，投资者无法通过简单分析过去的财务数据来预测未来的市场表现。所以，本书综合考虑企业财务报告和市场运营情况对企业绩效进行分析、测量、评价。

（4）现有文献对 TMT 背景特征与技术创新、TMT 异质性与技术创新、技术创新与企业绩效关系等的研究较多，但对 TMT 认知、技术创新与企业绩效三者之间关系的研究文献相当匮乏。TMT 认知影响技术创新并且技术创新又影响企业绩效。高阶管理理论提出企业高管的职能会影响企业战略的选择，从而影响企业的绩效。因此，本书将深入探讨研究技术创新在 TMT 认知与企业绩效关系的中介效应具有一定意义。

3　理论分析框架与假设提出

3.1　分析框架

本书的理论依据主要有企业家理论和社会认知理论。关于企业家精神对企业绩效的影响，以技术创新为中介，创新自我效能感为调节作用，主要基于两个主要的理论，即企业家理论和社会认知理论，这是本书研究的理论基础。

3.1.1　分析框架的构建思路

委托代理理论认为，持股比例较低的管理者与股东二者间存在利益趋向相悖问题；信息不对称理论认为，管理者相对于股东属于掌握企业优势信息的一方；不完全契约理论指出委托人与代理人之间的契约关系是不完备的。管理者掌控着企业的经营决策权，其防御行为会影响企业财务战略的制定进而影响企业绩效。

高阶管理理论认为，企业的管理者会影响企业战略的选择从而影响企业的绩效。技术创新是企业的战略行为，而企业采取何种战略行为，其决策权被紧握在管理者的手中。因此，高阶管理理论为研究管理防御、技术创新与企业绩效三者之间的关系提供了坚实的理论基础。

基于内生增长理论和无形资产会计理论的观点，经济增长主要源于三个因素。首先，是获取新的知识，这涵盖了变革、科技提升以及人力资源的沉淀等要素。其次，需要创造有利于新文化应用于生产的环境，这包括良好的市场环境、明确的产权制度、政治以及宏观经济的稳定。最后，提供足够的资源来运用这些新知识，如人力、资本和先进技术等。这一理论着重强调了技术创新在推动经济增长中的核心作用。

在无形资产成本的验证过程中，利益驱动是一个关键因素。对于 R&D 支出的会计处理方法具有一定的灵活性，这种灵活性为企业进行盈余管理提供了条件。特别是当企业需要依赖主观判断来确定是否将某些支出资本化时，这种灵活性就显得尤为重要。新的《企业会计准则》要求，如果新产品未能成功开发，相关的研究投入应被确认为费用。这一规定在实践中被企业所接纳，并间接地显示出企业在确定无形资产形成过程中存在一定的人为判断空间。即便存在人为错误，只要这些错误不违反《企业会计准则》，甚至在后期通过会计更正或调整来修正前期的错误，也是被允许的。总的来说，企业通过 R&D 支出的资本化处理，最终确定了资本化的金额，从而达到了盈余管理的目的。

根据以上理论基础，本书拟以经理管理防御作为解释变量、企业绩效作为被解释变量及技术创新作为中介变量，同时经理层激励变量与约束变量作为调节变量，来研究管理防御、技术创新与企业绩效的关系。

3.1.2 高管团队认知模型

高管团队认知模型如图 3-1 所示。

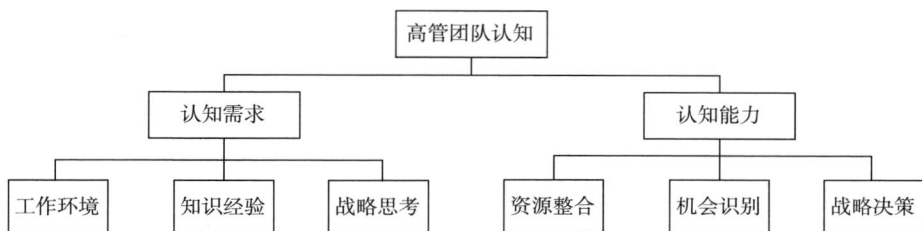

图 3-1 高管团队认知模型

通过对相关文献的研究回顾与总结，本书拟构建经理管理防御、技术创新和企业绩效理论分析框架。在分析框架中，首先从分析经理管理防御对技术创新的影响；其次分析管理防御对企业绩效的影响；再次分析技术创新对企业绩效的影响；最后分析技术创新在经理管理防御与企业绩效之间的中介效应。理论分析框架中包含经理管理防御、技术创新和企业绩效三个逻辑变量，其中经理管理防御是解释变量、技术创新是中介变量，企业绩效是被解释变量（见图 3-2）。

根据国内外学者的研究文献，综合本书的研究目的，对理论分析框架中的逻辑变量做出相应描述：

解释变量高管团队认知指的是管理者面临激励和约束，选择有利于固守职位并追求自身利益最大化的行为。在综合中国情境并依据国内外学者对高管团队认知测量的研究成果基础上，本书拟将高管团队认知分两部分：一部分是高管自主

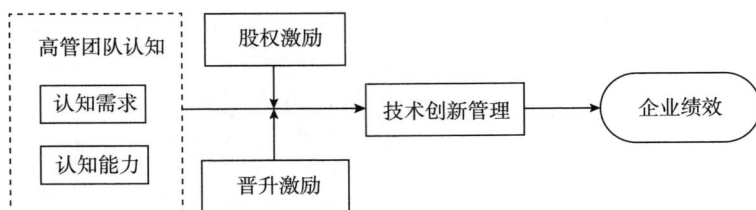

图 3-2　高管团队认知、技术创新和企业绩效关系的分析框架

权,由职位权、所有权、报酬权、运作权和专家权组成;另一部分是高管私利权,由教育背景、专业背景、经理年龄、任期、转换成本组成,然后将高管自主权和高管私利权的均值作为高管团队认知测量。

中介变量技术创新一般借用研发投入强度来衡量,研发投入强度主要是同期内企业的研发投入与营业收入的比值。

企业绩效,作为被解释变量,通常指的是企业在特定经营期间内所实现的经营效益以及由经营者所创造的业绩成果。这一指标是衡量企业在一定时间段内整体运营状况和盈利能力的重要依据。本书将综合财务和市场方面进行度量企业绩效。企业绩效是受高管团队认知和技术创新影响的输出变量。本书的被解释变量企业绩效采用 ROA(Return on Assets)来表示,ROA 资产收益率=(营业利润+财务费用)/期初总资产。

两个调节变量分别是技术创新认知变量和技术创新能力变量。其中,技术创新认知变量由对董事长或高管团队年薪酬自然对数进行标准化组成;技术创新能力变量由独立董事(总经理)比例=独立董事人数/董事总人数组成。

3.1.3　技术创新框架模型

组织经济学在研究知识管理时,主要关注如何运用契约和管理机制来影响和指引知识管理活动。然而,这种方法的一个明显缺陷是忽视了非正式组织行为,如组织内部的信任、合作、情感以及组织文化等因素。为了填补这一空白,本书可以借助组织行为学这一涵盖个体、领导和组织的心理及行为规律的庞大理论体系。

组织行为学融合了管理科学、心理学、行为科学和社会学等多个学科的理论基础,为理解和分析知识在组织内的各个环节——创造、传递、共享和利用提供了一个全面的研究框架(Husted et al., 2017;Falver et al., 2007)。具体而言,它可以从多个角度深入探究知识管理:①从组织结构的角度来看,组织行为学研究共享、知识交流和传播对组织结构变革的影响和要求,推动组织结构向网络化和扁平化方向发展。②从组织文化的角度来看,它致力于塑造知识管理理念,通过建立共享开放的组织文化和信任体系，改变组织成员的心智模式。③在组织战略层面，组织行为学研究知识管理战略，以指导组织在知识管理方面的长远发展。④在人力资源管理方面，它关注如何对知识的载体进行有效管理，研究如何激励团队成员构建团队需要的知识，并利用这些知识创造最优价值。

此外，组织行为学还从学习的角度研究个体和团队的知识学习过程，以提升组织整体的知识水平和创新能力。

综上所述，组织行为学为知识管理提供了全面的理论支持和研究框架，有助于组织更好地实施知识管理策略并提升整体绩效。

知识管理这门学科融合了自然科学、社会科学和信息科学的精华，从中汲取了深厚的理论基础。其发展脉络可以从四个主要方向来追溯：①自然科学视角。自然科学主要从过程的角度深入探究知识管理的不同层面，揭示知识在不同环节中的演变与运用。②信息科学视角。信息科学聚焦于知识管理的流程层面，尤其关注知识的电子化储存、高效共享和实际应用，体现了信息技术在知识管理中的关键作用。③组织经济学视角。组织经济学从经济利益的角度出发，深入分析了知识管理过程中组织的成本与效益，为组织选择最优知识管理模式提供了理论支撑。同时，该学科还洞察了组织内的正式契约和治理结构，对组织管理和决策具有指导意义。④组织行为学视角。组织行为学着重从人的因素出发，探讨人在组织内的行为对知识管理的影响，强调人在知识管理过程中的核心地位和作用，如图3-3所示。

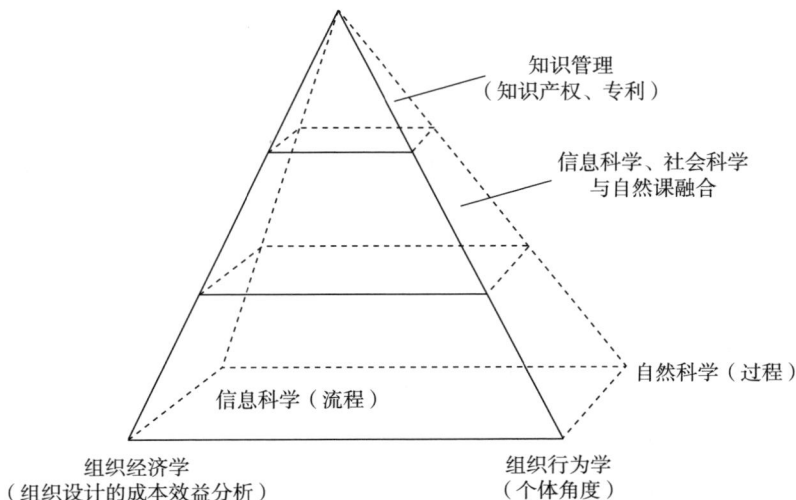

图3-3　技术创新中的知识管理

资料来源：李子页，席酉民，葛京. 知识管理前提假设与理论基础探析［J］. 科学学与科学技术管理，2009（3）：124-131.

3.2 研究假设

3.2.1 高管团队认知对企业绩效的影响

高管的个人特质对企业的战略管理和经营绩效具有显著影响。他们的认知，包括风险偏好、价值取向和个人信念，都是决定企业战略的关键因素。因此，通过观察和分析高管的认知，可以预测企业的战略目标，而这些决策最终将反映在企业的经营绩效上。换句话说，高管的认知与企业成长绩效之间存在着密切的联系（Hambrick and Mason，1984）。

高管在企业中扮演着资源整合者和创新推动者的角色，他们不仅负责整合企业资源，还为企业提供创新源泉。无论是优化资源配置还是推动商业模式创新，都需要高级管理者的能力和精神支持。由于高管认知的独特性和不可转让性，他们成为企业中不可或缺的重要资源。这种重要性可以从企业的成长绩效中得到直观的反映。在企业的发展过程中，高管的认知与企业成长绩效呈正相关关系。这意味着，高管的认知水平越高，企业的成长绩效越好。这种正相关关系形成了一个良性循环，通过强化企业自身的资源，推动企业不断向前发展。

认知交互理论深入探讨了组织内部知识资源的有效协调与整合机制，以及团队成员如何通过共享认知来获取、构建并迸发更多的知识储备。相关团队认知研究表明，交互记忆系统在团队成员之间构建了一个差异化且互补的专业技术与分布式技术的体系。在这一体系下，TMT 的认知交互显得尤为重要，它是在高管长期的互动中逐渐形成的共享心智模式。这种模式的核心在于重新整合和利用团队成员的个体认知，以期达到认知创造价值的最大化，进而提升团队整体效能和企业绩效。

研究表明，TMT 中良好的认知交互对于企业拥有竞争优势和增强创新能力具有显著影响，进而能够大力推动企业的创新绩效。根据 Lewis（2001，2003）的研究，团队认知交互可以从专长性、可信性和协调性三个维度来衡量。首先，在信息收集和处理方面，认知交互的专业性发挥关键作用。它促使团队成员能够充分利用各自的专业知识，有效整合团队内部的差异化知识。这不仅降低了企业内部认知共享的成本，还实现了认知价值的最大化。TMT 的这种认知交互有助于形成共享，使团队能够及时更新知识，掌握前沿的技术和信息。在任务执行过程中，这种交互方式能够缩短知识搜寻时间，丰富团队的信息资源，从而显著提高团队的创新绩效。其次，在分配组织任务时，认知交互的实施显得尤为重要。它增强了成员间信息的可信度，扩大了团队的知识储备，使任务的分配更加合理高效，并有助于激发创新行为。TMT 的认知交互为成员提供了内部互动和交流的平台，增强了成员对其他团队成员提供信息的信任度。这种共享的形成，是推动企业创新绩效提升的关键过程和行为。最后，在执行项目任务过程中，认知交互的协同起到了至关重要的作用。它能够充分整合和利用成员间的认知，加强内部成员的信任，确保企业内部的创新活力。这种认知交互不仅有助于减少团队内部的冲突和负面影响，还能提升团队的协调合作能力和共同进步效果。同时，成员的专业技术能够得到最优化的应用，降低了知识搜索成本，提高了差异化知识的获取和利用效率，从而有力推动了团队的创新绩效。

综上所述，团队认知交互在提升组织成员智力、优化企业创新核心要素方面发挥着至关重要的作用。其中，知识的高效运用是认知交互的重要组成部分，它有助于推动组织的创新发展，进而提升企业的整体竞争力。

根据 Dane 和 Pratt（2007）的观点，TMT 在决策时会受到一种"感知"的影响，这种影响需要通过认知科学对人类认知的研究来深入探索。从认知的视角来看，团队决策的质量不仅依赖于团队成员是否愿意深入探索有价值的认知资源，还取决于这些资源是否能被有效利用。因此，本书将 TMT 认知细分为两个维度：认知需求和认知能力。

认知需求反映的是 TMT 成员是否愿意在信息处理过程中投入更多时间和精力进行全面深入的分析和思考，并在完整分析数据后做出战略选择。Cacioppo 等（1996）提出，认知需求体现了人们探索和思考的倾向，不同个体在这一倾向上存在显著差异。具有高认知需求的人会更愿意投入更多的认知努力，持续挖掘新信息并进行全面深入的分析，最终在大量信息的基础上做出决策。Leippe 等（2004）研究也表明，认知需求较高的团队往往能做出质量更优的决策。

认知能力是指 TMT 成员在信息处理时能否在瞬息万变的外部环境中迅速识别并剔除不重要信息，挖掘出深层次的有价值信息，并在团队内部实现认知信息的交互利用。Cacioppo 等（1996）的研究发现，不同个体在认知能力上存在差异。Wofford（1994）的研究结果则显示，认知能力强的员工更擅长灵活应对各种突发问题，能在工作中产生更多的想法和创意，从而提升工作绩效。然而，TMT 的认知也可能导致管理者采取对自身有利但未必最大化企业利益的策略，这可能对组织运营和股东利益造成不利影响。

袁春生（2010）提出，企业中管理者会倾向于选择保全自身职位安全及维护并追求自身利益最大化的高管团队认知能力，从而会使管理者与股东之间的信息不对称等现象更为严重，二者之间的信息不对称，使管理者对企业资源的支配能力大大增加，其结果必然反映在企业绩效和股东财富变化上。考虑到中国特殊的经济运营方式及体制政策，结合中国上市企业当前的境况，依据已有的研究结果及实际研究。基于以上分析，本书关于高管团队认知对企业绩效的总体假设：

H1：高管团队认知对企业业绩存在正面影响。

H1a：高管团队认知需求对企业业绩存在正面影响。

H1b：高管团队认知能力对企业业绩存在正面影响。

3.2.2　高管团队认知对技术创新的影响

高管团队认知能力是指由于管理者经常面临着内外环境的压力，拥有自主学习能力、获取最大资源。企业技术创新对于提升竞争力和实现可持续发展至关重要，然而，由于经营者和所有者的利益可能不一致，管理者在决策时可能会受到感性认知的影响，从而对 R&D 投入做出非理性决策。从风险视角来看，R&D 投入涉及大量资金和人力资源，同时面临研发不成功和市场接受度低的风险。因此，出于对自身职业生涯的担忧，管理者可能对高风险的 R&D 项目持谨慎态度。

在业绩考核方面，股东通常以业绩为标准来评价管理者的经营效果。由于大量的 R&D 投入会在短期内显著增加企业成本，可能导致业绩下滑，进而影响管理者的考核结果和个人效用。因此，为了保持职位稳定和最大化个人利益，管理者可能会减少对 R&D 的投入，尤其是在他们即将离任时。

从收益分配的角度来看，由于中国大多数管理者持股较少，因此他们享有的企业冗余收益分配权也相对较低。高风险的 R&D 投入所带来的收益主要归大股东所有，而与管理者的薪酬关联度不高。研究发现，我国管理者的薪酬与企业业绩之间的关联并不紧密，存在薪酬适应现象（张爱民等，2016）。这可能导致管理者更倾向于利用他们的管理权力来影响技术创新决策，以调节自身薪酬，而非基于企业利益最大化（Bebchuk et al., 2002）。

在投资效果方面，短期投资项目由于周期比较短、收益成效易显现且易于实施，往往能迅速带来回报。相比之下，R&D 投入具有不可逆性和高度不确定性，需要大量资金且周期长。因此，理性认知程度较高的管理者可能更倾向于投资能迅速展示自身价值的短期项目，以获得股东的认可。

从投资行为来看，为了维持职位和增强与股东的议价能力，管理者可能倾向于投资那些能体现自身价值但未必对企业最优的项目。此外，为了获得晋升机会和更多的在职消费，管理者有动力扩大企业规模，而非专注于对企业价值最大化的项目投资。这可能导致过度投资和资源浪费，并不一定会将资源投向风险较大的 R&D 项目。

从融资角度来看，技术创新活动具有高度风险性和不确定性以及信息不对称性，使研发创新活动的融资变得困难。由于现金流的波动可能导致研发活动中断或中止，存在理性认知的管理者可能不愿意承担这种风险。同时，R&D 投入需要大量内部现金流，这可能与管理者的个人利益相冲突。

李秉祥等（2013）的研究揭示，年龄较大管理者的 TMT 认知能力相对较高。这一现象可能与管理者的年龄增长、职业稳定性和风险偏好有关。随着年龄的增长，管理者的人力资本流动性降低，他们更倾向于保持职业稳定，因为转换工作的预期成本会随之增加。因此，年长管理者往往对于离开当前企业另寻他路的意愿显著降低。同时，他们在风险选择上表现出更为保守的态度，倾向于规避风险，这在一定程度上限制了企业投资高风险研发 R&D 项目的选择。

相比之下，年轻的管理者由于其人力资本流动性成本较低，更容易通过更换工作来寻找更适合自己的职业机会。他们更倾向于冒险的决策行为，以寻求企业的快速发展和个人职业成长的机会，因此并不会把职位的稳定性放在首位。这种不同的职业态度也导致了他们在 TMT 认知能力上相对较低。此外，出于降低企业风险的考虑，年长的管理者通常会对高风险的技术创新项目持更为谨慎的态度，不愿意轻易进行投资。

TMT 的任期对其理性认知以及企业的技术创新投资水平具有显著影响。根据 Hambrick 等（1991）提出的管理者生命周期五个阶段模型，管理者在其职业生涯的不同阶段会展现出不同的工作热爱、职业目标、信息来源以及工作热爱程度。这些差异进而会影响管理者的动机和行为。

在任职初期，高管往往倾向于增加企业的技术创新投资，以展现自己的经营管理能力，确保顺利接班并稳固自己的职位。Hambrick 等（1996）指出，高管在任职初期更可能积极实施企业创新战略。然而，随着任期的延长，高管对于证明自己能力的压力逐渐减小，因此对 R&D 投资的热情可能会降低。随着对企业控制力的增强和董事会监督的减弱，长期任职的管理者更有机会和能力做出基于高管团队理性认知的决策。这些管理者可能会过分信赖和依赖过去成功的企业策略和管理模式，从而导致对新的研发投资缺乏动力。

此外，任期较长的高管更有可能与企业利益相关者达成隐性契约，从而增加自主权、拥有更多内部信息，并通过减少研发投资来规避风险，进一步稳固自己的地位。这一系列的行为和决策都体现了 TMT 任期、理性认知与企业技术创新投资水平之间的紧密联系。

Cohen 和 Levinthal（1990）提出的吸收能力理论，强调企业对科技知识的深度关注有助于其识别并同化新信息到组织内部。这一过程进而能够促使企业通过

R&D 活动将这些信息转化为新产品，以应对技术变革。然而，在新兴科技市场上进行创新投资通常伴随着较大的风险。因此，这类投资决策的合法化与执行往往需要得到组织高层管理者的支持和推动。这表明，研发投资战略的决策者应主要限定在企业的高层管理者范围内。Simon 和 Kaplan（1989）研究表明，高层管理者对新兴科技的关注能够有效地调动企业资源，并与随后的研发投资密切相关。这进一步印证了高管认知在塑造组织战略决策中的重要作用。由于研发投资常伴随着技术成果与收益回报的不确定性，因此进行这类活动的企业往往面临着不稳定的环境。Walsh（1995）进一步指出，在高度不确定性的环境中，需要经理人敏锐地识别变革信息，此时上述认知对组织行为影响模型的有效性会得到显著提升。

管理者的受教育程度对其在 TMT 中的认知能力以及企业的技术创新投资水平具有重要影响。根据 Spence（1974）提出的信号传递模型，一个人的教育投资程度可以作为其知识和能力的反映。类似地，管理者的学历在一定程度上展现了他们的人力资本水平。实际上，学历较低的经理人在求职市场上往往面临更多挑战。多项研究指出，管理者的受教育程度与其个人能力密切相关。受教育程度较高的管理者通常拥有更强的能力，他们的工作转换成本也相对较低，这进一步提升了高管团队的整体认知能力（李秉祥等，2013）。从信息决策理论的角度来看，教育水平较高的管理者在认知和分辨信息方面表现出更强的能力。他们更容易接受和吸纳新的观点和事物，从而更可能增加对研发的投资。

由于这些高学历的管理者具备丰富的相关知识和战略远见，他们更擅长识别和管理新的研发投资项目及其风险。大量的国内外研究都支持这样一个观点：管理者的受教育程度与企业技术创新水平之间存在显著的正向关系。基于这些理论和实证研究，本书可以合理地提出一个假设，即管理者的受教育程度会积极影响TMT 的认知能力，并进而提升企业的技术创新投资水平。

H2：高管团队认知与技术创新呈正相关关系。

H2a：高管团队认知需求与技术创新呈正相关关系。

H2b：高管团队认知能力与技术创新呈正相关关系。

3.2.3　技术创新与企业绩效的关系

技术创新行为对企业绩效有显著正向影响得到了众多学者实证研究的验证。Scott 和 Bruce（1944）指出，R&D 是任何高利润、高绩效的基础。Basma（2010）研究指出，创新行为的员工能够快速响应客户需求，能够提出新的观点，创造新的产品，提高企业竞争力，提高企业绩效。Bond 等（2003）、Dong 和 Gou（2010）、Fishman 和 Bob（1999）以服务业、制造业为调查实证研究对象，结果表明 R&D

对企业绩效具有显著正向影响关系。季健（2011）、何建洪和贺昌政（2012）、李志（2008）、张根明（2009）、丁安娜和刘景江（2012）、王朝晖（2012）的研究表明，创新是企业的一个重要生产要素，只有不断创新，注重个体和团队的创新，培养员工的创新意识、创新精神，激发员工的创新行为，才能使企业具有核心竞争力，他们从不同角度和不同的侧重点进行研究，但总体的结论都是认为创新行为对企业绩效具有正向影响。

创新经济学强调，管理者的技术创新动力和决策能力在推动企业技术创新活动中扮演着至关重要的角色。然而，根据委托代理理论，由于企业所有权与管理权的分离，股东和管理者之间可能存在代理问题。股东作为企业的剩余索取权者，往往更关注企业的长远发展和高回报项目，而管理者掌握着企业的经营管理权。

股东通常倾向于选择高风险但潜在回报丰厚的产品，以期推动企业快速成长。基于"理性经济人"的假设，高管团队成员在关注企业发展的同时，也会注重个人健康和职业发展等。Baysinger 等（1991）研究中指出，与股东利益相比，管理者可能更关心个人财富积累、职业稳定性和荣誉感。

从企业的视角来看，技术创新往往需要长时间的投资、高额的资本投入，并且回报率具有不确定性。这种风险特征使管理者在决策时更为谨慎。他们担心投资失败不仅会影响企业的短期财务状况，还可能损害自己的薪酬、企业绩效，甚至面临失业的风险。因此，在没有可行的激励情况下，管理者可能会倾向于规避技术创新投入，以保持职业稳定性。

为了企业的长远发展，必须建立健全的 TMT 激励机制，以转变管理者对技术创新的风险规避态度。通过激发管理者或 TMT 成员的技术创新热情，可以确保企业在技术创新方面取得更大的突破，从而推动企业的持续发展和竞争力提升。

创新是经济发展的第一驱动力，市场最活跃的主体是企业，而员工是企业的主体，激发员工行为，使员工能够积极主动地提出创意和构想，并付诸实践，将大大提升企业的核心竞争力，促进企业绩效提升。基于上述理论分析，本书提出技术创新与企业绩效关系的假设：

H3：技术创新对企业绩效具有显著的正向影响。

3.2.4　股权激励与晋升激励为调节变量的调节效应

Lin 和 Lee（2006）、刘伟和刘星（2007）的研究都支持了这样一个观点：股权激励，如股票期权等长期激励模式，在 TMT 的薪酬结构中所占的比重与企业的技术创新呈正相关关系。具体来说，当以企业的营销收入和专利获得数量的比例为衡量标准时，股权激励的比重越大，这一比例也越高，意味着企业在技术创新方面的表现更为出色（Holthausen and Palepu，1995）。Lin 和 Lee 的结论是基于对民营企业的研究得出的，他们发现股权激励对企业创新有正向影响。刘伟和刘星进一步指出，高管团队持股与企业的创新投入之间存在显著的正相关关系，也就是说，高管持股越多，企业在创新上的投入也越会相应增加。且他们认为只有高新技术类上市的企业才具有。

姜涛和王怀明（2012）的研究表明，股权激励对企业的创新研发活动具有正向影响。特别是在高科技类企业中，股权激励与创新投入之间的正向关联更为显著。唐清泉等（2009）、唐清泉和易翠（2010）通过深入分析科技类企业的物权性质和营销收入，进一步证实了股权激励能够有效促进企业的技术创新和研发投入，而且这种激励作用在高科技类企业中表现得尤为突出。研究表明，对于科技类企业来说，合理的股权激励计划可能是推动其创新发展的重要因素。他们认为TMT 股权激励能提升企业大力投入科研行为是仅在最高决策者为国企或非国企可实现，且在非国企实施股权激励时效果更好。王燕妮（2011）研究发现，TMT长期实施股权激励正向影响企业科研投入，促进企业保持或稳固高效盈利与高效成长。薛乔和李刚（2015）认为，高管团队持股比例多少会正向影响企业的技术创新，且高管团队持股对企业绩效产生正向影响。因此，企业实施股权激励能够提高企业在技术创新活动中激发高管团队对技术创新的力度并能高效地持续投入，进而提升企业绩效。

股权激励的实施，有效地解决了企业拥有者与股东之间的委托代理问题。通过股权激励契约，管理者被赋予股份和股权，这不仅平衡了股权结构，而且使管理者的个人利益与企业的战略发展紧密相连。这一机制有效地缓解了管理者与股东之间的利益冲突，促使两者的利益趋于一致，从而鼓励管理者以"股东权益优先化"为目标，进行高效的企业经营管理，并显著减少了管理者的自有行为。

股权激励在促进企业绩效改进方面发挥了重要作用，主要体现在以下两点：首先，股权激励有助于管理者实现个人价值。它激发了管理者向企业客户提供更多信息的动力，从而将这些信息反映到股票价格上。这不仅吸引了市场资金的流入，还合法地吸引了资本市场的投资。这些资金的注入为企业带来了更多的投资机会，有利于企业的长远健康发展。其次，股权激励与股票价格紧密相连，它赋予了管理者对企业剩余利润的索取权。这种机制将企业的价值（以股票价格体现）、管理者的决策行为以及管理者的股票收益紧密结合在一起，确保了企业拥有者和代理人的利益目标高度一致。为了提高个人的股票收益，管理者在经营决策中会致力于实现股东利益的最大化，并更加优质、高效地分配企业资源，以创造更大的经营绩效和提升股票在资本市场中的表现。

Carmeli 和 Schaubroeck（2007）实证研究结果表明，员工的创新效能感越强烈，对于他们在工作中的动力就越强烈，创新性就更能提升，同时研究表明，创新自我效能感在员工的自我期待性和工作动力当中起到中介的作用。徐联恩等（2018）、Gong 等（2009）实证检验了 R&D 员工自我效能感与企业绩效的影响关系，指出员工自我效能感变革型领导和技术 R&D 起到中介的作用。顾远东和彭纪生（2010）指出，创新效能感在组织创新气氛与技术创新之间起中介作用。Halevi 等（2015）研究指出，组织成员的自我效能感在团队气氛与成员创新之间起着调节作用。

在委托代理理论的框架下，企业高管出于对自身利益的考虑，可能会倾向于采取那些能迅速带来短期经济效益的决策，而忽视或回避那些具有不确定性风险但长期内能提升企业持续竞争力的技术创新。为了激发管理层对技术创新的积极性，企业需要采取相应的激励措施。这些措施可以包括提高管理层的创新管理认知和能力，制定明确的绩效考核标准，以及完善薪酬机制。具体来说，企业可以针对特定项目为 TMT 实施股权激励或晋升激励计划，这样可以将管理层的个人利益与企业的整体利益相结合，从而增强其承担风险的意愿和能力。简言之，通过股权激励机制，企业赋予管理者剩余利润的索取权，让管理者能够与股东共同分享技术创新所带来的长期收益。这种机制促使管理者在制定投资策略时，更多地从股东利益最大化的角度出发，减少短视行为，更倾向于实施那些有利于企业长远发展的技术创新战略。基于以上理论分析，本书提出假设如下：

H4：高管团队股权激励对高管团队认知与技术创新相关性具有正向调节作用。

H4a：高管团队股权激励对高管团队认知需求与技术创新相关性有正向调节作用。

H4b：高管团队股权激励对高管团队认知能力与技术创新相关性有正向调节作用。

薪酬激励被看作一种短期策略，可能引发管理者的短视决策。与此不同，股权激励则是一种更为长远的方法。通过赋予管理者公司股份，使其与股东的利益紧密相连。当管理者获得公司的部分剩余索取权或增加其持股比例时，他们的利益追求会逐渐与股东的目标相一致。这样的机制下，管理者在决策时会更多地从企业的整体和长远发展考虑，而非仅仅关注自身的短期利益。他们在选择管理策略时会展现出与股东相似的风险态度。这种激励机制特别能激发管理者的创新意愿，使他们更倾向于选择那些对企业未来有益但可能伴随一定风险的项目。即使是原本较为保守的管理者，也可能会因此变得更加倾向于技术创新和承担一定的风险。因此，股权激励不仅可以有效提高高管的工作热情和投入，还能纠正他们在技术创新上的短视行为，从而有助于企业的长期增值。但同时，股权激励也意味着管理者需要承担部分原本由股东承担的风险，他们的部分收益也因此变得不确定。这种机制使管理者为了本人财富的增值而更加勤奋、专注，更愿意分享自己的知识和资源，最终对企业的整体业绩产生积极影响。

技术创新能力对 TMT 的认知程度有显著的影响，这是从高管团队认知产生的外部条件来看的。而管理者是否能获得晋升激励，这主要取决于股东和董事会的决策。为了量化这种激励程度，本书选择独立董事比例作为一个重要的变量。相对于独立董事比例、高管团队认知以及企业技术创新投资之间存在着紧密的联系。在企业治理的框架内，董事会的职责不仅包括对管理者的监督、评价和赏罚，还涉及企业战略决策的参与和实施。一个健全的董事会治理机制能够维护股东的利益，并确保管理者追求符合企业战略发展的目标。而董事会治理的有效性，在很大程度上取决于董事的独立性和认知能力。独立董事比例不仅揭示了董事会的结构特点，也体现了其独立性。当独立董事在董事会中占比较高时，能够对企业的管理层形成更为有效的监督，从而遏制管理者的机会主义行为。同时，这样的比例也有助于为管理者提供更多的晋升机会，引导他们做出更符合企业价值最大化的决策和行为（杨慧军，2015）。

在理论研究领域，对于管理者薪酬差异如何影响创新投入的问题，存在两种主要观点，即"锦标赛理论"和"社会比较理论"。锦标赛理论认为，在 TMT 内部实施合理的薪酬差异，能够刺激团队内部的竞争，进而提升管理者的工作动力和热情。这种竞争机制鼓励管理者通过技术创新等手段来提高企业绩效，从而实现个人薪酬的增长。这一观点得到了 Lazear 和 Rosen（1981）的支持。

相反，社会比较理论侧重于 TMT 成员之间的相似性和薪酬差距的心理影响。该理论认为，TMT 成员通常在学历、管理能力和认知等方面具有一定的相似性，因此他们会对团队内其他成员的薪酬保持高度关注。如果薪酬差距过大，可能会导致 TMT 成员产生心理落差或感受到不公平，进而降低他们的工作积极性，不利于团队协同和创新投入。Eriksson（1999）的研究支持了这一观点，认为过大的薪酬差异可能对企业的创新投入和长期发展产生负面影响。

实证研究显示，晋升激励对企业技术创新的影响具有双面性。一方面，有多项研究表明，TMT 的薪酬差异对企业的创新投入具有积极的推动作用。例如，Kini 和 Williams（2012）、甄丽明和杨群华（2014）、巩娜和刘清源（2015）的研究均发现，TMT 内部的薪酬差异可以正向增强企业的创新投入。另一方面，也有研究发现 TMT 的薪酬差异可能对企业的创新投入产生负面的制约作用（吕巍和张书恺，2015；江伟等，2018）。

此外，孔东民等（2017）的研究还发现，TMT 与 TMT 个体之间的薪酬差异对企业的技术创新成果转化具有积极影响（孔东民等，2017）。孔东民等指出，薪酬差异对科技成果的转化有直接影响：当薪酬差异较低时，通过加大薪酬差异可以显著提升科技成果的转化效率。这些发现为理解晋升激励与企业技术创新之间的关系提供了新的视角。

职位晋升对于个人而言，是职业生涯中的一个重要里程碑。它不仅代表了企业对该员工工作能力的认可，也是员工个人价值的体现，象征着其职业生涯某个阶段的显著成就（张秀娟，2003）。当员工获得晋升时，其社会地位和经济回报会随之提升，也将拥有更多的外部选择和更广阔的发展空间。这一系列的积极变化都是晋升所带来的明显益处。值得注意的是，晋升激励机制并非偶然得之，而是基于管理者长期且持续的优秀业绩表现。此外，TMT 内部其他成员的认同也是决定高管是否能够获得晋升的关键因素。因此，针对管理者的晋升激励机制具有长远的影响力和广泛的适用性（孟令国，2005）。从这一角度来看，管理者的职位晋升不仅对其个人意义重大，而且会对 TMT 团队乃至其他员工产生深远的影响。在现有的研究中，晋升激励的强度通常通过薪酬差距的大小来衡量，这进一步凸显了晋升与薪酬之间的紧密联系。

随着全球市场经济的蓬勃发展，传统的平均主义分配方式已逐渐让位于更加分化的薪酬体系。在企业内部，这种变化尤为明显，特别是对于企业的 TMT 而言。加大 TMT 成员间的薪酬差距，不仅加剧了管理者之间的竞争，还带来了诸多积极影响。对于普通管理者来说，薪酬差距的存在成为他们积极进取的强大动力。为了脱颖而出，他们会更加关注同级和上级的行为，这在一定程度上强化了对管理者的监督，有效预防了 TMT 内部的"搭便车"行为，使股东与管理者的利益更加趋于一致。在升职和加薪的激励下，普通管理者会展现出更高的工作热情和敬业精神，积极为企业的稳健发展贡献智慧和力量。

核心管理者在面临职位调整或失去的风险以及日益加剧的竞争压力时，也会进一步提升其工作敬业度和积极性。他们倾向于通过实现个人价值来降低在竞争中被淘汰的风险。所以，晋升激励机制的实施，无论是对普通管理者还是对核心管理者，都能有效激发各成员的潜能和动力。在追求个人利益最大化的同时，他们也在无形中推动了企业的永续发展。

基于前述的深入分析可以得出结论：锦标赛理论在诠释中国企业 TMT 的晋升激励与企业绩效之间的关系时，显示出更高的适用性。在这种晋升激励机制的影响下，随着员工薪酬差距的逐步拉大，TMT 内部的竞争也会随之变得更为激烈。这种竞争态势不仅有助于激发高管的工作动力和积极性，还进一步提升企业的整体绩效。激发管理者工作的敬业度、积极性与主观能动性，管理者会更愿意提高技术创新力度促进企业绩效（Lazear and Rosen，1981）。增强管理者的敬业程度与 TMT 内个体成员的监督质量，减少了代理成本和改善企业业绩。

大部分观点认为，独立董事在董事会中的比例越高，企业的技术创新活动就越频繁。这主要归因于两个方面：首先，独立董事的独立性有助于规避管理者的非理性决策，从而推动企业增加技术创新投入。例如，Felipe 和 Beatriz（2009）发现，董事会的独立性越强，就越能有效约束管理者在技术创新方面的操控行为，进而推动技术创新活动的顺利进行。其次，独立董事能够为企业技术创新提供多方面的支持，包括知识、信息、技术和经验等。由于独立董事通常具备不同的学术背景和专业技能，他们能够为企业的技术创新提供宝贵的资源和建议，如提供相关信息、工具以及专业知识和技能等（Deeny et al.，2003）。这些资源和建议对于企业的技术创新决策具有重要的参考价值，并能提供专业化的指导（孙早，2015）。基于以上分析，本书提出如下假设：

H5：高管团队晋升激励对高管团队认知与技术创新相关性有正向调节作用。

H5a：高管团队晋升激励对高管团队认知需求与技术创新相关性有正向调节作用。

H5b：高管团队晋升激励对高管团队认知能力与技术创新相关性有正向调节作用。

3.2.5 技术创新在高管团队认知与企业绩效之间起中介效应

Drazin 等（1999）、Ford 等（1987）、王端旭和洪雁（2010）、陈文沛（2014）的研究表明，领导如果能够鼓励、激励和支持员工，增强员工的信心，提升员工的创新意愿和行为，发挥不同的领导风格，促使 R&D 的提升，这对于提升企业绩效是大有裨益的。员工的创新行为在领导风格与企业绩效之间起部分或者完全中介作用。陈晓萍等（2012）认为，研究中介作用的目的是在已知某些关系，如领导风格与企业绩效等关系的基础上，进一步研究关系发生、产生的内部机理，使自变量与因变量之间形成的关系链更清晰，路径更明显。是何种因素在两者之间发挥作用，发挥部分作用还是完全作用，这样的研究使自变量和因变量之间的关系以及路径更加具体，在此基础之上，对于两者之间的作用机理的研究是极其必要的。

从现今已被整理归纳的文献中可以看出，绝大部分的研究对于技术创新都做以简单的处理为自变量或因变量，而技术创新在高管团队认知与资本结构之间如何起到中介效应的研究不多。尤其是在高管团队股权激励与晋升激励调节下，在管理者晋升对企业绩效的影响中，技术创新是否有所发挥中介效应相关研究很少。本书在考虑中国特殊的制度背景下，提出如下假设：

H6：高管团队认知通过技术创新的中介作用正向影响企业绩效。

H6a：高管团队认知需求通过技术创新的中介作用正向影响企业绩效。

H6b：高管团队认知能力通过技术创新的中介作用正向影响企业绩效。

3.3　研究假设汇总

　　将本书提出的待检验假设分为两大类：第一类为验证性假设，即研究已被先前的学者提出并验证，验证的基础是特定情况设定下的经验研究证实，因本书的研究对象与研究所采用的视角均有所变化，所以该研究需要被重新进行验证，H1 和 H2 便属于这一类型的假设。第二类可被称为探索性假设，这种类型的假设是虽然曾被提出过，却始终未进行检验；还有些假设是在过去的所有研究文献中，都未曾被研究过的，本书的开拓性假设主要是技术创新中介效应的相关假设和调节变量的假设。

　　本章的重点是研究模型的构建以及研究假设的提出。首先，在分析相关理论的基础上，结合国内外学者的相关研究成果，构建本书的理论分析框架。在分析框架中，将高管团队认知分为三个部分：一是高管团队感性认知；二是高管团队理性认知；三是高管团队理性认知能力。其次，将高管团队感性认知和高管团队理性认知以及高管团队感性认知能力的均值作为高管团队认知测量、引入技术创新认知变量和技术创新能力变量，深入分析高管团队认知对企业绩效的影响、高管团队认知对技术创新的影响以及技术创新在高管团队认知与企业绩效之间的中介效应。最后，对分析框架中涉及的各个变量进行详细阐述。在充分理解了这些变量的基础上，本书将结合国内外学者的相关研究，以及各变量之间的逻辑关系，提出本书的核心研究假设。研究模型如图 3-4 和图 3-5 所示。

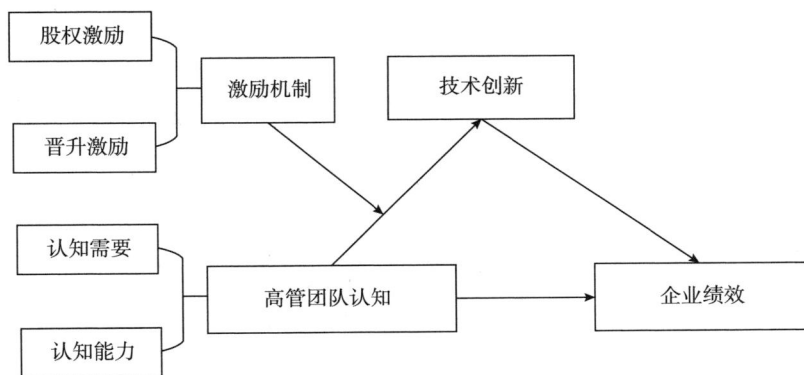

图 3-4　研究模型（1）

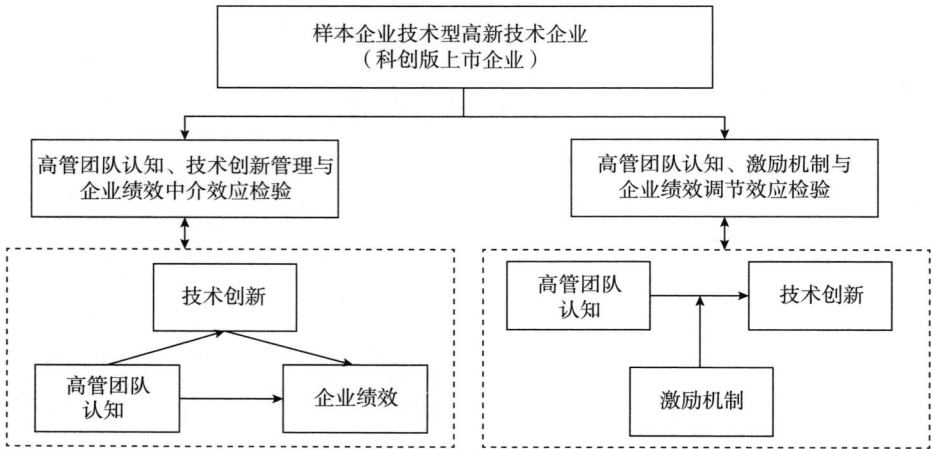

图 3-5　研究模型（2）

4 研究设计

4.1 变量定义

4.1.1 自变量

本书将技术创新投入作为中介变量，深入探讨高管团队的认知能力如何影响企业的整体绩效，选择以"高管团队认知"为自变量。

高管团队，是由企业中肩负重要战略决策职责的高层管理者所构成的精英团体。这个团队位于企业战略决策的核心位置，不仅负责制定战略方向，还肩负着执行与监督的职责，对企业的运营和管理拥有举足轻重的决策权和控制权。相较于一般的工作团队，高管团队在决策方面的功能和影响力更为显著，他们的战略决策往往直接决定了公司的发展方向。在现代公司治理结构中，高管团队通常由董事会的关键成员、正副总经理，以及其他参与战略决策的高层管理人员共同组成。

"认知"这一概念，与情感、意志和动机等心理过程相对，它涉及人对信息的感知、理解、记忆等过程，包括感觉、知觉、思维等多个层面，其中思维是认知过程的核心。虽然"认知"一词最初源于心理学，但随着认知心理学理论的深入研究和广泛应用，越来越多的学者开始将这一概念引入管理学的研究中，以更全面地探讨和理解组织行为和管理决策背后的复杂心理机制。

March 和 Simon（1958）是首先将"认知"概念引入管理研究领域的学者。他们认为，认知是管理者进行决策时不可或缺的基石和先决条件。这包括管理者对各种可能决策方案的理解、对选择某一方案后潜在结果的预判，以及他们对未来的设想。这些认知的基础内容对于企业来说至关重要，因为它们能助力企业更深入地理解并应对复杂多变的外部环境。管理者能够通过由认知构建的认知表征，有效地简化决策者所面临的环境信息，这对于弥补因个体能力限制而形成的"有限理性"具有显著的积极作用。认知不仅存在于个人层面，也存在于集体层面，分别称为个人认知和集体认知。集体认知是指团队成员在某个问题上形成的共同信念。值得注意的是，集体认知的形成并不仅仅依赖于每个成员的个体认知，还受到团队内部互动、冲突解决、团队文化以及随情境变化而产生的演变等多重复杂因素的影响。本书研究的高管团队认知就属于集体认知。

高管团队认知是指企业高层管理者面对内外部环境、市场信息、竞争机会及面临激励和约束时，通过高管团队个体之间的认知水平促进企业团队内部资源整合、文化建设、信息分配与加工，促使高管团队个体在特定事件问题上形成共同认知，以一个整体的决策者身份做出有利于固守职位并追求自身利益最大化的决策行为。研究表明，企业高管团队的认知在很大程度上会对企业的战略决策和绩效情况产生重要影响。随着社会经济发展和学术研究的不断深入，众多学者从社会认知的视角出发，以社会认知理论提供的强大理论支撑为依托，在团队认知的研究过程中衍生出团队认知能力和团队认知需求两个维度。在综合中国情境并依据国内外学者对高管团队认知测量研究成果基础上，本书将高管团队认知分为认知能力和认知需求两个维度。

高管团队认知能力是指企业高管团队的成员能否在对信息进行加工的过程中精准、迅速地将不重要的信息剔除掉，并对有用信息进行深层次挖掘，将挖掘后的信息在团队内部相互交叉交流利用。Cacioppo 等（1996）通过研究发现，个体的不同会导致认知能力上存在差异。Wofford（1994）研究显示，整体认知能力强的高管团队在随机应变处理突发问题上比整体认知能力低的团队更加得心应手，而且在面对日常工作时也有更多的创新性想法，进而产生更高的企业绩效。但张龙熙（2015）发现，提高高管团队认知能力和水平对企业有着诸多的良益之处，但同时不能忽视其存在的弊端，如企业高管团队认知有时会促使企业采取有利于高管团队自身利益但不是实现企业最大化利益的策略，这种策略的执行会在不同程度上对企业利益和股东利益造成损害。袁春生（2010）提出，企业中管理者会倾向于选择保全自身职位安全及维护并追求自身利益最大化的高管团队认知能力，从而会使管理者与股东之间的信息不对称等现象更为严重，二者之间的信息不对称，使管理者对企业资源的支配能力大大增加，其结果必然反映在企业绩效和股东财富上。

高管团队认知需求是指高管团队成员是否愿意在信息加工处理过程中花费大量时间和精力用于对现有信息进行全面分析和处理，并在深入分析后做出合理决策。Cacioppo 等（1996）指出，认知需求能够清晰地反映出人们是否具有深入思考的需求和倾向，在不同个体身上具有显著差异。相对认知需求较弱的个体而言，认知需求强烈的个人会在处理和挖掘信息方面花费更多的时间和精力，他们做出决策往往以对大量信息深入分析和加工为前提，做出的决策也更加合理。Leippe 等（2004）通过研究也发现，认知需求强烈的团队做出的决策质量要比认知需求弱的团队更加合理。

4.1.2　因变量

本书将企业绩效作为因变量。关于"企业绩效"的定义，学术界并无定论，有的学者认为能否完成企业预设目标是衡量企业绩效的标准。也有的学者认为企业绩效是一个动态变化的过程，跟企业员工的行为相关，可以通过企业中员工行为的变化来衡量企业绩效。还有的学者认为企业是不能脱离外界环境存在的，在企业经营的过程中，如消费者、政府、供应商、债权人等能够对企业经营具有重要影响的个体和团体也要纳入企业绩效的考评范围。本书认为企业绩效就是企业在一定经营期间的企业经营效益和经营者业绩。一般情况下，企业绩效有其不同且自成体系的评价指标，指标通常分为狭义和广义两大类，前者主要是从财务的角度出发，主要包括投资收益率、收益增长率、销售额、净收益率、市场占有率等财务性指标；后者是在前者的基础上进行了不同程度的扩展，增加了一些能更加广泛的角度反映出绩效的指标，如产品质量、产品市场实际份额等非财务性指标。从企业绩效的定义和分类可以看出，当前学术界对企业绩效概念的界定主要包含了三个方面内容：一是经营成效，即本企业生产的产品或提供的服务与行业竞争对手相比，具有什么样的效果或成效；二是应变性，主要是指企业在面对外部环境的变化时表现出的应变适应能力；三是效率，即企业的投入产出比。

通常情况下，企业绩效一般被分为任务绩效和关系绩效两大类。前者与企业产出有着直接关系，反映了企业通过自身生产经营活动将原材料转变了满足市场需求的能力。后者反映了企业适应外部环境的能力，主要包括自身拥有的资源禀赋、突出能力和优势条件等能够与外部环境正常互动融合且保持优势的内容。与任务绩效相比，关系绩效的内涵更为宽广，在很大程度上直接关系到企业与外部环境的组织沟通以及自身的未来发展趋势。能否取得突出的企业绩效是任何企业都最为核心的战略目标，这一目标不仅会对企业所有者和经营者的利益产生直接且深远的影响，也是对企业获利能力进行衡量的重要指标，在很大程度上直接关乎企业的发展前景。对于处于不同时代背景下的企业或是同时代背景下的不同类别的企业而言，他们拥有的各种资源禀赋、各种投入、采取的各种战略决策都是为了提升企业绩效这一目标服务的。同时，企业绩效也会反过来成为检验企业行为的标准之一。

对于企业绩效的测量，从国内外大量研究综述来看并没有一个统一的标准，学者在对企业绩效进行测量时往往都是结合自身课题实际选择具体的指标和方法。但经过归类总结后，可以将企业绩效测量的指标和方式归结为三大类：第一类是财务指标方式。财务指标通常适用于短期绩效的测量，与企业规模有着紧密联系，研究者根据对财务指标的评估可以深入了解企业目前的经营情况，这既包括企业现阶段取得的成效，也包括当前存在的不足与问题，常见的财务指标主要包含流动比、总资产报酬率 ROE 以及净资产收益率 ROA 等。财务指标通常比较好获取，研究起来也较为容易，可以直截了当地反映出企业绩效状况，因此，财务指标方式受到了很多学者的喜爱。第二类是市场指标方式。市场指标方式与财务指标最大的不同在于其来源，市场指标方式主要来源于资本市场的交易数据，能够深度反映企业当前在资本市场的价值，能够很好地体现出企业长期的绩效水平。比较常见的市场指标有经济增加值 EVA、总资产周转率 TAT、流动资产周转率 CAT、Tobin's Q 值等。不同于财务指标，市场指标更多的是与公司股东的利益相关，会在无形当中督促管理者做出决策时始终都以股东利益为首位。这些年来，通过市场指标测量企业绩效的方式正逐渐受到学者们的欢迎、认可。第三类是综合指标方式。综合指标方式就是综合利用财务指标、市场指标等多种指标方式评估企业绩效的一种方法，测量时通常要将财务指标和市场指标、主观数据和客观数据相结合，从而更加合理、科学地对企业绩效进行测量。例如，平衡记分卡（BSC）方式。平衡记分卡方式的核心是企业战略，涉及企业内部运行、财务员工、财务、顾客四个方面的内容，是当前应用比较广泛的一种综合指标。

结合研究和比较，本书在深度结合课题研究实际的基础上，选取资产收益率（ROA）来衡量企业绩效，具体公式为资产收益率=（营业利润+财务费用）/期初总资产。ROA 反映了企业整体资产的营利能力，是衡量企业会计绩效的重要指标。

4.1.3　中介变量

本书的中介变量就是技术创新投入。技术创新核心是以实现技术创造为目的的创新或以科技知识及其创造的资本为基础的创新。技术创新不仅能够在很大程度上确保企业实现可持续发展，而且还能确保企业始终保有市场竞争优势。对技术创新进行有效管理的重要前提就是对其创新本质、规律以及特点进行深入认识。Chesbrough（2003）在研究后提出了开放式创新理论，开放式创新理论认为在技术创新的过程中，企业应同时利用好企业内部的技术通道和企业外部的市场通道，只有两条通道高效率的利用才能将企业内外部所有有价值的创新性想法加以有效利用。开放性创新理论提倡对企业内外部资源的充分利用,对企业技术创新成果实施市场化策略,从而达到提升企业技术创新能力和效率的目标。

技术创新投入是指企业为实现技术创新而投入的人力、物力、财力等资源。开放式创新理论认为,在技术创新过程中,企业外部市场获得的创新资源与内部自身存在的创新资源具有同等重要的作用,企业通过充分利用内外部创新投入,达到提高创新产出绩效的目的,因此,在当前企业处于开放式创新的背景下,企业的技术创新投入不只简单地包含了企业内部的技术创新。曹勇等(2010)认为,企业创新投入包含的内容非常丰富,除了人、财、物以外,还包括非技术创新方面的投资,如新产品的生产性准备投入、新产品试销费、员工的技术学习费用,非技术创新投入虽然不直接作用于技术创新,但对企业技术创新的成效具有非常重要的帮助。李武威(2012)同样认为,技术创新投入包含两方面内容,即技术创新投入和非技术创新投入。前者可采用研发经费和研发人员费用投入来度量,后者则可通过技术购买费用、创新费用分布、创新技术消化吸收费用、技术改造费用等指标进行衡量。吴波(2011)认为,技术创新投入可划分为四个部分,即创新投入强度、技术购买投入、技术资源投入、合作技术创新。陈劲和陈钰芬(2006)通过实证研究后得出结论,认为技术创新投入可以分为内部非技术创新投入、技术创新投入和外部技术创新投入。陈劲和吴波(2011)提出了企业全面创新投入的概念,认为企业在技术创新的过程中,只有各部门之间实现紧密配合和相互融合才能不断提高技术创新的水平和能力。

本书在全面考虑上述学者的观点后,对企业技术创新投入的概念进行了延伸,认为技术创新投入就是企业为达到技术创新的目的,在内外部获取技术相关资源的进程中,在内部研发、协同研发和技术购买活动中投入的人、财、物资源。一般借用技术创新强度来衡量,公式为:技术创新强度(R&D)=同期企业技术创新管理/营业收入。

4.1.4 调节变量

本书选择股权激励和晋升激励为调节变量。在对前人研究成果进行深入研究的基础上,根据本书研究的需要选取股权激励和晋升激励为调节变量。

4.1.4.1 股票激励

股票激励是一种企业用股票或股票期权作为激励手段,激励员工为实现公司长期发展目标而努力工作的管理机制。股票激励源自西方国家,特别是美国,在20世纪六七十年代开始流行。作为一种先进的薪酬制度,股票激励逐渐被越来越多的企业采纳并用于激励和留住优秀员工,可以帮助企业吸引和留住优秀员工,激发员工的工作积极性和创造力,提高公司的核心竞争力,推动公司长期发展。在当今竞争激烈的商业环境中，企业应该不断完善股票激励制度，激励员工为企业创造更多的价值，实现共同发展。人力资本理论认为，高级管理人员及技术骨干作为特殊的专用性人力资本，相比其他资源和资本更为稀缺，公司对其实施股权激励后，经营者因拥有了公司的股份就能够更加关注股东的长远利益和公司的长期发展，更加不愿意从事一些危害股东利益的短期经营行为，降低他们的道德风险。

本书研究的焦点在于股权激励，根据中国证券监督管理委员会提出的股权激励概念进行讨论。股权激励的范围主要涵盖上市公司，不包括非上市公司在上市前的股权激励。股权激励的方式主要包括股票期权、限制性股票和股票增值权。其中，股票期权是给予管理层购买公司股票的选择权，在完成业绩目标后可以以特定价格购买一定数量的股票；限制性股票是管理层购买公司股票，价格较低但不能交易，需满足特定条件后方可出售，目前《上市公司股权激励管理办法》中规定的购买价格是市场价格的50%，但授予的这部分股票不能交易，要分为几期且在每期满足解锁条件的情况下才能对外卖出；股票增值权是一种虚拟的激励方式，根据股票增值情况给予奖励。在实际应用中，上市公司主要采用股票期权和限制性股票进行激励，股票增值权为辅助。而股权激励的对象主要是公司的高管团队，通过股权激励可以激励高管团队积极工作，从而提高企业绩效，增加公司的价值。股权激励可以帮助公司吸引和留住优秀的高管人才，提高公司的竞争力，实现长期发展目标。因此，股权激励在公司治理中扮演着重要的角色，对于公司的发展具有积极的意义。在进行股权激励时，公司需要考虑激励方式的选择、对象的确定以及激励计划的设计等方面。公司应该根据自身情况制定适合的股权激励方案，同时要考虑激励对公司的长远发展是否具有可持续性。公司还需要建立完善的监督激励和激励机制的实施情况，确保激励能够发挥作用，提高公司的绩效表现。

对前人研究成果研究后，本书认为股权激励可发挥对企业绩效的调节作用，有助于高管团队做出有利于企业技术创新行为及管理活动决策积极开展，实现企业绩效的提升。这种调节作用具体变现为：一是在高管团队个人价值的实现。股权激励可以激发高管团队向企业客户提供更多的企业信息，将企业绩效反映至股票价格上，以此正向引入市场资金流向，合法吸引资本市场的投资。二是股权激励的目的与股票价格是紧密相关的，其赋予了高管团队分享企业绩效红利（股票收益）的权利，将企业绩效、股票价值、高管团队的行为决策以及高管团队拥有的股票收益等紧密结合，有力地保证企业拥有者和高管团队的利益目标高度一致。高管团队为了提高个人的股票收益，通常会在经营决策中，奔着股东利益最大化的方向努力推进及更加合理、高效地分配企业资源，以创造更大的经营业绩及股票在资本市场中的优质表现。

4.1.4.2 晋升激励

晋升是一种激励方式，通过为个人（团队）提供更广阔的发展空间，改善工作环境，调动工作热情，激励个人（团队）为企业未来发展做出更大的贡献。本书认为，晋升激励属于心理契约的一种，是企业对个人（团队）优秀工作表现的回报，包括物质层面和非物质层面的奖励。晋升能够带来更大的薪酬差距和非物质回报，增强个人（团队）的归属感和激励效果。

在晋升激励的研究解释中，有锦标赛理论和行为理论两种观点。锦标赛理论认为薪酬差距的增大能够降低人力资源雇用成本，引导个人（团队）与企业股东之间的利益一致，进而促使个人（团队）为了晋升机会而更加努力工作。薪酬差距与企业绩效呈正相关关系，对高管产生有效激励作用。行为理论则认为薪酬差距与企业绩效呈负相关关系，受心理因素的影响。薪酬差距的缩小有助于促进团队成员之间的团结合作，营造和谐的工作氛围，从而提高企业绩效。而行为理论则与之相反，该理论认为薪酬差距与企业绩效存在负相关关系。薪酬差距与企业绩效的关系受到心理因素的影响，薪酬差距缩小有利于促进团队成员团结协作。

总的来说，晋升激励对个人（团队）的正向激励效果是显而易见的。通过晋升激励，企业能够激发员工更大的工作热情和创造力，提高团队凝聚力和战斗力，从而推动企业的持续发展。在实践中，企业应该根据自身情况和员工需求，合理设计晋升激励机制，并不断优化和完善，以确保其长期有效性和可持续性。

本书通过研究前人成果发现，晋升激励会导致个人（团队）薪酬出现差异，薪酬差异则会对企业的技术创新投入起到直接作用，并且对科技成果转化有直接的影响。当薪酬差异较低时，实施加大薪酬差异会显著提升科技成果转化；当薪酬差异较高时，继续增大薪酬差异会对科技成果转化产生负向影响。因此，本书将晋升激励设定为调节变量，认为高管团队晋升职位不仅会对个人有重要意义，也会对 TMT 和其他职工带来既定的影响。在晋升激励的度量方面，迄今为止学术界尚没有形成统一意见，没有固定的度量方法，大多数学者倾向于选用薪酬差距大小来衡量。鉴于企业之间经营规模、盈利程度、人力资源结构存在显著的差异，本书也选用薪酬差距的大小对晋升激励进行度量。

4.1.5 控制变量

为更准确地研究高管团队认知对企业绩效的影响，本书选择了一些控制变量来消除其他影响因素的影响。根据研究需求和科研规范性，本书引入了八个可能影响高管团队认知与企业绩效关系的控制变量，包括企业家性别、企业家年龄、企业家文化程度、创始人身份、企业成立年限、企业性质、企业规模和企业生长周期。通过控制这些变量，可以更加准确地评估高管团队认知与企业绩效之间的关系，排除其他干扰因素对研究结果的影响，从而得出更加可靠的结论。这些控制变量的引入使研究更具有针对性和可比性，有助于揭示高管团队认知对企业绩效的实质性影响。因此，在研究设计中充分考虑并控制这些因素，对于确保研究结果的准确性和科学性是十分必要的。

4.1.5.1　企业家性别

一般来说，同等年龄下，相较于男性，女性在思维和心智方面展现出更为出色的缜密性。她们通常表现出更加成熟和沉稳的心智特质，这使她们在面临重大决策时，能够凭借更高的准确性和现实性进行判断。此外，女性还能冷静地提出更多切实可行的解决方案。最终促进企业绩效的提升。虽说性别差异导致团队意见不同和决策冲突更多地表现为"建设性冲突"，但仍然会对企业绩效产生影响。因此，本文将企业家性别设定为控制变量。

4.1.5.2　企业家年龄

不可否认，个体的生活阅历、人际关系所表现出的特性会随着年龄的增长越加成熟，虽然年轻高管在某些方面的成熟度可能不及年长高管，但他们拥有自身独特的优势。年轻高管们通常不满足现状，他们热衷于接受新鲜事物，勇于迎接各种挑战。同时，他们储备了丰富的概念技能，并具备较强的学习能力。这些特质使年轻高管能够以灵活的思维和创新的理念来应对变革，从而为企业持续注入新的活力和创意。从而不断提升企业的创造力和绩效。因此，本书将企业家年龄设定为控制变量。

4.1.5.3　企业家文化程度

受教育水平是衡量个体认知能力的一个重要指标。本书认为，教育对于提升个人的认知、应变及决策能力具有显著影响。高管的文化程度越高，他们在处理信息和应对突发情况时，往往能够更为理性地分析问题的根源，同时迅速采取有效的应急措施来解决问题，从而对企业绩效产生正面影响。因此，本书将企业家文化程度设定为控制变量。

4.1.5.4　创始人身份

企业绩效的实质就是企业物质资本与人力资本共同作用的结果，企业创始人能够在企业绩效最终达成的过程中扮演非常重要的角色，具有非常大的影响，特别是企业创始人的学历、专业背景、与政府关系、个人能力等因素将对企业绩效产生深刻影响。本书主要以科创板企业为研究对象，从目前情况来看，科创板上市的大部分企业中，创始人往往与实控人为同一人，创始人身兼企业董事长与实际控制人或最大股东多重角色，他们在公司的战略目标设定以及重大决策的审批过程中发挥着举足轻重的作用，从而深刻影响企业的整体绩效，对重大的事件起到不容忽视的作用，这一特殊性导致了创始人对企业绩效的影响更加深远。企业创始人的学术水平、行业关系、政府关系三个方面，对创业板上市公司企业创始人的社会关系。

4.1.5.5 企业成立年限

企业的成立年限对其绩效水平产生着重要影响。随着企业成立年限的增长，企业的发展经验和资源积累也会不断增加，从而提升其应变能力和成长能力。这虽然有利于企业提高绩效水平，但随着年限的增长，企业也可能趋向于保守和守旧，缺乏创新和进取精神，导致绩效水平的下降。因此，在实证分析中，需要将企业年龄作为一个控制变量来考虑。在研究中，通常将企业成立年限定义为测量年份减去成立年份所得到的自然对数。这一指标旨在客观衡量企业的历史积累和发展时长，从而更好地理解其对绩效水平的影响。通过这种方式，可以更全面地评估企业的绩效表现，并为企业的经营决策提供更有力的参考依据。

综上所述，企业成立年限的长短会对绩效水平产生双重影响，既有促进作用，又有抑制作用。因此，在研究和实践中，需要充分考虑企业的年龄因素，以更准确地评估和预测其绩效水平，为企业的可持续发展提供更有效的支持和指导。

4.1.5.6 企业性质

企业性质对高管薪酬差距的影响是一个备受关注的话题。根据最终控制人类型的不同，企业可以分为国有企业和非国有企业两种。国有企业通常受政府管控，高管的任免往往会受政府的影响，同时国有企业往往承担着更多的经济和社会责任。相比之下，非国有企业的高管任免不受政府干预，企业更加注重盈利能力和利润状况。国有企业和非国有企业在企业文化、管理体制和制度条例以及思想观念等方面存在明显差异。国有企业受传统观念的影响较深，平均主义思想较为严重，注重集体主义和公益性质；而非国有企业更加注重效率和市场化运作，平均主义思想相对较轻，更强调个人能力和竞争力。因此，对于相同规模的薪酬差距，不同性质的企业高管会有不同的认知和反应，进而影响企业的绩效表现。此外，股权性质也会对高管薪酬差距产生影响。在国有企业中，高管薪酬水平往往受到政府管制，薪酬调整受到一定限制；而在非国有企业中，高管薪酬水平相对较为自由，更受市场因素影响，薪酬水平较高。因此，在研究高管薪酬差距影响因素时，股权性质是一个重要的控制变量。总的来说，企业性质（国有与非国有）、股权性质对高管薪酬差距的影响具有显著差异，这也反映了不同企业类型在薪酬管理、绩效激励等方面的差异。深入研究企业性质和股权性质对高管薪酬差距的影响机制，有助于深入理解企业治理结构、高管激励机制等方面的关键问题，并为提升企业绩效和高管治理水平提供重要参考依据。

4.1.5.7 企业规模

在某种程度上，企业规模会对团队凝聚力和内部交流造成一定程度的影响。较小规模的企业通常拥有简单的层级结构和少量部门，使处理事务和做出决策更迅速高效。相比之下，规模较大的企业具有规模效应，能够降低生产成本，直接提高企业绩效。然而，规模越大的企业需要应对更高的管理挑战，如增加的层级和部门数，要求 TMT 具备更强的能力。这些因素使企业内部的经营活动变得复杂，难度增大，处理事务和决策的速度也减缓，对企业绩效造成负面影响。因此，在实证研究中，企业规模常被用作控制变量。

4.1.5.8 企业生长周期

公司成长性。随着企业发展，高管团队的认知水平会随着时间和周期变化而变化，故而本书选取总资产增长率作为公司成长性的衡量指标对其加以控制。

4.2 问卷设计

4.2.1 问卷设计过程

根据对诸多学者之前所做问卷的研究分析，本书认为，在问卷测量题项的开发过程中，应当采取一系列步骤来确保问卷的有效性和可靠性。首先，通过文献回顾和与企业的经验调查形成初步的问卷题项。其次，与导师和教授进行讨论，以获取专业指导和建议。最后，通过预调查对题项进行纯化形成问卷。因此，本书的调查问卷设计经历了多个阶段。第一，通过检索搜集和阅读大量相关文献，包括高阶理论、团队认知理论、技术创新理论、创新管理理论等，为变量的测量做准备。通过整理和借鉴相关文献，初步形成各测量变量的测量题项，建立初始的调查问卷。第二，与导师进行详细讨论，并根据其建议对初始问卷进行修改。同时，与企业的技术主管和负责人进行访谈和讨论，获取他们的意见和建议。根据访谈结果对问卷进行适当的修改和补充，形成最终的调查问卷。第三，对调查问卷进行小规模的预调研，通过信度与效度分析测试量表的可靠性和有效性。分析结果显示问卷设计较为合理，没有进一步修订的必要，将问卷用于大规模调查。

总的来说，问卷设计是一个反复推敲的过程，需要不断借鉴和整合各方意见，确保问卷具有较高的信度和效度，以提高研究的可靠性和科学性。通过以上流程开发问卷题项，可以有效提升问卷的质和准确性，为研究提供可靠的数据支持。

4.2.2　问卷调查法应用的注意事项

本节对问卷调查法的应用进行了全面的归纳和总结，涵盖了问卷调查法的优势、调查问卷设计的普遍准则、设计问卷量表时需关注的要点，以及在问卷的发放与收集环节应重视的事项。

4.2.2.1　问卷调查法的优点

作为通常以书面形式间接收集研究材料的是一种调查的常用手段，问卷调查的优点主要包括以下几个方面：一是问卷调查法能够通过严格设计的问题来收集研究对象的资料，使调查结果更容易量化。二是调查结果便于统计处理与分析，有利于研究者对数据进行整合和分析。三是如果实施得当，问卷调查法是最快速有效收集数据的方法，能够在相对短的时间内获取大量信息。四是如果量表的信度和效度高，并且样本数量充足，研究者可以得到高质量的研究数据，从而增加研究结论的可信度。五是问卷调查对于被调查者的干扰较小，可行性较高，能够更好地保障研究的进展和结果的准确性。因此，问卷调查法在很多实证研究领域中具有重要的应用意义。

4.2.2.2　调查问卷设计的一般原则

调查问卷设计是进行社会调查研究时的重要一环，通常包括四个部分：卷首语、问卷说明、问题和答案、编码。调查问卷的好坏直接影响到调查结果的准确性和可靠性。因此，设计一份合适的调查问卷应遵循一些基本原则。首先，问卷设计应当明确研究的目的和内容。在设计问卷之前，需要对研究目的、主题和理论假设进行深入讨论，从而确定需要收集的信息内容。这样可以确保问卷设计有针对性，能够有效地回答研究所关心的问题。其次，问卷设计应该具有逻辑性。问题的排列应当有一定的逻辑顺序，符合被调查者的思维逻辑。一般来说，应该先问一些比较简单和容易回答的问题，再逐渐深入更为复杂的问题，以确保被调查者能够流畅地回答问题。再次，问卷设计需要具有通俗性。问卷应当清晰明了，使被调查者能够一目了然，愿意如实回答。问卷问题的表述应该简洁易懂，避免使用过多的专业术语，以免引起被调查者的困惑。最后，问卷设计还需要控制好时间的长度。一般来说，被调查者的注意力和耐心有限，因此问卷设计应尽量控制在 20 分钟左右的答题时间，既不能过长浪费被调查者的时间，也不能过短导致信息不全。

4.3　变　量　设　计

4.3.1　团队认知量表

4.3.1.1　团队认知需求测量

认知需求指的是个人在认知活动中付出努力的动力和意愿团队成员的认知需求体现在个人对外部信息识别和探索的能力与动力上，认知需求水平越高，团队多样性的优势更容易被发挥。认知需求反映的是个人处理信息的动机，而不是认知能力。因此，它与个人的智力水平有关系。Tuten 和 Bosnjak（2001）研究显示，认知需求和经验开放性之间存在高度相关性，并且在一定程度上具有概念上的重叠。然而，仅仅对外部信息进行毫无思考的接受，而没有进行认知活动，这种情况下只能说是对经验持开放态度，并没有产生认知需求。相比之下，认知需求水平较低的个体更倾向于以更轻松的方式处理信息，依赖经验或直觉，而不是深思熟虑。因此，认知需求与经验开放性之间还是存在本质区别的。Cacioppo 和 Petty（1982）设计了包含 45 个题目的量表来测量认知需求的差异。在设计题目过程中，首先找出一系列与认知需求相关的看法或描述，其次对含糊不清的描述进行修改或剔除，使用 Likert 量表对被试者进行测量，并进行数据分析，初步确定了包含 34 个题目的认知需求量表（Likert，1932）。为了更深入地测量认知需求，他们在 1984 年对量表进行了修订，开发了一个包含 18 个题目的版本，并发现与 34 个题目版本的量表具有很高的相关性和内部一致性系数。付秋林等（2015）将修订后的 18 个认知需求题目翻译为中文版本。这些研究为研究认知需求提供了重要的实证基础和工具，有助于深入了解认知需求对个体信息处理和决策行为的影响。国内外也有研究证明了 18 题版本的认知需求量表具有很好的信效度（师保国和许晶晶，2008；Madrid et al.，2015；Mitchell et al.，1994）。

本书采用的高管团队认知需求量表是在借鉴国内中文版本的基础上，结合科创板企业高管团队认知需求实际情况作出适当调整而成。问卷采用 Likert（1932）量表形式，共计 14 个题项，从"完全不同意"逐步过渡到"完全同意"，并按照 1~5 的分值分别赋值（见表 4-1）。

表 4-1　认知需求测量量表

维度	代码	测量条目	来源
认知需要	A1	比起简单的问题，我更喜欢复杂的问题	Cacioppo 和 Petty（1982）；付秋林等（2015）；师保国和许晶晶（2008）；Madrid 等（2015）；Mitchell 等（1994）
	A2	我喜欢处理一些需要耗费很多脑力的情况	
	A3	我更愿意处理一些基本不需要思考的事情，而不愿意尝试会挑战思维能力的事	
	A4	经过思考，我会回避处理一些可能要对某些事物进行深入探究的问题	
	A5	我能从长时间艰难的思考中获得满足感	
	A6	我更愿意思考一些小的、日常的规划，而不愿意思考长期的规划	
	A7	我喜欢完成那些一旦学会了就不再需要思考的任务	
	A8	我非常享受完成一项会引入新方法来解决问题的任务	
	A9	学习从新的角度来思考问题并不能使我感到兴奋	
	A10	我希望自己的人生充满了无法解决的谜题	
	A11	抽象思考这一概念非常吸引我	
	A12	比起那些有一定重要性但却不需要太多思考的任务，我更喜欢需要动脑的、困难的、重要的任务	
	A13	在完成一项需要耗费很多脑力的任务之后，我有一种解脱感而非满足感	
	A14	我经常深入思考一些对自己没有影响的事情	

4.3.1.2　高管团队认知能力的测量

高管团队认知能力测量方面，本书根据前人研究成果和高管团队认知能力实际，将高管团队认知能力的测量分为理性认知和感性认知两个方面。理性认知方面，尚不存在一个相对客观的工具来测量理性认知，通常都是采用主观评估方法。本书侧重将评估团队智力作为理性认知的度量，因此采用了覃晋（2013）研发的团队智力测量量表。该量表包含 4 个项目，用于全面评估团队智力水平。在感性认知方面，本书更注重团队成员的直觉测量。参考了孙元等（2020）提出的测量方法，结合本书的研究目的，共设计了 3 个题项来测量团队的感性认知能力（见表 4-2）。

表 4-2　认知能力测量量表

维度	代码	测量条目	来源
理性认知	A15	团队整体学历水平高团队能灵活处理工作	孙元等（2020）、覃晋（2013）
	A16	团队能灵活处理工作	
	A17	团队大部分成员学习能力强	
	A18	团队大部分成员能快速地学以致用	
	A19	我们能够整合现有资源，应对意想不到的新挑战	

维度	代码	测量条目	来源
感性认知	A20	在做重大决定时，团队在很大程度上依赖于纯粹的判断	孙元等（2020）、覃晋（2013）
	A21	团队强调根据过去的经验做重大决定	
	A22	很多时候，当没有充足信息时团队必须根据直觉做出重大决定	
	A23	团队成员在重大问题上比较容易达成一致，快速做出决策	

4.3.2　企业绩效量表

当前，许多学者和企业在评估企业绩效时，通常会采用会计指标方式、市场指标方式以及综合指标方式这三种方法。每种方法都有其优势和劣势。首先，会计指标具有较强的综合性，企业提供的会计信息可以比较容易地获取和分析，这有助于进行横向和纵向的比较；然而，由于会计指标主要是历史数据，因此对未来的预测有一定的局限性。其次，市场指标能够有效地反映企业的市场价值，但是需要建立在健康、有序、完善的资本市场基础上。由于我国资本市场的起步相对较晚，发展速度较慢，因此市场指标在实际应用中可能受到一定的限制。最后，综合指标是从多个方面综合评估企业的经营绩效，能够提供多维度、全方位的评估结果；然而，由于非财务数据获取的渠道有限，因此在实施时可能会面临一定的困难。

鉴于单个会计指标在反映企业在特定时期内经营绩效方面存在局限性，其单一性使得评估的可信度不高，因此，本书参考了宝国坤和余顺坤（2017）的方法来进行绩效衡量。选取了13项反映企业绩效的会计指标，包括每股经营活动现金流量、每股净资产、每股收益、每股净现金流量、净资产收益率、资产净利率、投入资本回报率、销售毛利率、资产周转率、销售净利率、现金收入比率、息税前利润率和资产负债率。通过主成分分析和因子分析将这些指标构建成一个综合指标，以全面系统地反映企业绩效状况。选取的样本包括64家企业的523名高管团队成员，涵盖了2017~2020年的数据，数据来源于国泰安数据库和锐思数据库。利用SPSS软件对这13项指标进行降维处理，以获得一个综合指标。首先进行KMO检验，其值越接近1表示变量间相关性越高，适合进行因子分析（见表4-3）。

表4-3　KMO检验结果

Variable	KMO
X1	0.8195

续表

Variable	KMO
X2	0.7906
X3	0.7074
X4	0.3713
X5	0.7802
X6	0.8231
X7	0.8878
X8	0.9003
X9	0.7909
X10	0.8276
X11	0.6813
X12	0.4959
X13	0.4269
Overall	0.7854

分析结果显示，以上 13 项会计指标可以归纳为 4 个主成分，这 4 个主成分的特征值大于 1，累计贡献率为 82.26%，可以解释绝大部分信息。经过旋转后的因子载荷矩阵显示各个原始变量的含义更加清晰。

在主成分分析中，本书发现：

第一个主因子 Factor1 与变量 X1、X5、X6、X7、X8、X10 有较高的相关性，表示这些变量在 Factor1 上有较大的载荷值。

第二个主因子 Factor2 与变量 X9、X11、X13 有显著关联，说明这些变量在 Factor2 上的载荷值较大。

第三个主因子 Factor3 与变量 X2、X3、X12 有较大的载荷值，显示出这些变量与 Factor3 的紧密联系。

第四个主因子 Factor4 主要与变量 X4 相关，表示 X4 在 Factor4 上的载荷值较大（见表 4-4）。

表 4-4　旋转因子载荷矩阵

Variable	Factor1	Factor2	Factor3	Factor4
X1	0.8099	0.0706	0.0516	0.5114
X2	0.4350	0.0005	0.6573	0.2999

Variable	Factor1	Factor2	Factor3	Factor4
X3	0.1471	−0.0260	0.5902	0.2673
X4	0.0471	−0.0558	0.0226	0.9714
X5	0.9810	−0.0983	0.0135	0.0444
X6	0.9677	0.1196	−0.0027	−0.0120
X7	0.9768	0.1010	0.0538	0.0199
X8	0.8056	−0.4372	−0.0042	0.0754
X9	0.3073	−0.7793	0.1090	−0.0977
X10	0.9760	−0.0587	0.0251	0.0307
X11	0.3555	0.7961	0.0203	−0.0055
X12	−0.1674	0.0032	0.8699	−0.1259
X13	−0.0530	0.8053	0.0696	−0.1720

通过进一步的预测分析，得到了 4 个共同因子的系数矩阵。利用这个矩阵，我们可以构建出 4 个公共因子的具体数学表达式：

第一个公共因子 Factor1 的表达式为：Factor1 = 0.11X1+0.03X2−0.01X3+⋯−0.05X12+0.02×X13，这表明 Factor1 主要由变量 X1、X5、X6、X7、X8、X10 等决定，而与其他变量的关联性相对较小。

第二个公共因子 Factor2 可以表达为：Factor2 = 0.06X1+0.01X2−0.00X3+⋯−0.01X12−0.37×X13，显示出 Factor2 与变量 X9、X11、X13 有较高的相关性。

第三个公共因子 Factor3 的公式是：Factor3 = −0.05X1+0.39X2+0.36X3+⋯+0.60X12+0.06×X13，从中我们可以看出 Factor3 主要受变量 X2、X3、X12 的影响。

第四个公共因子 Factor4 的表达式为：Factor4 = 0.31X1+0.12X2+0.13X3+⋯−0.18X12−0.11×X13，这意味着 Factor4 与 X4 变量有较强的关联性，尽管它也与其他变量有一定的联系（见表4-5）。

表4-5　公共因子系数矩阵

Variable	Factor1	Factor2	Factor3	Factor4
X1	0.10800	0.06426	−0.04828	0.31443
X2	0.03495	0.01477	0.39188	0.11734
X3	−0.01652	−0.00319	0.35999	0.12672

续表

Variable	Factor1	Factor2	Factor3	Factor4
X4	−0.08743	0.00884	−0.09381	0.74470
X5	0.18576	−0.02954	−0.02662	−0.06656
X6	0.19262	0.07161	−0.03173	−0.09947
X7	0.18919	0.06381	0.00225	−0.08251
X8	0.14357	−0.19181	−0.03472	−0.03544
X9	0.05392	−0.36853	0.07743	−0.14571
X10	0.18637	−0.01141	−0.01737	−0.07658
X11	0.08209	0.38273	−0.00078	−0.01290
X12	−0.04805	−0.00962	0.60022	−0.17758
X13	0.01699	0.37445	0.06351	−0.10731

这些表达式为本书提供了深入理解各因子与原始变量之间关系的基础。

如表4-6所示，4个因子的方差贡献率为0.74470，使用特征值计算可以得到各因子在综合评价指标中占据的权重。

表4-6 方差贡献率

Factor	Variance	Difference	Proportion	Cumulative
Factor1	5.57491	3.44769	0.4288	0.4288
Factor2	2.12722	0.56600	0.1636	0.5925
Factor3	1.56123	0.13042	0.1201	0.7126
Factor4	1.43080	0.84512	0.1101	0.8226

经过主成分分析和因子分析后，得到了一个综合指标的计算公式：F = 0.5213Factor1+0.1989Factor2+0.1460Factor3+0.1338Factor4。这个公式将4个公共因子Factor1、Factor2、Factor3和Factor4的得分进行加权求和，以得出一个综合得分F。F值实际上是13项会计指标经过主成分分析和因子分析处理后的汇总结果，它可以作为一个全面衡量企业绩效的综合指标。为了简化表示，将这个综合指标记为代码B。

4.3.3 技术创新投入量表

Chesbrough（2003）首次提出了开放式创新理论，该理论强调企业在进行技术创新时应该同时运用企业内部和外部两个渠道，充分利用所有有价值的创意。开放式创新旨在加速技术创新成果的市场化，并合理利用企业内外创新知识的流动，以提升企业的内部创新速度和能力。该理论强调外部资源获取和利用在技术创新中的重要性，并将其与企业内部创新资源的价值平等看待，通过均衡协调企业内外部创新资源的利用来提高创新绩效。因此，在开放式创新环境下，企业的技术创新投入不仅包括内部创新，还包括技术资源投入、创新绩效投入和合作创新等方面。曹勇等（2010）指出，企业用于提高技术创新绩效的资源投入，除技术创新外还应包括非技术创新，并且引入了技术创新资源投入的概念，用来描述企业投入技术创新资源的状况。李武威（2012）认为，技术创新资源投入主要包括技术创新和非技术创新。技术创新可以通过研发经费投入和科技人员投入来衡量，非技术创新可以通过专利和创新费用分布、技术改造费用、技术引进费用、消化吸收费用，以及国内技术购买费用来衡量。

吴波（2011）认为，技术创新投入可划分为四个部分，即创新投入强度、技术资源投入、技术购买投入、合作技术创新。陈劲和陈钰芬（2006）通过实证研究后得出结论，认为技术创新投入可以分为内部技术创新投入、非技术创新投入和外部技术创新投入三个部分。陈劲和吴波（2011）提出了企业全面创新投入的概念，认为企业在技术创新的过程中，只有各部门之间实现紧密配合和相互融合才能不断提高技术创新的水平和能力。因此，技术创新投入的量表设计应从以下两个方面进行。

4.3.3.1 内部技术创新

内部技术创新是技术创新投入的重要维度。国家统计局在评估企业科技活动投入时，主要侧重于设备等科技活动成员、固定资产及科技活动经费的投入。《奥斯陆手册》是一本以创新内容为核心的企业指导手册，将企业的设备投入视为有形技术的资金投入。魏江和许庆瑞（1996）在研究中使用了5个题项，包括科技人员比例、学术带头人比例以及高级技工比例等，来量化企业的人力资源状况。

陈劲和陈钰芬（2006）提出，创新资金投入应细分为非技术创新投入、技术创新投入以及企业外部知识获取投入，并建议采用这三个部分投入的总和与销售收入的比例，而非单一的研发强度，来衡量企业的技术创新投入。魏江和许庆瑞（1996）从技术能力的视角，用技术创新强度和项目资金投入强度两个指标来评估企业在创新上的资金投入。

在借鉴上述研究的基础上，结合科创板中小企业技术创新投入的实际状况，本书决定采用设备投入、人员投入和资金投入这三个维度来全面衡量企业内部的技术创新情况。为了更精确地量化这些指标，本书使用了 5 级 Likert 进行测量。该量表以行业平均水平为基准，用数字 1~5 来表示各项投入的程度，其中 1 表示远低于行业平均水平，5 表示远高于行业平均水平，3 表示与行业平均水平相当。

4.3.3.2 技术购买投入和合作技术创新

Katila 和 Ahuja（2002）在深入研究内外部技术获取的宽度与深度对创新绩效的影响之后指出，所谓"宽度"，即是企业在搜寻新知识的过程中所展现的广泛性，"深度"则体现了企业对已有知识的再利用程度。研究结果显示，知识获取的宽度和深度与创新绩效之间的关系并非线性，而是呈现为倒"U"形曲线。在这项研究中，技术获取的宽度和深度的衡量是通过专利引用次数来实现的。具体而言，宽度被定义为当年引用的专利中，前 X 年未曾被引用的专利所占的比例；深度则是指企业重复引用自己所申请的专利的数量。这两个维度已然成为开放度研究中的重要考量因素。

陈钰芬和陈劲（2008）对开放式创新进行了探讨，她将开放度界定为企业与外部合作的紧密程度，并沿用了"深度"和"广度"的框架来对其进行量化评估。此外，《奥斯陆手册》从另一个角度对研发活动进行了分类，将其划分为内部研发、技术购买以及合作研发。相应地，技术创新企业的外部活动被分解为两个独立的变量：技术购买投入和合作技术创新。这样的分类和划分，为我们更全面地理解企业技术创新活动提供了有力的工具。企业创新投入情况，如表 4-7 所示。

表 4-7 企业技术创新投入情况

	代码	题项内容	来源
内部技术创新	C1	内部研发创新设备投入占总设备资产投入的比例	Chesbrough（2003）；曹勇等（2010）；李武威（2012）；吴波（2011）；陈劲和陈钰芬（2006）；魏江和许庆瑞（1996）；Katila 和 Ahuja（2002）；陈钰芬（2007）
	C2	企业内部从事创新工作人员占员工总数的比例	
	C3	内部研发活动投入经费占企业销售额的比例	
技术购买投入	C4	市场化合作对象的种类数量	
	C5	参与市场化合作的项目数量占所有项目的比例	
	C6	参与市场化合作投入资金占全部创新资金投入的比例	
合作技术创新	C7	合作化合作对象的种类数量	
	C8	参与合作化合作的项目数量占所有项目的比例	
	C9	参与合作化合作投入资金占全部创新资金投入的比例	

4.3.4 调节变量

4.3.4.1 股权激励

Jensen 和 Murphy（1990）使用了企业股权价值每增加 1000 美元时，管理层股票期权组合价值增加的幅度，或者股票价格每上涨 1% 时，管理层股票期权收益增加的额度来度量股权激励水平。Bergstresser 和 Philippon（2006）指出，可以通过计算公司股价每上涨 1% 时管理层持有股权和股票期权价值的变动来衡量管理层股权激励的收益，然后通过该收益占管理层总薪酬的比率来评估股权激励的强度（Guay，1999）。苏冬蔚和林大庞（2010）也借鉴了这一方法，但肖淑芳等（2013）指出这种方法适用于信息充分披露、股价反应相对理性的成熟资本市场，在我国弱势有效的资本市场尚不适用。刘广生和马悦（2013）采用了是否实施股权激励的虚拟变量（0，1）来衡量股权激励。基于以上研究，本书采用刘广生和马悦的方法，使用实施股权激励计划的虚拟变量（0，1）来度量股权激励，其中实施股权激励为 1，未实施股权激励为 0。

4.3.4.2 晋升激励

杨靖等（2011）在对 1994~2009 年我国沪深上市公司为考察对象，根据公司高管晋升前后，采用了虚拟变量衡量，即高管获得晋升前取值为 1，获得晋升之后取值为 0。晋升作为一种激励方式，主要通过给晋升者带来个人收益的增加来实现，这些个人收益可以表现为在职消费、个人事业成就感以及声誉等方面的提升。然而，在实际生活中，这些因素往往难以明确量化，货币收益则是最为主要和直接的收益方式之一。因此，很多学者在研究晋升激励时选择使用薪酬差距作为衡量指标。Kale 等（2009）和 Kini（2012）采用了董事长薪酬与总经理之间的薪酬差距（即 gap1）来度量核心高管之间的晋升激励效应，也使用了非高管团队高管薪酬平均值与高管团队之间的薪酬差距（即 gap2）来衡量副总经理与总经理之间的晋升激励效应。此外，沈红波等（2009）将高管团队薪酬与高管团队成员年度报酬总额的平均值之差作为衡量晋升激励的指标。

总的来看，晋升激励对于高管的重要性在于，它能够带来个人收益的增加，从而推动高管在工作中更加努力和有动力。而晋升所带来的个人收益主要通过金钱方面的奖励来体现，因为金钱是最直接、最易于核算的收益方式之一。因此，研究者通过比较不同高管之间的薪酬差距来评估晋升激励的效果，这也成为了衡量晋升激励的一种常见方法。在这种研究方法中，不同研究者对于薪酬差距的定义和计算方式可能略有差异，但核心思想都是一致的：通过比较高管之间的薪酬水平来评估晋升激励的效果。这种方法的优势在于其直观性和易于计算，同时也能够较为客观地反映不同高管之间的晋升激励效应。

综上所述，结合科创板中小企业实际情况，本书采用以下公式作为衡量晋升激励的测量方式，代码为 E。

晋升激励＝高管团队薪酬平均值－高管团队成员年度报酬总额平均值

4.4 样本选择与问卷发放

4.4.1 样本选择

吴锋和李怀祖（2004）指出，在实施问卷调查之前，需要对样本范围做出选择。本书在问卷设计过程中，对问卷内的问题进行了精细化的语言优化，并在确定调查对象时进行了慎重的筛选，旨在预防可能出现的不利情况。本书的核心是以技术创新投入作为连接点，深入探究高管团队的认知水平如何影响企业的整体绩效。其中包括了高管团队认知、企业绩效、技术创新投入以及股权激励、晋升激励等多重因素的调查。

为了确保被调查对象具备充分的知识和能力来准确回答问卷中的问题，本书在设计和筛选过程中进行了周密的考虑，可以更有信心地收集到高质量、有价值的反馈数据，进而为本书的研究提供可靠的依据。本书选择以高层管理人员或主要技术主管为调查对象。调查对象主要集中于上海证券交易所（以下简称上交所）科创板中小企业当中。科创板是独立于现有主板市场的新设板块，主要服务于信息科技、先进装备、新型材料、可再生能源、环保节能以及生物医药等领域的科技创新企业提供专业服务。这些企业均符合国家战略规划，专注于攻克核心技术难题，并已在市场上获得广泛认可。截至 2021 年 2 月底，上交所科创板上市企业总数达到 232 家，2020 年科创板上市公司实现营业收入共计 3314.67 亿元，同比增长 15.56%；共计实现净利润 461.66 亿元，同比增长 59.92%。因此，科创板中小企业满足了为本书的研究条件。

本次的调查研究通过发放问卷和电子邮件以及和利用问卷星软件等手段对被调查企业高层管理人员或主要技术主管进行调查。本书的调查对象涵盖信息技术、高端装备、新材料、生物医药、大数据、云计算、人工智能和制造业等企业，涵盖范围较广，具有较好的代表性。

4.4.2 问卷发放和回收

问卷发放和收集是问卷调查法中非常重要的一个环节，对回收的问卷在剔除无效问卷的同时要统计有效问卷的回收率,通常认为,若回收率仅在30%左右,所收集的资料仅具有一定的参考价值;回收率达到50%以上时,其提供的数据和建议可以被采纳;当回收率提升至70%~75%或更高时,这些数据才能作为得出研究结论的可靠依据。为确保问卷结果的全面性和准确性,在正式开展大规模调查之前,建议先在小范围内进行预调查或访谈,以深入了解那些未回答问题的被调查者的真实想法,从而避免对问卷结果的分析过于片面。

为确保本书研究所用调查问卷科学有效,在正式投放问卷之前,先通过微信在小范围内进行了样本预测,在样本预测阶段,共计发放了88份问卷,成功回收了83份,回收率高达94.3%。在仔细筛选并剔除了包含大片空白或数据填写基本无变化的无效问卷后,获得了79份有效问卷,有效率高达95.2%。随后对预调查结果数据进行信效度检验,在信效度符合课题研究要求后,正式进行了实测调查。实测共发放电子问卷523份,回收511份,回收率为98.7%,其中有效问卷497份,有效率为97.3%。问卷发放和回收主要通过以下两种方式进行:一是通过东方财富网科创板企业名单一览表,将制作完成的调查问卷通过问卷星软件制作成邮件,根据行业分类精心选取了68家企业作为调查对象,并充分利用同事和朋友的社交关系与这些企业建立了联系。2021年2月下旬至3月上旬,通过电子邮件向这些目标企业发放了调查问卷。为了提高问卷的回收率,借助已有的社会关系,不断与被调查企业保持沟通,并进行适时的催促。二是通过微信发放。由于微信发放问卷具有方便、快捷的特点,这几年逐渐成为调查问卷发放与回收的常用方式。通过微信积极联络各企业管理层人员,并通过网络向他们发送调查问卷的链接,以便收集更广泛且深入的数据。受访者填报完成后,再通过微信进行回收。

4.5 实证方法设计

研究中采用了问卷调查的方法,旨在验证概念模型中的研究假设。除了问卷设计和数据收集过程外,选择合适的研究方法也是至关重要的。为了达到研究目的并验证假设,本书运用了SPSS和Smart工具对收集的问卷数据进行了描述性统计分析、信度分析、效度分析以及结构方程模型的检验。在数据处理分析过程中,首先进行了描述性统计分析,对调查问卷中的各个变量进行了总体的描述与概括。通过分析数据的平均值、标准差、偏度、峰度等统计指标,可以更好地理解数据的分布特征。其次进行了信度分析,以评估问卷中各个问题的可靠性和一致性。通过计算 Cronbach's α 系数，可以判断问卷的内部一致性程度，进而确定问卷问题的信度水平，从而保证数据的可靠性。再次进行了效度分析，以验证问卷中的测量工具是否能够准确地反映研究对象的特征。通常采用因素分析等方法来评估问卷的效度，确保所得数据能够有效地反映研究对象的特点。最后进行了结构方程模型的检验，通过建立模型来验证研究假设之间的因果关系。结构方程模型可以同时考虑多个变量之间的关系，进一步加深对研究对象之间复杂关系的理解。总的来说，通过以上的数据处理分析工作，研究者可以更深入地了解研究对象的特点和相互关系，从而为进一步的研究提供可靠的理论支持和数据基础。

4.5.1 描述性统计分析

描述性统计分析是一种通过汇总和表达定量数据以揭示数据分布特性的方法。在这种分析方法中，主要关注数据的频数分析、集中趋势分析、离散程度分析、分布情况以及基本的统计图形。描述性统计分析的核心目的是以一种有效且相对简单的方式对数据进行总结和描述，以便更好地理解数据的特征。在进行描述性统计分析时，通常会关注一些关键信息，如性别、年龄、文化程度、创始人身份、成立年限、企业性质、员工数量、生长周期等。通过对这些变量的统计分析，可以了解样本数据的特点和分布情况。常用指标，如均值、中位数、众数等反映了数据的集中趋势，全距、方差、标准差、四分位数体现了数据的分散程度和变异性，偏度和峰度表明了数据分布与正态分布之间的偏差程度。

通过描述性统计分析，可以更全面地了解数据的特征，发现数据中的规律和趋势，为后续深入分析和决策提供重要参考。描述性统计分析是数据分析的起点，通过对数据的概括和表征，可以更好地理解数据背后的含义，为决策提供有力支持。因此，描述性统计分析在实际应用中具有重要意义，可以帮助更好地理解和应用数据。其优点是从整体描述数据集的分布状态，缺点是无法分析数据集的波动大小。

均值。以前学过的平均数，容易受到异常值的影响，当异常值是较大值时，数据会向右倾斜；当异常值是较小值时，则数据会向左倾斜。

中位数。将一组数据按升序排列，然后取出中间值。总数是奇数的取中间的值，是偶数的取中间两个数的平均值，中位数小于均值时，数据向右倾斜。中位数大于均值时，则数据向左倾斜。中位数不受极值影响，因此对异常值缺乏敏感性。

众数。一批数字中最常见的数值，即频数最大的数值。

四分位数。将数据按升序排列，然后分为四个相等的数据块，每个数据块包含 1/4 的原有数据。

4.5.2　信度分析

信度也称可靠性，衡量的是采用相同方法对同一目标进行多次测量时，所得结果之间的稳定性和一致性。这种一致性可以通过相关系数这一指标来量化评估。信度系数主要归为三类：首先是稳定系数，反映的是测量结果在时间上的稳定性；其次是等值系数，它体现了不同测量形式下结果的一致性；最后是内在一致性系数，它衡量的是测量中不同项目间的相互吻合程度。为了评估信度，主要有四种常用的分析方法：重测信度法、复本信度法、折半信度法、α 信度系数法。

重测信度法。重测信度法是一种评估问卷测量稳定性的方法。该方法使用相同的问卷，在间隔一段时间后对同一批受访者进行重复测试，并通过计算两次测试结果之间的相关系数来衡量信度。这种方法特别适合于评估事实性问卷，如询问性别、出生日期等不会随时间变化的信息。同时，对于短时间内相对稳定的个人特征，如兴趣、爱好和习惯，该方法也同样适用。即使是对态度和意见的问卷，只要没有突发事件导致受访者态度大幅转变，重测信度法也是一个有效的评估工具。然而，由于需要对同一批受访者进行两次测试，且测试结果可能受到外部事件、活动或他人影响，加之两次测试的间隔时间需要恰当控制，因此在实际操作中会有一定的挑战性。

复本信度法。复本信度法是通过让同一组受访者一次性填写两份内容相似但表述方式不同的问卷，并计算这两份问卷之间的相关系数，以评估测量的信度。这种方法所计算的信度被称为等值系数，它关注的是两份问卷在测量相同内容时的一致性。然而，复本信度法的应用并不广泛，原因在于其实施难度较大。为了确保两份问卷在内容、格式、难度以及对应题目的提问方向上保持高度一致，除了表述方式的差异，其他所有方面都必须完全相同。在实际操作中，要达到这样的精确匹配是相当困难的，因此采用这种方法的研究者相对较少。

折半信度法。折半信度法是一种评估问卷内部一致性的方法。这种方法将调查问卷的项目分为两个等份，通过计算这两部分的得分之间的相关系数，来推断整个问卷的可信度。折半信度反映的是问卷内部题目之间的一致性程度。需要注意的是，这种方法更适用于评估态度和意见类型的问卷，而不适合用于事实性问卷，因为事实性问卷中的项目（如年龄和性别）无法进行此类比较。在态度测量中，5 级李克特量表是常用的一种形式。在进行折半信度分析时，若问卷中包含反向提问的题目，需要先将这些题目的得分进行逆向处理，以确保所有题目的得分方向一致。接下来，将问卷中的所有题目按照奇偶性或前后顺序分成尽可能相等的两部分，并计算这两部分得分的相关系数，这个相关系数代表了半个量表的信度。最后，可以使用斯皮尔曼—布朗公式来对整个问卷的信度进行估算。

α信度系数法。Cronbach's α信度系数是最常用的信度系数，这种方法是通过统计分析问卷项之间的内部一致性来评估可靠性。Cronbach's α信度系数是最常用的，其公式为：$\alpha = (K/(K-1)) \times (1-(\sum S_i^2)/S_T^2)$。其中，$K$为量表中题项的总数，$S_i^2$为第$i$题得分的题内方差，$S_T^2$为全部题项总得分的方差，从公式中可以看出，$\alpha$系数评价的是量表中各题项得分间的一致性，属于内在一致性系数，这种方法适用于态度、意见式问卷（是表）的信度分析。总量表的信度系数最好在0.8以上，0.7~0.8可以接受；分量表的信度系数最好在0.7以上，0.6~0.7可以接受。Cronbach's α系数如果在0.6以下就要考虑重新编问卷。

在研究中，为了评价所用量表测量相关潜变量的稳定性和一致性，通常会进行信度分析。信度分析是一种评价方法，用于检验量表的可信度，常用的评价方法包括Cronbach's alpha和组成信度。其中，Cronbach's alpha是衡量量表内部一致性的指标，值越大表示量表内各项之间的相关性越高，通常要求其值大于0.7（Nunally et al., 1978）。组成信度是衡量潜在变量测量的可靠性，一般认为其可接受水平是0.6（Hair et al., 1998）。在本书的研究中，考虑到再测信度测试的难度，将主要以上这两项指标来评估量表的可信度。通过这种方式的分析，可以更好地评估量表在测量相关潜变量时的表现，为后续研究提供可靠的数据基础。

4.5.3 效度分析

效度分析是一种统计方法。用于确定测量工具是否有效地定位了研究者想要评估的现象或变量。在社会科学中，效度是评估测量工具准确性和信度之后的第三个主要考虑因素。效度是指测量工具是否能够准确地测量所需的概念或变量。因此，测量工具的效度对于获取真实正面或负面的结果至关重要。下面将详细介绍效度分析的类型、计算方法和解释结果的方式。效度分析是检验一个量表测量问项内容的能力，主要包括内容效度、结构效度和相关效度。

第一，内容效度。内容效度是用于检验测量工具的所有项目是否完全涵盖其要测试的现象。这种方法通常需要专家小组对测量工具进行审核并提供反馈以确保所有相关内容都得到了涵盖。例如，在教育研究中，专家可能会提供他们认为值得教授的语法知识列表，并观察这些知识是否出现在题目中。内容效度是衡量问卷中的问题是否紧密贴合研究主题的指标。一个内容效度高的量表，其设计的问题必须全面覆盖研究的所有关键概念和内容。为了评估变量测量的内容效度，通常会采用文献分析法和访谈法，以此来检验测量项目的全面性和代表性。本书采纳了这两种方法来确保内容效度：首先，所有的问卷问题都是基于相关理论设计的，同时参考和吸纳了以往研究的问卷问题；其次，进行了预调查，根据反馈对问题进行了必要的修改和调整。这些工作的根本目的在于确保本书所使用的调查问卷在内容效度上达到高标准。

第二，结构效度。结构效度强调了测量工具是否进行了有效测量。这种方法通常通过测量工具与其他已经被证明有效的测量工具进行比较来进行。例如，在心理学研究中，研究者可以使用问卷调查来评估一个人的思考方式，并将其与已知有效的智力测验或注意力检测工具进行比较。结构效度是指量表中的问题能否精确地反映出所要测量的潜在变量。为了评估这种效度，常用的方法是验证性因子分析，它主要涉及两个方面的检验：收敛效度和判别效度。收敛效度，也被称为会聚效度或求同效度，它要求测量同一潜在变量的各个问题之间必须高度相关。这种效度的检验通常依赖于两个关键指标：观测项的标准化负荷系数和平均提取方差（AVE）。为了确保良好的收敛效度，观测项的标准化负荷系数通常要求大于 0.5，同时 AVE 的值也应高于 0.5。判别效度关注的是测量不同潜在变量的问题之间应保持较低的相关性。为了验证这一点，需要检查模型中每个潜在变量的 AVE 的平方根值是否大于该变量与其他潜在变量的相关系数。这样可以确保各个潜在变量之间确实存在显著的差异，从而证明量表的判别效度（Fornell and Larcker，1981）。

第三，相关效度。相关效度用于比较测量工具结果与特定标准或结果的一致性，因此这种方法需要一个明确的基准点。例如，在医学研究中，如果新的药物在治愈特定疾病方面的效果显著且优于其他已知治疗方案则该药物可能会被诊断为有效的。

相关效度可以通过计算测量工具与另一个基准测试之间的相关性（即皮尔逊相关系数）。另外，接收者操作特征曲线（ROC 曲线）也经常用于观察分类模型的有效性。在实施有效性分析后，需要对结果进行评估，并确定它们是否达到预期的水平。虽然评估结果可能非常直观（如果测量工具能够正确预测标准答案或治疗成果），但有些情况需要更深入的解释。当评估测量工具是否涵盖目标概念时，需要考虑是否有任何已知材料被排除或错误剔除。同时，需要考虑结果是否适用于大多数目标人群。当评估测量工具特征是否一致时，需要考虑它们是否反映了预期的属性，并且是否具有非常大的歧义性。

4.5.4 相关分析

相关分析是测量两个变量之间是否存在某种关系，若存在，则进一步测量关系的方向和强度。变量间的相关关系通常采用系数 Pearsonr 来表征。当 R 值在

（-1，0）时，表示两个变量之间存在负相关关系；当 R 值在（0，1）时，表示两个变量存在正相关关系；当 R 值等于 0 时，表示两个变量不存在相关关系。R 值越接近于 1，表示正相关性越强，当 R 值越接近于-1，表示负相关性越强。本书将采用相关系数 R 来测量变量之间的关系。

相关分析不仅能够描述变量之间的联系，还可以帮助理解客观事物之间的相互关系。例如，当经济水平提高时，出生率也会随之上升，这表明这两个指标之间存在正相关关系；而在经济水平进一步发展时，出生率开始下降，说明两个指标之间出现了负相关关系。为了进行相关分析，需要收集成对的数据，并以散点图的方式在直角坐标系上进行描述，从而更直观地了解变量之间的关系。

根据散点图的观察结果，当自变量取不同值时，对应的因变量呈现出不同的概率分布。如果在所有自变量取值情况下，因变量的概率分布都相似，则可以推断自变量和因变量之间没有明显的相关性。反之，如果自变量的取值不同导致因变量的分布不同，那么可以认为两者之间存在一定的相关性。相关性的强弱通过相关系数 r 来衡量，该系数取值范围在-1~1，正相关时 r 在 0~1，表现为散点图呈斜向上的趋势，表示随着一个变量的增加，另一个变量也会增加；负相关时 r 在-1~0，散点图呈斜向下的趋势，表示一个变量增加时，另一个变量会减少。当 r 的绝对值接近 1 时，说明两变量之间的关联程度较强，而接近于 0 时则表示关联程度较弱。

因此，相关分析与回归分析在实际应用中存在着紧密的联系。回归分析关注的是一个随机变量 Y 如何依赖另一个或一组随机变量 X，并尝试找出这种依赖关系的具体函数形式。相对地，相关分析更注重探讨随机变量之间的关联性，而不区分因变量和自变量。在相关分析中，所有变量的地位是平等的。例如，以 X 代表小学生的数学成绩，Y 代表语文成绩，相关分析的目的在于探究这两者之间的关系，而不是利用数学成绩去预测语文成绩。相关分析旨在确认变量之间是否存在相关关系，以及衡量关系的紧密程度。为实现这些目标，常用的方法是绘制相关图表以及计算相关系数。

4.5.5 回归分析

回归分析是一种统计学方法，用来研究一个或多个自变量与一个或多个因变量之间的关系。通过回归分析，可以确定自变量和因变量之间的关系强度、方向和形式，从而预测或解释现象的变化。回归分析在实际应用中非常重要，可以帮助理解变量之间的关系，并进行预测和决策。例如，在市场营销中，可以通过回归分析来确定哪些因素对销售额的影响最大；在医学研究中，可以利用回归分析来确定一种治疗方法的效果。

回归分析的具体方法有多种，常见的包括线性回归、多元线性回归、逻辑回归等，下面分别介绍这几种方法：

线性回归：线性回归是最简单的回归方法，用于研究一个因变量与一个自变量之间的线性关系。线性回归的模型可以表示为：$Y = a + bX + \varepsilon$，其中 Y 为因变量，X 为自变量，a 为截距，b 为斜率，ε 为误差项。线性回归通过最小二乘法来估计参数 a 和 b。

多元线性回归：多元线性回归用于研究多个自变量与一个因变量之间的线性关系。多元线性回归的模型可以表示为：$Y = a + b_1 X_1 + b_2 X_2 + \cdots + b_n X_n + \varepsilon$，其中 X_1，X_2，$\cdots$，X_n 为自变量，b_1，b_2，$\cdots$，b_n 为各自变量的系数。多元线性回归同样通过最小二乘法来估计参数。

逻辑回归：逻辑回归用于研究一个二元因变量与一个或多个自变量之间的关系。逻辑回归的模型可以表示为：$p = 1/1 + e^{-(a+bX)}$，其中 p 为观测值为 1 的概率，a 为截距，b 为系数，X 为自变量。逻辑回归通过最大似然估计来估计参数。

逐步回归：在处理涉及多个自变量的问题时，逐步回归成为一种有效的回归分析方法。在这种技术中，自变量的选择过程实现了自动化，无需过多的人工干预。这一过程是通过评估各种统计指标，如 R^2 值、t 统计量和 AIC 指标等，来确定哪些变量对模型具有重要影响。逐步回归能够基于这些指定的标准，通过动态地增加或删除协变量来优化模型。以下是几种广泛使用的逐步回归策略：

第一，标准逐步回归法：这种方法在每一步中既会添加也会删除预测变量，以达到模型的最佳拟合。

第二，向前选择法：此方法从模型中最具显著性的预测变量开始，然后在每一步中逐个加入新的变量，以持续改进模型的预测能力。

第三，向后剔除法：这种方法起始时会包含所有预测变量，然后在每一步中逐渐剔除那些显著性最低的变量，直至达到最优的模型简洁性和预测精度。

除了上述方法，还有 LASSO 回归、弹性网络回归等不同形式的回归方法，用于解决不同类型的问题。在进行回归分析时，需要注意数据的前提假设、变量的选择、模型的评价等因素，以确保得到可靠的结果。回归分析在各个领域都有着广泛的应用，如经济学、医学、社会科学等，对预测和决策提供了重要的参考依据。

5 实证分析

5.1 调查结果信度和效度分析

信度检验是评估问卷内容一致性的过程。在研究中,特别是在处理与态度相关的定量数据时,信度分析至关重要,可以确保数据的准确性。目前,常用的信度检验方法包括重测信度法、拆分信度法和 Cronbach's α 系数法。其中,Cronbach's α 系数法是最常用的,用于评估量表或问卷中各个项目得分之间的一致性。对于本书选择的 5 级李克特量表,使用 Cronbach's α 系数法来评估其信度是合适的。效度检验是评估问卷是否能够真实地反映被测量变量的含义和程度的过程。本书在内容效度方面进行了多方面的修改,包括用词、格式、问题说明等,以确保每个问题都与研究目的相关。在这个过程中,导师和其他老师也提供了宝贵意见,有助于保证问卷的有效性。

5.1.1 预调查结果信度和效度检验

5.1.1.1 预调查数据信度和效度检验

实测开始之前,先在小范围内进行了样本预测。样本预测时共发放问卷 88 份,收回问卷 83 份,回收率 94.3%。剔除大片空白和所填数据基本无变化等无效问卷后,共回收到有效问卷 79 份,有效率 95.2%。利用 Cronbach's α 系数法对问卷信度进行分析,利用 SPSS 探索性因子分析对效度进行分析(见表 5-1)。

表 5-1 预测数据 Cronbach 信度分析

Cronbach's α	基于标准化项 Cronbach's α 项数	项数
0.917	0.917	88

从表 5-1 可以看出：本书所用调查量表信度 Cronbach's α 系数值为 0.917。当 α<0.6 时，表示问卷数据不可靠；当 0.6<α<0.7 时，表示问卷数据在对该量表进行修订后可用；当 0.7<α<0.8 时，说明数据可用；当 α>0.8 时，说明此问卷数据信度极好。而本书 α 值大于 0.9，说明数据可信度非常高。

5.1.1.2 基于标准化项 Cronbach's α

效度检验主要用于测试定量数据是否设计科学合理，在检验时，主要通过 KMO 数值、因子载荷系数、共同度等指标进行分析。其中，KMO 数值是一个重要的指标，用于评估研究数据的效度高低。具体而言，它帮助本书判断数据是否适合进行因子分析，进而验证数据的结构有效性。因子载荷系数值用来量化题项与其对应维度之间的关联紧密程度，从而准确地衡量题项与维度的对应关系。这两个数值在数据分析过程中提供了关键的参考信息，共同度用于鉴定题项是否合理（见表 5-2）。

表 5-2　预调查数据 Cronbach's α 效度分析

KMO 值		0.714
Bartlet 球形检验	近似卡方	11625.911
	DF 值	328
	P 值	0.000

从表 5-2 可以看出，KMO 值为 0.714，明显高于 0.7 的标准值，说明所选题立项的效度较好。Bartlett 球形结果显示其相伴概率（sig）为 0.000，说明此问卷在调查和收集上具有明显随机性，数据真实有效，可用于下一步研究。

5.1.2 实际调查数据信度和效度检验

5.1.2.1 实测数据信度检验

实测共发放电子问卷 634 份，回收 563 份，回收率 88.8%，其中有效问卷 497 份，有效率 88.2%。数据信度检验时，如表 5-3 所示，各个变量的 Crontbach's α 系数值最大为 0.927，最小为 0.866。其中，高管团队认知的两个维度 Crontbach's α 系数值分别为 0.913、0.897；技术创新投入的内部研发维度投入为 0.874，技术购买投入维度为 0.867，合作技术创新维度为 0.927；调节变量中，股权激励的 α 系数值为 0.885，晋升激励的 α 系数值为 0.901；控制变量中，企业成立年限的 α 系数值为 0.866，企业性质的 α 系数值为 0.871，企业规模的 α 系数值为 0.862，企业规模的 α 系数值为 0.917。上述 α 系数值均大于 0.8，说明本书所用量表可信度非常高，具有非常好的内部一致信度，且所用量表设计科学、合理。实际调查问卷数据信度分析，如表 5-3 所示。

表 5-3　实际调查问卷数据信度分析

变量	维度	Crontbach's α 系数
高管团队认知	认知需要	0.913
	认知能力	0.897
企业绩效	—	0.901
技术创新投入	内部技术创新	0.874
	技术购买投入	0.867
	合作技术创新	0.927
股权激励	—	0.885
晋升激励	—	0.901
企业成立年限	—	0.866
企业性质	—	0.871
企业规模	—	0.862
企业规模	—	0.917

5.1.2.2　效度检验

效度检验时，主要通过 KMO 数值、共同度等指标进行分析。其中，KMO 数值用于判断研究数据是否效度高低，共同度用于鉴定题项是否合理。效度检验时，主要分为内容效度和结构效度两部分。内容效度方面，本书从用词、格式、问题的说明等多方面对其进行了修改。在这个过程中，包括导师在内的多位老师给出了十分中肯的意见，确保了每一个问题都与研究目的相关。在结构效度方面，运用 SPSS 软件进行 KMO 检验和 Bartlett 球形检验是用于评估数据是否适合进行因子分析的两种重要统计检验方法。KMO 检验通过计算 KMO 值来判断变量间的相关程度，KMO 值越接近于 1，表明变量之间的相关性越高，意味着数据更适合进行因子分析。而 Bartlett 球形检验则通过计算巴特利特球形值来检验原始变量之间的相关性，该值越大，说明原始变量之间的相关性越强，从而越适宜进行因子分析。这两种检验共同为研究者提供了数据是否适合因子分析的重要参考依据。

从表 5-4 可以看出，课题研究所选题立项的总体 KMO 值为 0.821，明显高于 0.7 的标准值，实际调查所选题立项的效度较好。Bartlett 球形结果显示其相伴概率（Sig.）为 0.000，DF 值为 462，说明此问卷在调查和收集上具有明显随机性，数据真实有效，可用于下一步研究。

表5-4 实际调查问卷数据效度分析

KMO 值		0.821
Bartlet 球形检验	近似卡方	12323.876
	DF 值	462
	P 值	0.000

资料来源：调查统计获得。

5.2 描述性统计

本书所用的调查问卷共含受访者基本信息题项8项，分别是性别、年龄、文化程度、创始人身份、企业成立年数、企业性质、企业员工数和企业生长周期，共向88家科创板上市企业497名高管团队成员进行了调查，调查结果如表5-5所示。

表5-5 个人信息基本情况统计

变量		频数	频率（%）
性别	男	385	77.5
	女	112	22.5
年龄	25 以下	6	1.2
	26~35 岁	42	8.4
	36~45 岁	137	27.6
	45~55 岁	226	45.5
	56 岁及以上	86	17.3
文化程度	大专以下	15	3.1
	大专	30	6.1
	本科	105	21.1
	研究生	278	55.9
	博士及以上	69	13.8
创始人身份	是	18	3.6
	否	479	96.4

5.2.1 受访者基本信息描述性分析

性别方面。受访的高管团队成员性别主要以男性为主，男性占比超过3/4，达到了 77.5%，女性占比为 22.5%，女性比例相差较大，男性占比超出女性占比 55 个百分点。

年龄方面。本书将受访者年龄分为四个年龄段，研究样本的年龄分布如表 5-5 所示，他们的年龄被划分为五个阶段：25 岁以下共 6 人，占比 1.2%；26～35 岁 42 人，占比 8.4%；36～45 岁为 137 人，占比 27.6%；46～55 岁为 226 人，占比 45.5%；56 岁及以上 86 人，占比 17.3%。由此可看出，本次调查的受访者主要集中在 25～55 岁，这一年龄段占总人数比达到了 73.1%，结合实际情况来看，受访人员年龄结构贴近实际情况，比较合理。

文化程度方面。本次调查将受访者文化程度分为大专以下、大专、本科、研究生、博士及以上，受访者主要以研究生学历和博士及以上学历为主，二者相加占比将近七成，达到了 69.7%。具体来看，大专以下受访者为 15 人，占比 3.1%；大专学历受访者为 30 人，占比 6.1%；本科学历受访者为 105 人，占比 21.1%；研究生学历受访者为 278 人，占比 55.9%；博士及以上学历受访者为 69 人，占比 13.8%，这样的学历人员比较符合科创板上市中小公司的实际情况。

创始人身份方面。受访的 497 名科创板上市中小企业高管团队中，只有 18 人为公司创始人，占比 3.6%；其余 479 人均非创始人，非创始人身份人员占比 96.4%。可见，本次调查主要以非创始人为主。

5.2.2 受访者所在企业基本信息描述性分析

此次调查研究主要涉及 88 家科创板上市中小企业，企业基本信息描述性分析如下：

企业成立年限。如表 5-6 所示，本次调查研究的 88 家企业中，5 年以下企业为 0；成立年限在 6～10 年的企业为 12 家，占比 13.7%；成立年限在 11～15 年的企业高达 55 家，占比最大，达到了 62.5%；16 年及以上的企业有 21 家，占比为 23.8%。不难看出，此次调查研究主要以成立年限在 11～15 年的 55 家企业为主，占比超过六成，这与时间情况相符。

表 5-6　团队信息基本情况统计

企业成立年限	5 年以下	0	0
	6～10 年	12	13.7%
	11～15 年	55	62.5%
	16 年及以上	21	23.8%
企业性质	外商投资企业	3	3.3%
	民营企业	70	79.5%

续表

企业性质	国有控股	4	4.7%
	集体企业	11	12.5%
企业规模	500 人及以下	2	2.4%
	501~800 人	32	36.2%
	801~1000 人	36	40.7%
	1001~1500 人	11	12.4%
	1501 人及以上	7	8.3%
企业所处生长周期	创业期	4	4.1%
	成长期	53	60.2%
	成熟期	22	27.5%
	衰退期	7	2.2%

企业性质。在本次调查所涉及的88家企业性质来看，民营企业最多，数量多达70家，占比接近八成，达到了79.5%；其次是集体企业11家，占比12.5%；国有控股，数量为4家，占比达到4.7%；外商投资企业占比最小，数量为3家，占比为3.3%。

企业规模。本次调查将企业规模分为500人及以下、501~800人、801~1000人、1001~1500人、1501人及以上。从调查结果来看，受访的科创板中小企业规模主流为801~1000人，占比超过四成，达到了40.7%。其次是501~800人，企业数为32家，占比为36.2%，其他占比按大小依次为1001~1500人、1501人及以上、500人及以下，占比分别为12.4%、8.3%和2.4%。

企业所处生产周期。在企业所处周期方面，本次调查严格按照企业生长周期理论，将企业生长周期划分为了发展、成长、成熟、衰退四个阶段。从调查结果来看，处于创业期数量为4家，占比为4.1%；处于成长期数量为53家，占比为60.2%；处于成熟期数量为22家，占比为27.5%；处于衰退期数量为7家，占比为2.2%。由此可见，此次调查研究的企业中，主要以成长期企业为主。

5.3 高管团队认知的主成分分析

为使提取的主成分因子更加科学合理，本书根据研究需要，对初始因子载荷矩阵进行方差最大化正交旋转，结果如表5-7所示，高管团队认知需求和认知能力两个维度的KMO值为0.894，巴特利特球形值为6564.32，说明量表效度非常好，具有突出的统计学意义，而且数据的 P 值为 0.000，说明由抽样误差导致现在实测数据结果的概率为 0，再次佐证了预测数据的可信度。在利用最大方差旋转法对数据进行主成分分析降维后得到的公共因子中，前 5 个公共因子的累计方差解释率达到了 79.8%，且旋转后的因子负荷矩阵中所有题项均有 1 个因子负荷大于 0.6 明显高于 70%，说明降维后 5 个公共因子所包含的信息量可以取代全部变量，降维效果良好。综上所述，高管团队认知因子分子中无大于 1 的因子，因此务必要进行主成分分析。

表 5-7　高管团队认知主成分分析

变量		题项	因子					共同度
			因子	因子	因子	因子	因子	
高管团队认知	认知需要	A1	0.047	0.128	0.053	0.782	0.012	0.652
		A2	0.113	0.102	0.029	0.723	-0.052	0.625
		A3	-0.071	-0.023	0.157	0.795	0.135	0.686
		A4	0.140	0.210	0.111	0.857	0.019	0.818
		A5	0.012	0.190	0.068	0.132	0.810	0.852
		A6	0.321	0.162	0.013	-0.018	0.813	0.771
		A7	0.353	0.089	-0.007	0.027	0.817	0.794
		A8	0.190	0.173	0.084	0.099	0.862	0.792
		A9	0.863	-0.027	0.120	0.141	0.100	0.779
		A10	0.910	0.037	0.080	0.086	0.064	0.815
		A11	0.047	0.128	0.053	0.782	0.012	0.652
		A12	0.113	0.102	0.029	0.723	-0.052	0.625
		A13	-0.071	-0.023	0.157	0.795	0.135	0.686
		A14	0.140	0.210	0.111	0.857	0.019	0.818
	认知能力	A15	0.012	0.190	0.068	0.132	0.810	0.852
		A16	0.321	0.162	0.013	-0.018	0.813	0.771
		A17	0.353	0.089	-0.007	0.027	0.817	0.794
		A18	0.190	0.173	0.084	0.099	0.862	0.792
		A19	0.863	-0.027	0.120	0.141	0.100	0.779
		A20	0.910	0.037	0.080	0.086	0.064	0.815
		A21	0.047	0.128	0.053	0.782	0.012	0.652
		A22	0.113	0.102	0.029	0.723	-0.052	0.685
		A23	-0.071	-0.023	0.157	0.795	0.135	0.686

续表

变量	题项	因子					共同度
		因子	因子	因子	因子	因子	
特征根值（旋转前）		7.968	3.654	2.865	2.726	2.571	
方差解释率（旋转前）（%）		78.689	14.213	19.465	9.956	9.264	
累计方差解释率（旋转前）（%）		78.254	45.842	58.456	64.214	74.548	
特征根值（旋转后）		4.325	4.254	3.389	3.489	2.864	—
方差解释率（旋转后）（%）		16.863	16.774	21.545	14.455	11.358	
累计方差解释率（旋转后）（%）		76.754	38.248	49.285	62.543	79.862	
KMO 值		0.894					
巴特利特球形值		6564.32					
DF		328					
P 值		0.000					

5.4 回归分析

逐步回归分析是用于研究多个变量之间相互依赖的关系，用以建立 E 优或合适的回归模型，从而更加深入地研究变量之间的依赖关系，选择自变量以建立最优回归方程的回归分析方法，主要遵循"在从大量可供选择的变量中自动选取最重要的变量的基础上构建回归分析的预测模型"的基本思路。作为多元回归分析中的一种重要方法，逐步回归分析被广泛应用于量表统计中，故而，本书决定采用逐步回归分析法，以深入探讨创新型企业创新能力与企业文化之间的线性关联。在进行回归分析之前，本书设定了显著性水平为 0.05 作为判断变量影响是否显著的标准。在分析过程中，逐步剔除那些在分析中表现为虚假的变量，这一过程会持续进行，直至所有虚假变量都被排除为止。这种方法旨在确保回归模型的准确性和可靠性，从而更精确地揭示创新型企业创新能力与企业文化之间的真实关系。

5.4.1 高管团队认知对企业绩效的多元线性回归

如表 5-8 所示，模型（1）揭示了本书选取的控制变量对企业绩效的显著影响。根据模型（1）的数据结果，调整后的 R^2 值为 0.101，F 统计量为 4.366，且 P<0.001，这表明模型（1）的回归效果是显著的。进一步观察模型中的各个变量，发现年龄（回归系数为 0.006，P<0.050）、文化程度（回归系数为 0.056，P<0.001）、创始人身份（回归系数为 0.0004，P<0.001）、企业成立年限（回归系数为-0.008，P<0.010）、企业性质（回归系数为 0.036，P<0.010）、企业规模（回归系数为 0.008，P<0.050）以及生长周期（回归系数为 0.0006，P<0.050）均对企业绩效产生了显著影响。

表 5-8　高管团队认知与企业绩效回归分析

变量	企业绩效	
	模型（1）	模型（2）
（常量）	0.067	0.060
性别	0.003[+]	0.008[+]
年龄	0.006[*]	0.007[**]
文化程度	0.056[***]	0.057[***]
创始人身份	0.0004[***]	0.0005[***]
企业成立年限	-0.008[**]	-0.009[**]
企业性质	0.036[**]	0.047[***]
企业规模	0.008[*]	0.024[**]
生长周期	0.0006[*]	0.0003[*]
行业哑变量	Yes	Yes
认知需要		0.002[***]
认知能力		0.032[***]
调整后的 R^2	0.101	0.105
F	4.366[***]	4.400[***]

注：***、**、*、+分别表示 P<0.001、P<0.01、P<0.05、P<0.1。

模型（2）是在模型（1）的基础上引入了高管认知变量后构建的。从模型（2）的结果可以看出，调整后的 R^2 值提升至 0.105，这表明新模型的解释力相较于仅包含控制变量的模型（1）有所增强，显示出较强的解释能力。具体数据方面，F 统计量为 4.400，且 P 值远小于 0.001，证明了模型（2）的回归效果非常显著。在模型（2）中，原本在模型（1）中显著的控制变量依然保持了显著性。年龄（回归系数为 0.007，P<0.010）、文化程度（回归系数为 0.057，P<0.001）、创始人身份（回归系数为 0.0005，P<0.001）、企业成立年限（回归系数为-0.009，P<0.010）、企业性质（回归系数为 0.047，P<0.001）、企业规模

（回归系数为 0.024，P < 0.050）以及生长周期（回归系数为 0.0003，P < 0.050）均对企业绩效产生了显著影响。

此外，新引入的自变量高管团队认知需求和高管团队认知能力也表现出对企业绩效的显著正向影响。高管团队认知需求的回归系数为 0.002，且 P 值远小于 0.001；高管团队认知能力的回归系数为 0.032，P 值也远小于 0.001。这些结果表明，高管团队的认知需求和认知能力均对企业绩效有显著的正面作用。综上所述，研究假设 H1、H1a 和 H1b 均得到了验证，即高管团队的认知需求和认知能力均正向影响企业绩效。

5.4.2　高管团队认知与技术创新投入的多元线性回归

如表 5-9 所示，模型（3）揭示了本书选取的控制变量对中介变量——内部技术创新的影响。模型（3）中调整后的 R^2 值为 0.229，F 统计量高达 9.906，且 P 值远小于 0.001，这表明模型（3）的回归效果非常显著。在模型（3）中，我们发现文化程度（$\beta = -0.034$，$P < 0.001$）和创始人身份（$\beta = 0.003$，$P < 0.01$）对内部技术创新具有显著影响。

表 5-9　高管认知与技术创新投入回归分析

变量	内部技术创新		技术购买投入		合作技术创新	
	模型（3）	模型（4）	模型（5）	模型（6）	模型（7）	模型（8）
（常量）	0.362	0.309	0.261	0.212	0.334	0.273
性别	0.059	0.050	0.129	0.121	0.131	0.123
年龄	-0.003	0.002	0.039	0.043+	0.042	0.037+
文化程度	0.034***	0.032***	0.071***	0.069***	0.086***	0.064***
创始人身份	0.003**	0.003**	0.001	0.001	0.001	0.001
企业成立年限	-0.013***	-0.045***	-0.067***	-0.034***	-0.054***	-0.024***
企业性质	-0.004	0.005	0.065	0.034+	0.035	0.054+
企业规模	0.064	0.043	0.154	0.134	0.154	0.148
生长周期	0.001**	0.002**	0.005	0.003	0.002	0.005
行业哑变量	Yes	Yes	Yes	Yes	Yes	Yes
高管团队认知需求		0.016**		0.015**		0.086**
高管团队认知能力		0.023**		0.045**		0.074**
调整后的 R^2	0.229	0.236	0.119	0.121	0.256	0.485
F 值	9.906***	9.973***	5.060***	4.995***	5.235***	6.875***

注：***、**、*、+分别表示 P<0.001、P<0.01、P<0.05、P<0.1。

在模型（3）的基础上引入高管认知变量，构建了模型（4）。模型（4）中调整后的 R^2 值提升至 0.236，超过了模型（3）中调整后的 R^2 值，显示出更强的解释能力。同时，模型（4）中 F 统计量为 9.973，P 值也远小于 0.001，证明了模型（4）的回归效果同样显著。

在模型（4）中，文化程度依然对内部技术创新产生显著的负向影响（β＝-0.032，P<0.001），而创始人身份保持对内部技术创新的显著正向影响（β＝0.003，P<0.01）。此外，新引入的高管团队认知需求变量与内部技术创新呈现出显著的正相关关系（β＝0.016，P<0.010）。这表明高管团队的认知需求对推动企业内部技术创新具有积极作用。高管团队认知能力对内部技术创新（β＝0.023，P<0.010）呈正相关关系，故假设 H2a 和 H2d 成立。

模型（5）展示了本书的控制变量如何影响另一个中介变量——技术购买投入。根据模型（5）的结果，调整后的 R^2 值为 0.119，F 统计量为 5.060，且 P 值远小于 0.001，这表明模型（5）的回归效果显著。在模型（5）中，文化程度对技术购买投入有显著的正向影响。

在模型（5）的基础上引入高管认知变量，构建了模型（6）。模型（6）中调整后的 R^2 值为 0.121，F 统计量为 4.995，且 P 值远小于 0.001，说明模型（6）的回归效果也是显著的。在模型（6）中，一个值得注意的是发现企业年龄对技术购买投入产生了显著的负向影响（β＝-0.034，P<0.001）。这意味着随着企业成立年限的增长，可能对技术购买的投入会相应减少。

总的来说，模型（5）和模型（6）分别揭示了控制变量以及加入高管认知后各变量对技术购买投入的影响，其中企业年龄和文化程度是影响技术购买投入的重要因素。其中企业成立年限对技术购买投入有显著负向影响（β＝-0.034，P<0.001），文化程度对技术购买投入有显著正向影响（β＝0.069，P<0.001），高管团队认知需求对技术购买投入（β＝0.015，P<0.010）呈正相关关系。高管团队认知能力对技术购买投入（β＝0.045，P<0.010）呈正相关关系。故假设 H2b 和 H2e 成立。

模型（7）揭示了本书的控制变量对中介变量合作技术创新的影响情况。从模型（7）的数据可以看出，调整后的 R^2 值为 0.256，F 统计量为 5.235，且 P 值远小于 0.001，这表明模型（7）的回归效果是显著的。在这个模型中，文化程度对合作技术创新有显著的正向影响（β＝0.086，P<0.001），意味着员工文化程度的提升可能会促进企业的合作技术创新活动。

为了进一步研究，在模型（7）的基础上引入高管认知变量，构建了模型（8）。模型（8）中调整后的 R^2 值大幅度提升至 0.485，F 统计量也增加到 6.875，且 P 值远小于 0.001，显示出模型（8）的回归效果更为显著。在模型（8）中，除了文化程度继续保持对合作技术创新的正向影响外，本书还发现企业成立年限对合作技术创新产生了显著的负向影响（β＝-0.024，P<0.001）。这表明随着企业运营年限的增长，可能在一定程度上会阻碍或减少对合作技术创新的投入或热情。

综上所述，通过模型（7）和模型（8）的分析，可以更加深入地了解控制变量以及高管认知是如何影响企业合作技术创新的，其中文化程度和企业年龄是两个关键因素。其中企业年龄对技术购买投入有显著负向影响（β＝-0.024，P<0.001），文化程度对技术购买投入有显著正向影响（β＝0.064，P<0.001），高管团队认知需求对技术购买投入（β＝0.086，P<0.010）呈正相关关系。高管团队认知能力对技术购买投入（β＝0.074，P<0.010）呈正相关关系。故假设 H2c 和 H2f 成立。

5.4.3　技术创新投入与企业绩效多元线性回归

如表 5-10 所示，模型（9）揭示了本书所选取的控制变量对企业绩效的影响情况。其分析与模型（1）一致，故此处不再赘述。

表 5-10　技术创新投入与企业绩效回归分析

变量	企业绩效			
	模型（9）	模型（10）	模型（11）	模型（12）
（常量）	0.067	0.074	0.064	0.072
性别	0.003[+]	0.008[*]	0.007[**]	0.006[+]
年龄	0.006[*]	0.005[*]	0.004[*]	0.005[*]
文化程度	0.056[***]	-0.054[***]	-0.061[***]	-0.058[***]
创始人身份	0.0004[***]	0.0002[**]	0.0004[**]	0.0006[*]
企业成立年限	-0.008[**]	-0.008[**]	-0.009[**]	-0.007[**]
企业性质	0.002[**]	0.008[**]	0.007[**]	0.008[**]
企业规模	0.008	0.006	0.009	0.005[*]
生长周期	0.0006[*]	-0.0007	-0.0006[*]	-0.0008[*]
行业哑变量	Yes	Yes	Yes	Yes
内部技术创新		0.019[***]		
技术购买投入			0.011[**]	
合作研发投入				0.014[***]
调整后的 R^2	0.101	0.109	0.111	0.121
F 值	4.366[***]	4.557[***]	4.564[***]	4.882[***]

注：***、**、*、+分别表示 P<0.001、P<0.01、P<0.05、P<0.1。

模型（10）、模型（11）、模型（12）分别在模型（9）的基础上引入技术创新投入变量，从而构建了模型（10）。模型（10）中调整后的 R^2 值为 0.109，这表明新模型的解释力相较于仅包含控制变量的模型（9）有所增强，显示出更强的解释能力。因此，技术创新投入变量的加入确实提高了模型的预测精度和解释力度。其中，调整后 $F = 4.557$，$P < 0.001$，回归模型显著。其中性别（$\beta = 0.008$，$P < 0.05$）、年龄（0.005，$P < 0.05$）、文化程度（$\beta = -0.054$，$P < 0.001$）、创始人身份（$\beta = 0.0002$，$P < 0.01$）、企业成立年限（$\beta = -0.008$，$P < 0.01$）、企业性质（$\beta = 0.008$，$P < 0.01$）、企业规模（$\beta = 0.006$，$P < 0.05$）、生长周期（$\beta = -0.0007$，$P < 0.05$）都对企业绩效有显著影响，中介变量内部技术创新对企业绩效有显著正向影响（$\beta = 0.019$，$P < 0.01$），故假设 H3a 成立。

模型（11）展示，调整后的 R^2 值为 0.111，F 统计量为 4.564，且 P 值远小于 0.001，这些统计指标共同表明该回归模型的显著性非常高，即模型中的自变量对因变量有着显著的影响。控制变量性别（$\beta = 0.007$，$P < 0.01$）、年龄（$\beta = 0.004$，$P < 0.05$）、文化程度（$\beta = -0.061$，$P < 0.001$）、创始人身份（$\beta = 0.0004$，$P < 0.01$）、企业成立年限（$\beta = -0.009$，$P < 0.01$）、企业性质（$\beta = 0.007$，$P < 0.01$）、企业规模（$\beta = 0.009$，$P < 0.05$）、生长周期（$\beta = -0.0006$，$P < 0.05$）对企业绩效有显著影响，中介变量技术购买投入（$\beta = 0.011$，$P < 0.01$）对企业绩效有显著正向影响，故假设 H3b 成立。

5.4.4 技术创新投入中介效应的多元线性回归

在早期探讨高管团队认知与企业绩效关系的研究中，团队认知的概念常常模糊不清。不少学者误将团队沟通、团队信任、团队支持等团队互动要素视作为团队认知的组成部分，并基于这种理解探讨了这些要素与企业日常运营之间的关系。本书经过详尽的梳理与分析，创新性地提出了"团队互动"这一前置变量，同时整合了团队信任、团队沟通、团队冲突、团队支持、团队凝聚力和团队任务互动等多个维度于这一分析框架内。这样的处理使本书的研究视角更为全面、分析更为合理。然而，这也引出了一个新的问题：在"团队认知—技术创新投入—企业绩效"这一研究框架中，技术创新投入在结构上扮演了中介变量的角色。因此，本书认为对技术创新投入进行中介效应的分析是必不可少的环节。

为了更深入地探究团队认知、技术创新投入以及企业惯例之间的相互关系，本书决定运用结构方程建模技术来进行详细分析。这种方法不仅能达到逐步回归分析法的效果，还能更全面地考虑到测量误差项目所带来的潜在影响。近年来，这一分析方法受到了学术界的广泛认可与应用（Allen et al.，2003；温忠麟等，2004；周明建和宝贡敏，2005）。因此，本书也采纳了结构方程建模技术，并严格遵循 Baron 和 Kenny（1986）的分析步骤以及判定中介作用的相关条件，以确保研究的准确性和科学性。

本书采纳了温忠麟等（2004）提出的方法，以进一步验证国际化战略在高管认知与企业绩效之间的中介效应。具体的检验步骤如下：首先，将所有涉及的变量进行中心化转化，以确保数据的准确性和可比性。其次，进行第一步检验，即分析企业绩效（Y）与高管认知（X）之间的直接关系。通过回归方程 $Y = cX + e1$ 进行检验，其中 c 代表高管认知对企业绩效的直接影响系数。若 c 不显著，说明高管认知与企业绩效之间的相关性不显著，此时停止中介效应的分析。若 c 显著，则继续进行下一步的检验。

最后，本书进行第二步和第三步的联合检验。①检验国际化战略（M）与高管认知（X）的关系，通过回归方程 $M = aX + e2$ 进行，其中 a 代表高管认知对国际化战略的影响系数。②检验企业绩效（Y）与高管认知（X）及国际化战略（M）的关系，通过回归方程 $Y = c'X + bM + e3$ 进行，其中 b 代表国际化战略对企业绩效的影响系数，c′则是在考虑了国际化战略的影响后，高管认知对企业绩效的直接影响系数。在这两步检验中，依次查看 a 和 b 的显著性。如果 a 和 b 均显著，说明高管认知通过国际化战略对企业绩效产生了显著影响。此时，再检验 c′的显著性。若 c′显著，则说明国际化战略起到了部分中介效应；若 c′不显著，则说明国际化战略起到了完全中介效应。如果 a 和 b 只有一个显著，将进行 Sobel 检验。如果 Sobel 检验显著，则说明国际化战略的中介效应显著；如果 Sobel 检验不显著，则说明中介效应不显著。通过以上步骤，能够全面且准确地检验国际化战略在高管认知与企业绩效之间的中介效应，并据此判断高管认知是否通过影响国际化战略来进一步影响企业绩效。

表 5-11 展示了技术创新投入在高管认知与企业绩效关系中的中介效应。首先，在模型（13）中，考察了控制变量和自变量高管认知对因变量企业绩效的影响。结果显示，自变量高管认知的系数 c（$\beta = 0.002$，$P < 0.001$）是显著的，这表明高管认知对企业绩效具有直接影响。

表 5-11　技术创新投入在高管认知与企业绩效之间中介作用回归分析

变量	企业绩效	内部技术创新	企业绩效
	模型（13）	模型（14）	模型（15）
（常量）	0.002	0.062	0.004
性别	0.003 *	−0.032 ***	0.002
年龄	0.007 **	0.002	0.007 **

变量	企业绩效	内部技术创新	企业绩效
	模型（13）	模型（14）	模型（15）
文化程度	-0.057***	0.050	-0.056***
创始人身份	-0.0005**	0.003**	-0.0004*
企业成立年限	0.006*	0.038***	0.004
企业性质	0.008**	0.003	0.072**
企业规模	-0.064***	0.052	-0.058***
生长周期	-0.0003**	0.006**	-0.0008*
高管团队认知需求	0.005***	0.023***	0.009***
高管团队认知能力	0.013***	0.034***	0.024***
内部技术创新			-0.021***
调整后的 R^2	0.105	0.236	0.115
F 值	4.400***	9.973***	4.642***

注：***、**、*、+分别表示 $P<0.001$、$P<0.01$、$P<0.05$、$P<0.1$。

其次，在模型（14）中，探究了控制变量、自变量高管认知对中介变量——内部技术创新投入的影响。自变量高管认知的系数 a（$\beta=0.023$，$P<0.001$）显著，说明高管认知对内部技术创新投入有显著的正向影响。

最后，在模型（15）中，同时考虑了控制变量、中介变量内部技术创新投入以及自变量高管认知对企业绩效的影响。结果显示，自变量高管认知的系数 c′（$\beta=0.009$，$P<0.05$）和中介变量内部技术创新投入的系数 b（$\beta=-0.021$，$P<0.001$）均显著。

通过依次检验 a、b、c 和 c′的显著性，发现所有系数均达到显著水平。特别是 c′仍然显著，这表明在考虑了中介变量内部技术创新投入后，高管认知仍然对企业绩效有直接影响。因此，本书可以得出结论：中介变量内部技术创新投入在高管认知与企业绩效之间起到了部分中介作用。这一发现支持了假设 H6a。

表 5-12 揭示了中介变量技术创新技术购买投入在高管认知与企业绩效关系间的中介效应。在模型（16）中，探究了控制变量和自变量高管认知对因变量企业绩效的影响。结果表明，自变量高管认知的系数 c（$\beta=0.006$，$P<0.001$）是显著的，意味着高管认知对企业绩效有显著影响。

表 5-12　技术创新投入在高管认知与企业绩效之间中介作用回归分析

变量	企业绩效	技术购买投入	企业绩效
	模型（16）	模型（17）	模型（18）
（常量）	0.002	0.212	0.003
性别	0.003 *	−0.032 ***	0.002
年龄	0.007 **	0.002	0.007 **
文化程度	−0.057 ***	0.050	−0.056 ***
创始人身份	−0.0005 **	0.003 **	−0.0004 *
企业成立年限	0.006 *	0.038 ***	0.004
企业性质	0.008 **	0.003	0.072 **
企业规模	−0.064 ***	0.052	−0.058 ***
生长周期	−0.0003 **	0.006 **	−0.0008 *
高管团队认知	0.002 ***	0.015 ***	0.022 ***
技术购买投入			−0.021 **
调整后的 R^2	0.105	0.236	0.115
F 值	4.400 ***	9.973 ***	4.642 ***

注：***、**、*、+分别表示 $P<0.001$、$P<0.01$、$P<0.05$、$P<0.1$。

在模型（17）中分析了控制变量、自变量高管认知对中介变量——技术创新技术购买投入的影响。自变量高管认知的系数 a（$\beta=0.015$，$P<0.001$）是显著的，说明高管认知对技术创新技术购买投入有显著的正向作用。

在模型（18）中，同时纳入了控制变量、中介变量技术创新技术购买投入以及自变量高管认知，以考察它们共同对企业绩效的影响。分析结果显示，自变量高管认知的系数 c′（$\beta=0.015$，$P<0.001$）和中介变量技术创新技术购买投入的系数 b（$\beta=0.022$，$P<0.001$）均为显著。

通过依次对 a、b、c 和 c′进行检验，发现这四个系数均达到了显著水平。特别是 c′在引入中介变量后依然显著，这表明技术创新技术购买投入在高管认知与企业绩效之间起到了部分中介作用。因此，可以确认中介变量技术创新技术购买投入确实在高管认知与企业绩效之间发挥了中介效应，从而验证了假设 H6b。

表 5-13 展示了中介变量技术创新合作技术创新在高管认知与企业绩效之间的中介效应。模型（19）呈现了控制变量和自变量高管认知对因变量企业绩效的影响，结果显示自变量系数 c（$\beta=0.003$，$P<0.001$）是显著的，这表明高管认知对企业绩效有显著影响。

模型（20）探讨了控制变量和自变量高管认知对中介变量——技术创新合作技术创新的作用。分析结果显示，自变量高管认知的系数 a（$\beta=0.027$，$P<0.001$）是显著的，意味着高管认知对技术创新合作技术创新有显著的正向影响。

表 5-13　技术合作技术创新在高管认知与企业绩效之间中介作用回归分析

变量	企业绩效	合作技术创新	企业绩效
	模型（19）	模型（20）	模型（21）
（常量）	0.002	0.134	0.006
性别	0.003 *	-0.032 ***	0.002
年龄	0.007 **	0.002	0.007 **
文化程度	-0.057 ***	0.050	-0.056 ***
创始人身份	-0.0005 **	0.003 **	-0.0004 *
企业成立年限	0.003 *	-0.032 ***	0.002
企业性质	0.007 **	0.002	0.007 **
企业规模	-0.057 ***	0.050	-0.056 ***
生长周期	-0.0005 **	0.003 **	-0.0004 *
高管团队认知	0.003 ***	0.027 ***	0.024 ***
合作技术创新			0.031 ***
调整后的 R^2	0.105	0.236	0.115
F 值	4.400 ***	9.973 ***	4.642 ***

注：***、**、*、+分别表示 P<0.001、P<0.01、P<0.05、P<0.1。

在模型（20）中，同时考虑了控制变量、中介变量技术创新合作技术创新以及自变量高管认知，以评估它们共同对企业绩效的影响。分析结果表明，自变量高管认知的系数 c'（β＝0.024，P<0.001）和中介变量技术创新合作技术创新的系数 b（β＝0.031，P<0.001）都是显著的。

通过逐步检验 a、b、c 和 c'的显著性，发现这四个系数均显著。尤其是 c'在引入中介变量后仍然显著，这表示在考虑了技术创新合作技术创新的中介效应后，高管认知仍然直接影响着企业绩效。因此，可以得出结论：中介变量技术创新合作技术创新在高管认知与企业绩效之间发挥了部分中介作用。这一发现验证了假设 H6c。

5.4.5　股权激励调节作用的多元线性回归

调节作用的研究并不要求自变量对因变量一定有影响，即使 X 对 Y 没有影响也可进行调节作用研究。基于监督约束视角，进一步考察股权激励对高管团队认知与企业绩效之间的正向调节作用，加入了高管团队认知与股权激励变量的交互项，判断是否具有调节作用主要通过 ΔR^2 值和交互项显著性查看。表 5-14 中共有 3 个模型，模型（22）中包括自变量高管团队认知和企业成立年限、企业性质、企业规模、企业所处生长周期等控制变量；模型（23）是在原始模型

（1）的框架之上，额外引入了一个调节变量——股权激励。这样的设计旨在探究股权激励如何对原有模型的关系产生影响。进一步地，模型（24）在模型（23）的基础上进行了拓展，通过加入一个新的交互项来深入分析这种影响。这个交互项是高管团队认知与股权激励的乘积，它的引入能够更精确地量化股权激励如何调节高管团队认知与其他变量之间的关系。简言之，模型（24）通过引入交互项，提供了对高管团队认知和股权激励之间相互作用更深入的理解。调节变量的作用通常有两种判断方法，一是看 ΔR^2 是否出现显著变化。从模型（23）到模型（24），ΔR^2 值由 0.025 变为 0.064，说明 R^2 变化显著，交互项有显著性。二是交互项显著性。模型（24）中，自变量高管团队认知与调节变量股权激励的乘积项 P 值为 0.000^{**}，可知交互项具有非常明显的显著性，说明股权激励对高管团队认知与技术创新投入相关性有正向调节作用，即股权激励强化了高管团队认知对企业绩效的正向调节作用。股权激励能够有效激发高管团队对技术创新投入的认知需求和认知能力，强化了高管团队与企业绩效的趋同性，促进企业对技术创新投入更多的人力、物力，有利于提升企业技术创新投入，综上所述，假设 H5 成立。

表 5-14 股权激励调节效应作用回归分析

股权激励调节效应分析结果（n=497）

	模型（22）				模型（23）				模型（24）			
	B	标准值	T	P	B	标准值	T	P	B	标准值	T	P
常数	1.751	0.397	4.411	0.000^{**}	1.302	0.422	3.084	0.002^{**}	0.709	0.410	4.165	0.000^{**}
控制变量	0.532	0.095	5.592	0.000^{**}	0.640	0.101	6.318	0.000^{**}	0.523	0.099	5.266	0.000^{**}
高管团队认知	0.171	0.082	2.076	0.039^*	0.255	0.086	2.951	0.004^{**}	0.316	0.083	3.809	0.000^{**}
股权激励					−0.235	0.084	−2.779	0.006^{**}	−0.020	0.092	−0217	0.828
高管团队认知×股权激励									0.234	0.050	4.710	0.000^{**}
R^2	0.345				0.370				0.434			
调整后的 R^2	0.338				0.360				0.422			
F 值	$F_{(2, 197)}=51.810$, $P=0.000^{**}$				$F_{(3, 196)}=38.293$, $P=0.000^{**}$				$F_{(4, 195)}=37.369$, $P=0.000^{**}$			
ΔR^2 值	0.345				0.025				0.064			
ΔF 值	$F_{(2, 197)}=51.810$, $P=0.000^{**}$				$F_{(1, 196)}=7.722$, $P=0.006^{**}$				$F_{(1, 195)}-22.183$, $P=0.000^{**}$			

因变量：企业绩效

注：$***$、$**$、$*$、$+$分别表示 $P<0.001$、$P<0.01$、$P<0.05$、$P<0.1$。

5.4.6 晋升激励调节作用的多元线性回归

同股权激励调节作用的检验一样，晋升激励也是通过查看 ΔR^2 值显著性和交互项显著性来验证是否具有正向的调节作用。如表 5-15 所示，模型（25）中包括自变量高管团队认知和企业成立年限、企业性质、企业规模、企业所处生长周期等控制变量；模型（26）在模型（25）的基础上，进一步整合了晋升激励这一调节变量。此举旨在考察晋升激励如何对原有模型中的关系产生调节作用。而模型（27），作为对模型（26）的深化，引入了一个新的交互项，即高管团队认知与晋升激励的乘积。通过这一交互项，能够更加细致地分析晋升激励是如何具体调节高管团队认知对其他变量的影响的。简言之，模型（27）通过增加这一交互项，便于深入理解高管团队认知与晋升激励之间相互作用机制的机会。如模型（26）到模型（27），ΔR^2 值由 0.034 变为 0.092，说明 R^2 变化显著，交互项有显著性。同时，模型（27）中的交互项自变量高管团队认知与调节变量晋升激励的乘积项 P 值为 0.000^{**}，可断定交互项具有非常明显的显著性。

表 5-15　晋升激励调节效应作用回归分析

	模型（25）				模型（26）				模型（27）			
晋升激励调节效应分析结果（n=497）												
	B	标准值	T	P	B	标准值	T	P	B	标准值	T	P
常数	1.864	0.412	4.542	0.000^{**}	1.408	0.442	3.782	0.001^{**}	0.987	0.424	4.453	0.000^{**}
控制变量	0.632	0.123	5.432	0.000^{**}	0.672	0.113	6.534	0.000^{**}	0.532	0.094	5.453	0.000^{**}
高管团队认知	0.182	0.072	2.237	0.031^{*}	0.243	0.089	2.932	0.002^{**}	0.345	0.089	3.978	0.000^{**}
股权激励					-0.221	0.087	-2.783	0.006^{**}	-0.021	0.089	-0387	0.828
高管团队认知×股权激励									0.342	0.045	4.675	0.000^{**}
R^2	0.334				0.365				0.454			
调整后的 R^2	0.346				0.374				0.453			
F 值	$F_{(2, 652)} = 51.810$, P=0.000^{**}				$F_{(3, 453)} = 37.354$, P=0.000^{**}				$F_{(4, 242)} = 38.897$, P=0.000^{**}			
ΔR^2 值	0.389				0.034				0.092			
ΔF 值	$F_{(2, 323)} = 51.810$, P=0.000^{**}				$F_{(1, 204)} = 7.722$, P=0.006^{**}				$F_{(1, 254)} = 23.783$, P=0.000^{**}			
因变量：企业绩效												

注：$***$、$**$、$*$、$+$ 分别表示 P<0.001、P<0.01、P<0.05、P<0.1。

综上所述，自变量高管团队认知呈现出显著性（t = 2.076，P = 0.039 < 0.05），意味着高管团队认知对于企业绩效会产生显著影响关系。同时，高管团队认知与晋升激励的交互项在 t = 4.710 时，P = 0.000（0.05），交互项的回归系数显著，说明高管团队晋升激励对高管团队认知与技术创新投入相关性有正向调节作用，故假设 H5 成立。

5.5 控制变量的影响分析

在控制变量的影响分析中，本书将从个人和团队两个层面来深入探讨控制变量对自变量和因变量的作用效果。个人层面的研究将聚焦于团队成员的个体特质，如性别、年龄、教育背景以及是否具有创始人身份等因素。团队层面的分析会更注重企业和团队的相关特征，包括企业的创立时间、企业性质（如国有、民营等）、企业规模以及企业所处的生命周期阶段等变量。

为了对这些控制变量的影响进行科学分析，本书将采用独立样本 T 检验（适用于两组数据的比较）和单因素方差分析（适用于两组以上数据的比较）这两种统计方法。特别地，本书参考了孙伯灿等（2003）的学术建议，在进行方差分析时，根据方差的齐性来选择适当的比较方法：当方差齐性时，采用 LSD 法进行多组间的比较分析；当方差不齐性时，则选择 Tamhane 法来进行比较分析。这样的分析方法能够更准确地揭示不同控制变量对自变量和因变量的具体影响，从而为本书的研究提供更为严谨和科学的依据。

5.5.1 团队成员个体属性对自变量和因变量的影响分析

5.5.1.1 性别对自变量和因变量的影响分析

根据表 5-16 所展示的数据，通过以团队成员性别为分组依据进行的独立样本 T 检验，本书发现认知需求、认知能力和企业绩效这三个变量的显著性概率分别为 0.011、0.025 和 0.004，均低于 0.05 的显著性水平。这一结果表明，团队成员的性别在高管团队认知和企业绩效方面确实存在显著差异。具体来说，男性团队成员在这些方面的表现显著高于女性团队成员。因此，可以得出结论，团队成员的性别对高管团队认知和企业绩效的影响具有显著的差异性，且在这种差异中，男性相对于女性表现出更高的水平。

表 5-16 团队成员性别对自变量和因变量影响的方差分析

变量名	均值差（男－女）	F 值	方差齐性检验		显著性概率	是否显著
			Sig.	是否齐性		
认知需求	0.10872	0.913	0.091	是	0.011	是
认知能力	0.05563	0.658	0.085	是	0.025	是
企业绩效	0.08996	0.680	0.004	是	0.004	是

注：方差齐性检验的显著性水平为 0.05。

5.5.1.2 年龄对自变量和因变量的影响分析

为了探究团队成员的年龄对团队认知和企业绩效的影响，将受访者的年龄划分为 5 个层次：25 岁以下、26~35 岁、36~45 岁、46~55 岁和 56 岁及以上。通过采用单因素方差分析法，本书检验了不同年龄段对团队认知变量和企业绩效变量是否存在显著性差异。分析结果显示，在 95% 的置信度水平下，团队成员的年龄对团队认知和企业绩效均没有产生显著影响。因此，可以得出结论，员工的年龄层次并不会显著改变团队认知或企业绩效（见表 5-17）。

表 5-17 团队成员年龄对自变量和因变量影响的方差分析

变量名	总变差	F 值	方差齐性检验		显著性概率	是否显著
			Sig.	是否齐性		
认知需求	1270.511	1.654	0.764	是	0.533	否
认知能力	1176.235	1.241	0.854	是	0.391	否
企业绩效	1130.254	1.987	0.768	是	0.418	否

注：方差齐性检验的显著性水平为 0.05。

5.5.1.3 受教育水平方面对自变量和因变量的影响分析

本书将受访者的受教育水平划分为了大专以下、大专、本科、研究生、博士及以上 5 个层次，为了探究团队成员的受教育水平对团队认知和企业绩效的影响，我们采用了单因素方差分析法进行深入研究。通过详细的数据分析发现，在 95% 的置信度水平下，团队成员的受教育水平对团队认知中的认知需求变量以及企业绩效变量并未产生显著影响。然而，值得注意的是，受教育水平对团队认知中的认知能力变量存在显著的影响。这一发现表明，虽然受教育程度可能不直接影响团队的认知需求和企业整体绩效，但它确实在一定程度上塑造了团队成员的认知能力。

表 5-18 展示了多重比较的结果。在认知需求的分析中，由于方差齐性概率

为 0.001，低于 0.05 的显著性水平，因此拒绝了方差齐性的假设。基于这一结果，在多重比较时，本书选择了 Tamhane 的分析方法。通过比较发现，不同学历层次的高管团队成员在知识整合能力上存在显著差异。具体来说，拥有博士和硕士学位的员工在认知能力上显著高于大专以下学历的员工。同样地，大专和本科学历的员工也展现出了比大专以下学历员工更高的认知能力。这一发现揭示了学历水平对高管团队成员认知能力的重要影响。

表 5-18　团队成员学历对自变量和因变量影响的方差分析

变量名	总变差	F 值	方差齐性检验		显著性概率	是否显著
			Sig.	是否齐性		
认知需求	1176. 235	9. 154	0. 000	否	0. 269	否
认知能力	1130. 254	8. 215	0. 001	否	0. 001	是
企业绩效	1299. 102	7. 329	0. 001	否	0. 226	否

注：方差齐性检验的显著性水平为 0.05。

5.5.1.4　创始人身份对自变量和因变量的影响分析

为了深入探讨创始人身份对团队认知和企业绩效的潜在影响，将受访者的身份明确划分为创始人和非创始人两大类。基于这一分类，本书采用单因素方差分析法来详细评估创始人身份是如何对团队认知的各个变量以及企业绩效产生影响的，并判断这些影响是否具备显著性差异。通过这种方法，期望能够更准确地理解创始人身份在团队认知和企业绩效中的具体作用。

从表 5-19 可以看出，在置信度为 95% 的水平下，创始人身份对团队认知的认知需求和认知能力两个变量的显著性概率分别为 0.032 和 0.021，存在显著性差异，而对企业绩效变量不存在显著差异，由此可判断，创始人身份能够对高管团队认知产生显著影响，这也再次论证了相关学者的研究成果。

表 5-19　创始人身份对自变量和因变量影响的方差分析

变量名	总变差	F 值	方差齐性检验		显著性概率	是否显著
			Sig.	是否齐性		
认知需求	1270. 511	1. 238	0. 136	是	0. 032	是
认知能力	1176. 235	1. 165	0. 214	是	0. 021	是
企业绩效	1130. 254	1. 384	0. 001	否	0. 571	否

注：方差齐性检验的显著性水平为 0.05。

5.5.2 团队特征对自变量和因变量的影响分析

5.5.2.1 企业成立年限对自变量和因变量的影响分析

为了深入探究团队寿命对团队认知和企业绩效的影响，将受访者所在团队的成立时间划分为 4 个层次。基于这一分类，本书采用了单因素方差分析法进行详细的数据分析。通过对比不同团队寿命层次下的团队认知和企业绩效各变量，旨在判断团队寿命是否对这些变量产生显著性差异。具体结果如表 5-20 所示。在 95% 的置信度水平下，本书对数据进行了严格的统计分析，以揭示团队寿命与团队认知及企业绩效之间的潜在关系。企业成立年限对团队认知的认知需求、认知能力变量和企业绩效变量的影响无显著差异。

表 5-20 团队寿命对自变量和因变量影响的方差分析

变量名	总变差	F 值	方差齐性检验		显著性概率	是否显著
			Sig.	是否齐性		
认知需求	98.231	0.635	0.224	是	0.635	否
认知能力	124.369	0.981	0.319	是	0.741	否
企业绩效	114.574	1.354	0.121	是	0.321	否

5.5.2.2 企业规模对自变量和因变量的影响分析

本书以企业规模人员数量为划分依据，将团队规模分为五类。为了探究团队规模对团队认知和企业绩效的潜在影响，采用了单因素方差分析法进行数据分析。详细结果如表 5-21 所示。在 95% 的置信度水平下，经过严格的统计分析发现，团队规模对团队认知和企业绩效各变量的影响并未表现出显著性差异。这一结论表明，在本书的背景下，团队规模的大小并不会显著改变团队认知或企业绩效的水平。

表 5-21 团队规模对自变量和因变量影响的方差分析

变量名	总变差	F 值	方差齐性检验		显著性概率	是否显著
			Sig.	是否齐性		
认知需求	98.231	1.235	0.125	是	0.655	否
认知能力	124.369	0.987	0.094	是	0.712	否
企业绩效	114.574	0.753	0.355	是	0.322	否

注：方差齐性检验的显著性水平为 0.05。

5.5.2.3　企业性质对自变量和因变量的影响分析

本书将受访者所在企业的性质划分为四个类别，并采用单因素方差分析法来探究企业性质对团队认知和企业绩效各变量的影响。详细的分析结果如表5-22所示。在95%的置信度水平下，经过严谨的统计分析，发现团队所在企业的性质对团队认知中的认知需求和认知能力两个变量的影响并无显著差异。然而，对于企业绩效变量，企业性质的影响则表现出了显著性差异。这一结论揭示了企业性质在一定程度上会对企业绩效产生显著影响，但对团队认知的某些方面影响并不显著。

表5-22　企业性质对自变量和因变量影响的方差分析

变量名	总变差	F 值	方差齐性检验		显著性概率	是否显著
			Sig.	是否齐性		
认知需求	98.231	3.544	0.124	是	0.169	否
认知能力	124.369	4.327	0.000	否	0.355	否
企业绩效	187.231	7.321	0.000	否	0.009	是

表5-23是多重比较的结果，企业绩效的方差齐性概率为0.198，大于0.05，接收方差齐性的假设，因此在多重比较中采用LSD的检验方法。对于企业绩效而言，四种性质的企业中，外商投资企业的均值差异为4.3542，民营企业为5.1201，国有控股为2.2144，集体企业为2.1651，说明科创板的民营企业高管团队企业绩效水平最高，外商投资企业和国有控股企业次之，集体企业绩效水平最低。

表5-23　基于企业性质的多重比较结果分析

变量名	分析方法	企业性质（J）	均值差异（I-J）	Sig.
企业绩效	LSD	外商投资企业	4.3542*	0.004
		民营企业	5.1201*	0.000
		国有控股	2.2144*	0.013
		集体企业	2.1651*	0.031

注：*表示均值差异的显著性水平为0.05。

5.5.2.4　企业所处生长阶段对自变量和因变量的影响分析

本书根据受访者所在企业的发展阶段，将其划分为四个不同的阶段。为了深入探究企业发展阶段对团队认知和企业绩效的影响，本书采用了单因素方差分析法进行数据分析。详细的分析结果如表 5-24 所示。在 95% 的置信度水平下，发现企业的发展阶段对团队认知中的认知需求、认知能力变量，以及企业绩效变量均产生了显著的影响。这一发现表明，随着企业从初创期到成熟期的不同发展阶段，团队成员的认知需求和认知能力，以及企业的整体绩效，都会发生显著的变化。

表 5-24　企业所处生长阶段对自变量和因变量影响的方差分析

变量名	总变差	F 值	方差齐性检验		显著性概率	是否显著
			Sig.	是否齐性		
认知需求	187.231	2.045	0.245	是	0.000	是
认知能力	167.220	1.235	0.314	是	0.002	是
企业绩效	134.607	1.981	0.197	是	0.000	是

表 5-25 是多重比较的结果，认知需求、认知能力变量和企业绩效变量齐性概率分别为 0.245、0.314 和 0.197，均大于 0.05，接收方差齐性的假设，因此在多重比较中采用 LSD 的检验方法。对于认知需求、认知能力变量和企业绩效变量而言，在企业不同的发展阶段中，员工的水平呈现出明显的差异。具体来说，当企业处于成熟期和衰退期时，其员工展现出了更高的工作水平和专业能力。相比之下，处于发展期和迅速扩张期的企业，其员工的整体水平则略显逊色。值得注意的是，外资企业的绩效水平在这个阶段相对较低。当企业处于创业初期时，员工的惯例水平，即按照既定流程和规范执行工作的能力，是最低的。这可能与创业期企业面临的不确定性和快速变化的环境有关，员工需要更多的灵活性和创新能力来应对挑战，而非简单地遵循惯例。

表 5-25　基于企业发展阶段的多重比较结果分析

变量名	分析方法	企业性质（I）	企业性质（J）	均值差异（I-J）	Sig.
认知需求	LSD	创业期	发展期	-1.2485	0.032
			成熟期	-4.3562	0.000
			衰退期	-4.9845	0.010
		成熟期	发展期	3.1451	0.036
			衰退期	0.6547	0.000

变量名	分析方法	企业性质（I）	企业性质（J）	均值差异（I-J）	Sig.
认知能力	LSD	创业期	发展期	−1.9682	0.005
			成熟期	−5.3521	0.033
			衰退期	−5.9874	0.000
		成熟期	发展期	4.3652	0.000
			衰退期	−0.3217	0.0004
企业绩效	LSD	创业期	发展期	−1.6982	0.029
			成熟期	−4.3660	0.004
			衰退期	−4.8744	0.000
		成熟期	发展期	4.0260	0.003
			衰退期	−0.7852	0.015

5.6 模型稳健性检验

本书考虑了企业海外经营的规模作为国际化战略影响的一部分。参考董临萍和宋渊洋（2017）的方法，本书使用了企业国际化战略的替代性度量方法进行回归测算，以检验本书结论的稳健性。由于海外销售收入数据呈现较大的离散性，为了降低国际化战略变量可能存在的偏态性和异方差等问题，本书对海外销售收入进行了自然对数处理。值得注意的是，本书研究的企业样本均具有海外销售收入，因此因变量国际化战略是连续的且取值大于0，这为本书进行线性回归分析提供了良好的基础。线性回归的分析结果如表5-26所示，回归结果与之前的分析保持一致。

通过稳定性和替代性度量方法的验证，以及线性回归分析的结果一致性，证明了本书具有较强的稳健性。根据表中的模型（2）显示，高管认知对技术创新投入产生了显著的正向影响（$\beta = 0.075$，$P < 0.001$），表明高管的认知水平越高，企业在技术创新上的投入就越大。在模型（4）中，发现技术创新投入显著正向影响企业绩效（$\beta = 0.006$，$P < 0.01$），意味着技术创新投入的增加能够提升企业绩效。模型（5）进一步证实了高管认知对企业绩效的显著正向影响（$\beta = 0.002$，$P < 0.05$），显示出高管认知在提升企业绩效方面的重要作用。为了深入探讨这些关系，本书利用模型（6）、模型（7）对中介效应进行了检验。结果显

表5-26 稳健性检验结果

变量	技术创新投入		企业绩效				技术创新投入	企业绩效	技术创新投入	
	模型1	模型2	模型3	模型4	模型5	模型6	模型7	模型8	模型9	模型10
(常量)	7.721	7.479	0.067	0.024	0.074	0.002	0.024	0.007	-1.046	-0.181
性别	0.050+	-0.038	0.003+	0.005*	0.002	0.003*	-0.038*	0.003*	-0.060	0.075
年龄	0.0002	-0.00002	-0.056***	-0.0005	-0.054***	-0.0005	1.015***	-0.062***	1.346***	0.675**
文化程度	0.187***	0.207***	0.006*	0.003	0.006*	0.007**	2.207***	0.006*	0.211**	0.031
创始人身份	1.053***	1.015***	-0.0004*	-0.061***	-0.0004*	-0.057***	-0.00002	0.0004**	0.006	0.015***
企业成立年限	0.025+	-0.028	0.007+	0.008**	0.004	0.009*	-0.043*	0.007*	-0.053	0.083
企业性质	0.0007	-0.00005	-0.054***	-0.0007	-0.056***	-0.0006	1.042***	-0.072***	1.578***	0.785***
企业规模	0.547***	0.203***	0.004*	0.007*	0.005*	0.007**	2.345***	0.007	0.234**	0.078
生长周期	1.257***	1.451***	-0.0008*	-0.087***	-0.0008*	-0.046***	-0.00008	-0.0007**	0.008	-0.064***
行业哑变量	Yes	Yes	Yes	Yes	Yes	Yes	Yes	Yes	Yes	Yes
高管团队认知		0.075***			0.002*		0.075***			
技术创新投入				0.006**		0.002*		0.002+		
高管团队认知技术创新投入								0.005**		
股权激励									0.114***	
晋升激励										0.049+
调整后的 R^2	0.180	0.195	0.101	0.139	0.105	0.105	0.195	0.111	0.320	0.267
F	7.574***	8.038***	4.366***	4.538***	4.400***	4.400***	8.038***	4.510***	8.292***	4.218***

注: ***、 **、 *、 +分别表示 $P<0.001$, $P<0.01$, $P<0.05$, $P<0.1$。

示，所有相关系数均显著，符合部分中介效应的条件，这表明技术创新投入在高管认知与企业绩效之间起到了部分中介的作用。

此外，通过模型（9）、模型（10）对调节变量进行了检验，结果与之前的检验一致，进一步增强了研究的可靠性。综上所述，通过多个模型的检验和分析，得出的结论与本书的初始验证结果相吻合，这充分证明了本书研究结论的稳健性。高管认知不仅直接影响企业绩效，还通过促进技术创新投入间接提升企业绩效，这一发现为企业管理实践提供了重要的理论依据。

5.7　假设检验结果汇总

在实证研究过程中，本书综合采用了现场发放纸质问卷、电子邮件邮寄问卷以及网络发放问卷三种方式，以确保数据收集的广泛性和多样性。总计发放了568 份问卷，并成功回收了 262 份有效问卷。利用这些有效数据，本书进行了深入的统计分析和结构方程建模，旨在验证研究模型中提出的各个假设。本书全程采用问卷调查作为主要研究方法，并结合数理统计和结构方程建模作为分析工具，对选定的样本企业数据进行了严谨的检验。经过仔细分析发现，在研究之初提出的 20 个假设中，每一个都得到了实证数据的支持。这一结果不仅验证了本书的研究假设，也为相关领域的研究提供了新的实证依据。具体如表 5-27 所示。

表 5-27　研究假设检验结果

序号	假设	假设内容	检验结果
1	H1	高管团队认知对企业业绩存在正面影响	支持
2	H1a	高管团队认知需求对企业业绩存在正面影响	支持
3	H1b	高管团队认知能力对企业业绩存在正面影响	支持
4	H2	高管团队认知与技术创新投入呈正相关关系	支持
5	H2a	高管团队认知需求与内部技术创新呈正相关关系	支持
6	H2b	高管团队认知需求与技术购买投入呈正相关关系	部分支持
7	H2c	高管团队认知需求与技术购买投入呈正相关关系	部分支持
8	H2d	高管团队认知能力与技术购买投入呈正相关关系	支持
9	H2e	高管团队认知能力与内部技术创新呈正相关关系	支持
10	H2f	高管团队认知能力与合作技术创新呈正相关关系	支持

序号	假设	假设内容	检验结果
11	H3	技术创新投入对企业绩效具有显著的正向影响	支持
12	H3a	内部技术创新对企业绩效具有显著的正向影响	支持
13	H3b	技术购买投入和对企业绩效具有显著的正向影响	支持
14	H3c	合作技术创新对企业绩效具有显著的正向影响	支持
15	H4	技术创新投入在高管认知与企业绩效之间起到中介作用	支持
16	H4a	内部技术创新在高管认知与企业绩效之间起到中介作用	支持
17	H4b	技术购买投入在高管认知与企业绩效之间起到中介作用	支持
18	H4c	合作技术创新在高管认知与企业绩效之间起到中介作用	支持
19	H5	高管团队股权激励对高管团队认知与技术创新投入相关性有正向调节作用	支持
20	H6	高管团队晋升激励对高管团队认知与技术创新投入相关性有正向调节作用	支持

5.8　结果分析与讨论

5.8.1　高管团队认知对企业绩效影响的结果分析

本书的研究证明，高管团队认知对企业绩效具有正向影响，高管团队认知需求维度对企业业绩存在正面影响，高管团队认知能力维度对企业业绩存在正面影响。本书的结果与蒋哲政和葛玉辉（2014）以及周媛媛（2018）的研究发现相呼应，即高管团队的认知对企业绩效有正向影响。高管团队在日常公司决策中占据举足轻重的地位，他们的意见和建议对公司的未来发展具有直接影响。然而，由于高层管理人员的工作繁忙且时间紧迫，因此他们需要提高对自身在技术创新投入方面的有效认知，优化注意力的分配。在处理各类事件时，高管团队成员需要学会筛选重要信息，进行分层次的认知，并有选择性地处理这些信息。在这种情况下，高管团队成员会更加关注那些他们认为对企业发展至关重要的要素。由于他们对企业绩效高度敏感，因此在这些关键要素上会分配更多的注意力。大多数高管团队都会倾向于关注这类信息，从而不断提升公司在这方面的发展潜力。

从实际管理的角度来看，如果高管团队对某个领域给予更多关注，那么该领域的监督和执行力度就会增强。相反，如果高管团队忽视某个领域，执行者可能会因为自身的惰性而导致执行效果减弱。因此,高管团队的认知需求和认知能力越强,他们对企业绩效产生的积极影响就越大。当前,我国正进入到社会经济发展转型的新时期,从提升企业绩效的角度而言,科创板上市公司的高管团队应更加重视自身认知水平和认知能力对企业绩效的正面影响作用,重视技术创新投入对企业绩效的正相关作用。

5.8.2 高管团队认知对技术创新投入的结果分析

本书的研究结果表明,高管团队认知与技术创新投入呈正相关关系,具体而言,高管团队认知需求与内部技术创新呈正相关关系,高管团队认知需求与技术购买投入呈正相关关系,高管团队认知能力与技术购买投入呈正相关关系,高管团队认知能力与内部技术创新呈正相关关系,高管团队认知能力与合作技术创新呈正相关关系。这一结果与 Cohen 和 Levinthal(1990)创立的吸收能力理论结果一样。吸收能力理论认为对内部研发、技术购买、合作研发等方面的投入有利于企业识别新信息并将其合并到组织中。企业高层管理者在技术创新投入和研发方面扮演着至关重要的角色。他们能够识别并吸纳新信息,将其融入组织,并通过研发将这些信息转化为应对技术变革的新产品。在新兴科技市场上,技术创新投入通常伴随着较大风险,因此只有高层管理者才有权力和能力将这类投资合法化并实施。由此可见,研发投资战略的决策者应明确限定为企业高层管理者。

高层管理者对技术创新投入的关注,可以调动企业资源,并与后续的研发投资紧密相连。他们的认知将塑造组织的战略决策。然而,由于研发投资涉及技术成果和收益的不确定性,进行研发活动的企业往往面临不稳定的背景。在任期初期,高层管理者往往倾向于积极实施企业创新战略。但随着任期的延长,管理者对企业的控制能力增强,受到的监督减弱,他们可能更有机会和能力做出基于团队理性认知的决策。任期越长的管理者越可能与企业利益相关者达成隐性契约,增加自主权,掌握更多内部信息,从而地位更加稳定。这可能导致他们通过减少研发投资来规避风险,或者过分依赖之前的成功模式,缺乏进一步研发的动力。

从投资行为的角度来看,存在高管团队理性认知的管理者可能更倾向于投资那些能提升自身价值的项目,以增强企业对他们的依赖。然而,这些专属性投资项目可能并不是企业的最优选择。此外,为了获得更大的晋升机会和更多的在职消费,管理者可能有扩大企业规模的动机,而不是专注于投资对企业价值最大化的项目。这可能导致企业过度投资,随着企业规模的扩大和专属性投资的增加,这些管理者可能会获得更多的权力。

5.8.3　技术创新投入对企业绩效具有显著的正向影响

本书的研究结果表明，技术创新投入在提高企业绩效方面起着重要作用。具体来说，内部技术创新、技术购买投入以及合作技术创新都对企业绩效产生了显著的正面影响。内部技术创新指的是企业自身进行研发和创新的投入，技术购买投入是指企业购买外部技术资源的投入，合作技术创新则是指企业与外部合作伙伴共同进行技术创新的投入。首先，通过多元线性方程分析，本书发现技术创新投入对技术创新绩效具有显著的正面影响。这表明企业在进行技术创新投入时，会直接影响到其技术创新绩效的提升。创新资源的获取可以是通过简单的引进外部资源，也可以是对现有技术体系的补充，甚至是构建企业技术能力的原始积累基础。在这个过程中，通过外部引进技术资源来完成技术创新是一种常见的途径。但企业不仅应该适度引进所需的资源，还应该逐步增加内部技术创新的力度。通过内部的研发能力，企业可以创造自身的技术资源，从而减少对外部技术的依赖。因此，企业需要在增加技术创新投入的同时注重自身的吸收能力和技术创新能力的提升，确保二者之间的配合和协调发展，以实现提高技术创新绩效的目标。

其次，通过多元线性方程分析，本书发现技术购买投入对技术创新绩效的正面影响关系显著。技术购买投入主要包括技术交易和许可以及购买先进设备。企业通过市场交易方式来获取技术，在短期内可能提高技术创新能力。技术购买作为一种快速引进资源的方式被广泛应用，帮助企业完成技术创新项目。然而，长期依赖技术购买可能会对技术创新能力的长期培养产生负面影响。而过度依赖技术购买可能会导致企业忽视内部技术创新的培养，降低组织的创新意识和创新能力。因此，科创板企业应该在提高技术创新能力的同时，建立自身的研发团队和技术创新体系，减少对外部技术购买的依赖。在实际操作中，企业可以通过制定可持续的技术购买策略，来平衡内部创新和外部资源引进。同时，加强技术购买后的技术吸收和运用能力，将购买来的技术与企业现有技术相融合，实现技创新绩效的最大化。

最后，通过应用多元线性方程分析，本书得出了合作技术创新对技术创新绩效的正面影响关系显著的结论。合作研发在技术创新中起着重要的作用，主要是通过合作获取所需的资源，并且在合作过程中通过吸收能力对技术创新进行促进，从而提高技术创新能力，进而提高技术创新绩效。增加在技术创新过程中的合作技术创新对企业的吸收能力和技术创新能力都具有显著的正向影响。其中，合作技术创新对吸收能力的影响更为显著，对技术创新能力的影响稍显较小。合作研发的特点使企业能够通过频繁的接触和沟通获取信息和资源，促进了隐性知识的传播以及技术溢出的吸收。然而，这种密切的合作关系也带来了信息和技术泄露的风险，企业需要在追求合作技术创新的过程中权衡这些矛盾，寻找合作技术创新的平衡点。

因此，科创板企业应当加强合作技术创新，作为提高吸收能力、技术创新能力和最终提高技术创新绩效的有效手段。通过加强合作研发，企业才能够更好地获取和吸收外部资源，提高创新的效率和质量，从而保持在激烈竞争中的领先地位。合作技术创新不仅可以带来技术层面的提升，也能够为企业带来更广阔的市场和更高的盈利空间。因此，科创板企业应积极推动合作技术创新，实现技术创新的跨越式发展，提升企业的竞争力和持续发展能力。

5.8.4 技术创新投入在高管团队认知与企业绩效之间中介效应的结果分析

本书的结果显示，技术创新投入扮演了高管认知与企业绩效之间的桥梁角色，起到了中介的作用。同样地，内部技术创新也在高管认知对企业绩效的影响中发挥了重要的中介功能。换句话说，高管认知通过推动技术创新投入和内部技术创新，进而对企业绩效产生积极影响。技术购买投入在高管认知与企业绩效之间起到中介作用，合作技术创新在高管认知与企业绩效之间起到中介作用。中介变量通常需要符合两个核心条件：首先，它必须与自变量存在相关性；其次，中介变量还需与因变量有显著的相关性。只有同时满足这两个条件，才能确立某一变量在自变量和因变量之间起到中介的作用。根据前文的文献分析，可以得出结论：技术创新投入在高管团队认知的两个维度中起到了关键的中介作用，并且与企业绩效之间存在着显著的相关关系。技术创新投入能够满足作为中介变量的两个条件，因此能够推动企业绩效的提升。高管团队认知在此过程中扮演着重要的角色，驱动着企业朝着更好的方向发展。通过增加技术创新投入，企业能够保持强大的生命力，提高自身的竞争力。如果科创板企业的技术创新投入不足，投资者可能会对企业失去信心，最终导致产品或服务被市场所淘汰。因此，技术创新投入不仅是企业发展的关键驱动力，也是企业长期生存的保障。同时，高管团队认知的两个维度对技术创新投入及企业绩效产生着显著的正向影响。高管团队的认知水平越高，对技术创新投入的决策也会更为明智，从而推动企业绩效的提升。高管团队认知的各个维度都能够通过技术创新投入的传导作用对企业绩效产生影响，进而实现企业的持续发展。

这个研究结果与 Drazin 等（1999）、Ford 等（1987）、王端旭和洪雁（2010）、陈文沛（2014）等的研究结果一致，上述学者的研究成果表明，领导如果能够鼓励、激励和支持员工，增强员工的信心，提升员工的创新意愿和行为，那么发挥不同的领导风格，促使技术创新的提升，这对于提升企业绩效是大有裨益的，而且作用是显著的。员工的创新行为在领导风格与企业绩效之间起部分或者完全中介作用。Rosenthal 和 Bandura（1978）的社会认知理论也强调，高管团队认知成员的信念对这个人的思想导向和行为活动期指导和引领作用。"三方互惠决定论"的观点表明，行动、人和环境三者对人的机能驱动缺一不可，相互作用，相互产生影响。

领导者需要在这三者之间找到平衡点，使员工能够在积极的环境中发挥出最佳的创新能力，从而提升企业的绩效表现。综合以上的观点和研究结果，可以得出结论：领导者的作用对于员工的创新行为和企业绩效有着重要的影响。领导者应该注重激励员工，提升员工的信心和创新意愿，以促进技术创新和提升企业的绩效。同时，领导者也应该关注团队的认知和信念，引领员工走向正确的方向。最终，通过平衡员工的行动、环境和个人因素，领导者才可以实现最佳的企业绩效和员工创新行为。

5.8.5 股权激励调节作用分析

本书的研究结果表明，高管团队股权激励对高管团队认知与技术创新投入相关性有正向调节作用。一方面，从目前情况来看，科创板上市企业的物质激励方式可以分为薪酬激励和股权激励两类，但薪酬激励具有较大的局限性，原因在于薪酬激励主要体现为短期效果，长期效果并不明显。科创板上市企业需要考虑业绩提升和技术创新能力培养作为长期战略发展领域之一。事实证明，薪酬激励在推动核心员工技术创新方面的作用有限，这主要是因为短期性的激励不够有效。从实际执行情况来看，薪酬激励在不同员工之间的区别不大，激励效果并不明显。相比之下，股权激励具有更多的优势。股权激励能够将激励与企业长期战略密切联系在一起，并能够弥补薪酬激励效果短期化的不足。更重要的是，企业业绩的提升需要团队合作和长期积累，而股权激励的内在特点决定了它比薪酬激励具有更好的激励效果。因此，科创板上市企业应当重视高管团队的股权激励，将其作为推动技术创新和提升企业业绩的关键手段。通过合理设计和实施股权激励计划，可以激发高管团队的创新激情，激励他们更加积极地投入技术创新中。同时，股权激励可以加强团队合作，促进团队成员间的合作和协作，从而推动企业业绩的持续提升。

另一方面，股权激励的实施为企业拥有者与股东之间的委托代理异同提供了一个有效的解决方法。股权激励契约赋予了高管团队股份和股权，平衡了契约的股权结构，将管理者的收益与企业的发展战略紧密联系在一起。随着持股比例的增加，高管团队对公司的控制力也在进一步增强，当他们持股达到一定比例后，利益趋同效应也会增强，这时高管团队与股东的目标趋于一致。作为理性的经济人，高管团队会从公司整体利益出发，更加合理地利用资产进行投资，制定更加合理的资源配置方案，有效地缓解管理者和股东利益之间的冲突，促进两者的收益函数趋于平衡。股权激励鼓励高管团队遵循"股东权益最大化"的原则对企业实施高效经营管理，很大程度上减弱了高管团队的利己行为。股权激励对企业绩效的调节作用主要体现在以下几个方面：首先，股权激励可以激励高管团队更加积极地参与公司的经营管理。通过持有公司股份和股权，高管团队与公司的利益深度绑定在一起，他们将会更加努力地为公司创造价值，推动公司业绩的提升。其次，股权激励可以增强高管团队对公司的责任感和归属感。高管团队持有公司股份和股权时，他们将更加关注公司的长远发展和整体利益，积极应对各种风险和挑战，促进公司稳健发展。再次，股权激励可以提高高管团队的决策效率和执行力。持有股份的高管团队会更加关注公司的股东利益，更加注重执行力和绩效考核，推动公司战略目标的实现。最后，股权激励可以改善公司的治理结构，增强公司内部监督机制的有效性。高管团队持股增多会加强其对公司决策的影响力，有利于提高公司治理的透明度和效率，减少代理问题和道德风险。

很多专家研究了股权激励与企业业绩之间的关系。Holthausen 和 Palepu（1995）、Williams 和 Rao（2006）将股票期权等长期激励方式在高管团队中的比重作为解释变量，将企业的营销收入与专利获得数量之比作为被解释变量，发现股权激励与技术创新之间存在正相关关系。刘伟和刘星（2007）的研究也表明，高管团队成员持股对高管团队认知和企业业绩之间有显著的正向调节关系。因此，在科创板上市企业中，完善内部治理结构，建立有效的高管股权激励方式变得尤为重要。通过对高管采取股权激励措施，企业能够有效调节成本黏性水平，稳定经济效益，从而实现持续的创新和技术进步。股权激励作为一种重要的激励机制，可以帮助企业激发高管团队的工作积极性和创新能力。高管团队成员持股不仅可以增强其对企业未来发展的责任感和信心，还可以激励他们更加积极地参与企业管理和决策。通过股权激励，高管团队能够更好地与企业利益捆绑在一起，在企业面临挑战或困难时，高管团队也会更积极地寻求解决方案，提高企业的应对能力和竞争力。此外，科创板上市企业要完善内部治理结构，建立有效的高管股权激励方式，可以对高管采取股权激励，这样能够有效调节企业的成本黏性水平，稳定企业的经济效益。

5.8.6　晋升激励调节作用分析

本书的研究结果表明，高管团队晋升激励对高管团队认知与技术创新投入相关性有正向调节作用。相对个体来说，职位晋升标志着事业生涯的重大进步，是企业对员工工作能力的认可，也是个人价值的体现，标志着个人事业的成功。职位晋升不仅会提升员工的社会地位和经济回报，还会为员工提供更多外部选择机会和更广阔的发展空间。晋升激励机制并非偶然获得，而是建立在管理者出色的绩效表现上，同时受团队其他成员的认同程度影响。因此对管理者实行的晋升激励机制具有长远与推广效应。Ertimur 等（2011）研究了企业对高管团队晋升激励力度越大，高管团队与企业的利益绑定越紧密，越愿意做出有利于高管团队认知、技术创新投入以及提高企业经营绩效的行为。Chen 等（2005）研究了高管团队晋升激励对团队认知和企业绩效的调节效应，激励力度越大，团队认知需求越旺盛，团队认知能力的提升越积极，企业绩效的提高力度越大，进而证实了高管团队晋升激励的正向调节效应。Cai 和 Walkling（2011）对高管团队晋升激励进行了研究，发现高管团队晋升激励对企业研发与经营绩效具有较强的正向调节效应。毛剑峰和李志雄（2016）研究了高管团队晋升激励对研发和经营绩效的调节效应，发现高管团队晋升激励可以促进管理层对于研发活动的投入和管理，进而提升了企业经营绩效。

有一部分学者探讨了高管团队晋升激励带来的货币性薪酬提升对团队认知、技术创新和企业经营绩效关系的调节效应。Fabrizio 等（2013）研究了企业高管团队晋升激励与企业经营绩效的关系，指出高管团队晋升激励带来的货币薪酬提升能够提升高管对于企业高管团队认知的重视，进而通过加大技术创新、提高企业研发管理水平促进企业经营绩效的提高。汪涵玉和朱和平（2018）指出，高管团队晋升激励对于企业研发和企业经营绩效具有调节效应，晋升激励带来的货币薪酬对于国有企业具有更好的正向调节效应。

企业内部晋升激励是一项十分普遍的现象和措施，内部晋升激励是企业中非常普遍的一种激励措施，尤其是对于高管团队来说。如何设计合理的内部晋升激励机制，成为了当前众多科创板企业所面临的重要课题之一。首先，科创板企业在规划和利用内部晋升激励时，需要客观、理性地看待晋升激励对高管团队的影响。在设计晋升激励机制时，要考虑企业所处的社会文化特点，确保激励措施符合当地的实际情况，避免出现不合时宜的情况。其次，企业应注意区分高管团队晋升激励对企业绩效的影响差异。在制订激励计划时，要充分考虑不同高管团队成员之间的差异性，避免"一刀切"的激励方式，确保激励措施能够有效地提升团队整体的绩效表现。最后，科创板企业还需要适当关注一般员工的晋升激励规划与设计。除了高管团队，一般员工也是企业中不可或缺的一部分，他们的晋升激励同样需要得到重视。通过合理设置员工的工资差异化和激励措施，可以激发全体员工的工作积极性，同时可以加强高管团队的激励有效性。

6 结论与展望

6.1 研究结论

本书以科创板企业高管团队为对象，以技术创新投入为中介变量，以晋升激励和股权激励为调节变量，运用 SPSS 软件对高管团队认知与企业绩效的影响进行实证研究。为确保研究的科学严谨，本书在结合前人研究的基础上，建立了研究模型，设定了研究假设，设计了调查量表，以科创板上市企业为案例，对高管团队成员进行预测样本采样，并采用了 SPSS 统计软件对样本数据进行了深入的分析。为了确保研究结果的可靠性和有效性，本书进行了信度检验和效度检验，以预测样本数据的结果。这些检验为本书提供了数据质量和研究准确性的重要依据。在确定调查量表具有良好的信度和效度后，正式通过问卷星软件对 88 家科创板公司的 497 名高管团队成员进行了问卷调查。在对调查数据进行汇总后，为确保研究的科学性和严谨性，本书再次对调查结果进行了信效度检验。之后，对实测数据结果进行了描述性分析、相关性分析、主成分分析、回归分析和稳健性检验，分析结果显示，具体结果如下：

（1）高管团队认知对企业业绩存在正面影响支持。

（2）高管团队认知与技术创新投入呈正相关关系支持。

（3）技术创新投入对企业绩效具有显著的正向影响支持。

（4）技术创新投入在高管认知与企业绩效之间起到中介作用支持。

（5）TMT 股权激励对 TMT 认知与技术创新投入相关性有正向调节作用。

（6）高管团队晋升激励对高管团队认知与技术创新投入相关性有正向调节作用。

6.2 管理实践启示

6.2.1 全面提升高管团队的受教育程度

提升企业高管团队成员受教育程度具有重要意义。首先，高管团队成员的受教育程度直接影响他们在工作中的综合素质和执行力，良好的受教育背景能够帮助他们更好地理解市场趋势、行业动态和公司战略，有利于提高企业的竞争力和发展潜力。Hambrick 和 Mason（1984）指出，教育在一定程度上充当一个人价值观和认知表现的指示器。其次，高管团队成员一般具有较强的权力和领导能力，他们的受教育程度也会直接影响整个企业的文化氛围和组织效益，高学历的领导者更容易获得员工的尊重和信任，推动企业团队的凝聚力和向心力。最后，高管团队成员的受教育程度还会影响企业的创新能力和战略规划水平，受过良好教育的高管更有可能提出独到的战略思路和商业模式，带领企业走向成功。提升高管团队的受教育程度需要全面策略和长期规划。一是建立一个全面的培训计划。这个计划应该包括各种不同形式的培训活动，如内部培训课程、外部研讨会、培训讲座等。培训内容应该涵盖不同领域，包括市场营销、管理技巧、领导力、财务知识等。高管团队应该定期参与这些培训活动，不断学习和提升自己的知识和技能。二是建立一个学习型组织文化。企业应该鼓励员工不断学习和成长，提供学习的机会和资源。高管团队应该给下属树立一个学习的榜样，因此自身要不断学习和进步。营造一个积极向上的学习氛围，让员工乐于学习和提升自己。三是组织和资源配备也是提升高管团队受教育程度的重要因素。企业应该为高管团队提供必要的学习资源，如研究机会、培训课程、图书等。企业应该建立一个有效的学习体系，确保高管团队能够轻松地获取到所需的学习资源和支持。四是应该定期评估高管团队的学习效果和成果，及时给予反馈和奖励。通过评估和反馈，高管团队可以了解自己的学习情况，找到自己的不足之处，进而改进和提升。同时，企业可以根据评估结果优化培训计划，提升培训的质量和效果。除此之外，Kimberly 和 Evanisko（1981）等的研究一致认为，受教育水平会正向影响高管团队的创新感受，也就是说，高管团队的受教育程度越高，对新理念与新思想的敏感度就越高，就会更加注重创新。由此可见，高层高管团队的受教育程度与认知密不可分。

总的来说，提升高管团队的受教育程度需要全面和系统的策略。企业应该建立一个完整的培训计划，营造积极的学习氛围，提供必要的学习资源和支持，以及进行评估和反馈。通过这些措施，高管团队将能够不断学习和成长，为企业的发展做出更大的贡献。

6.2.2 全面强化高管团队认知

科创板上市公司提升组织绩效最有效的途径是提升 TMT 的创新意识、引领核心理念提升组织凝聚力、提高主营产品品质、增强高管团队的诚信水平、强化高管团队的营销水平和管理效率，以及实施股权激励来促进公司绩效增长。自然许多人认为企业家具有野性的特质，但企业家精神是可以被传承的，透过长期的交流和互动逐渐影响。企业家精神是可以借由学习和熏陶获取的。一个卓越企业必然拥有先进的商业思维库。企业的思维力主要体现在高管团队的认知模式上，国内企业与国际一流企业的差距在于高管团队认知模式的差异。

首先，企业高管团队需要将先进思维力通过简单明了的语言表达出来，确保每位高管能理解并达成共识。共识是组织长期发展的基石。企业应注重 TMT 团队的认知需求和认知能力培养。创新建立在准备上，TMT 需要主动寻找并思考信息，以辨识出对企业有价值的信息用于决策制定，提高对复杂环境的适应能力。在企业长期战略规划中，TMT 需要积极参与，并提升团队协作意识，以培养认知能力。同时，企业应创造条件，帮助 TMT 不断提高认知能力，鼓励他们提出新思路和方法。

其次，企业应着重关注并培育 TMT 的认知需求和认知能力。创新往往建立在充分准备的基础上，TMT 在信息加工的过程中，不仅需要投入精力去搜寻和深思相关信息，还要有能力识别出对企业具有实际价值的信息，并将其融入决策过程中，从而增强企业对多变环境的适应力。为了培养 TMT 的认知需求，高层管理团队应积极投身于企业的长期战略规划，通过提高参与度和团队合作意识，来激发对信息深入探索的渴望。同时，企业应提供必要的条件和平台，使 TMT 能在实际工作中不断磨炼和提升自己的认知能力，从而催生出更多的创新思维和解决方案。

再次，团队效能感对于推动企业绩效具有显著作用。在组建 TMT 时，企业应优先选拔那些具有高度团队效能感的人员，因为他们对企业完成特定任务的信心相对更强。TMT 成立后，企业应通过教育和培训来进一步强化高管们的正面团队效能感，以此提升企业整体绩效。

最后，本书发现团队效能感在 TMT 认知与企业绩效之间扮演着中介角色。为了提升团队效能感，企业需要加强 TMT 成员间的沟通与交流，通过深化彼此的了解和提高团队凝聚力，来增强 TMT 成员对企业取得成功的信念。在高认知的环境下，高度的团队效能感能够更有效地促进企业绩效的提升。

6.2.3 全面加强高管团队成员的学习培训

牛根生曾说过，"培训是公司最大的福利，公司最重要的事就是对高管团队成员进行全方位培训，如果不能把高管团队成员培训到经营者想要达到的标准，那么公司就将难以实现提升"。对高管团队成员进行全方位培训不仅能够提升工作水平，而且更能切实增强高管团队认知，间接影响企业绩效最终的提升（Hambrick and Mason，1984），因此，科创板上市公司首先应选聘具有良好专业背景和工作能力强以及职业素养较高的人员，可以从现有人才市场选拔，也可以引进国内外高素质专业技术人才和管理人才，进入公司后立即着手进行岗前培训，教授一些日常工作需要的操作实训和公司现有的规章制度，让新入职高管团队成员明白日常工作中需要注意的内容，从而帮助他们提高思想认识，转变工作角色，尽快融入集体中，并竭力避免因技能不足导致的人力成本增加的隐患（Kimberly and Evanisko，1981）。针对新入职高管团队成员个人技能和业务学习盲区的"点对点"培训，充分给予团队成员更多的学习、深造机会，日常培训的方法和内容要有目的性、针对性和计划性。培训内容方面，可以从业务、理论、实践等方面入手，使其能够了解行业理念和业务技术出现的新趋势、新变化。培训形式方面，采用形式多样的学习掌握最新的专业知识技能等多方面知识，大力开展团队成员轮训、岗位技能竞赛、职业技能鉴定等活动，坚决杜绝"假、大、空"，可以采用案例分析、分组讨论、实际观摩参观等形式，不必拘泥于一种形式；培训时间方面，充分考虑工作人员的实际工作情况，可分为短期培训和长期培训，以求所有工作人员有选择、有层次、分梯度的完成培训，进而不断强化日常工作水平，始终保持工作的先进性、前沿性。

鉴于职业道德的缺失可能导致高管团队成员做出不利于企业绩效的错误行为，因此，加强职业道德方面的教育培训也是不可或缺的一部分。针对职业道德进行培训可以健全受高管团队成员的人格，培养良好的职业道德和素养，故而加强职业道德教育培训是提升高管团队成员心理契约和敬业贡献度的有效途径之一，公司可以采用多样的活动形式定期或不定期举办职业道德教育活动，也可以是举办培训，可以是组织反面典型研讨会，还可以是征文、演讲活动，培训内容不宜过于枯燥乏味，应当紧密结合工作实际，着重强调丧失职业道德、一味追求个人利益的严重后果。

6.2.4 全面加大技术创新投入

随着科技的不断进步和市场竞争的日益激烈，企业需要不断加大技术创新投入来保持竞争力并实现持续发展。技术创新是企业提高生产效率、创新产品和服务、拓展市场份额以及实现可持续发展的重要手段。根据实证结果可知，技术创新投入与企业绩效呈正相关关系，且技术创新投入对高管团队管理和企业绩效具有中介作用，故而，企业要想提高核心竞争力，就需要在研发资金强度和研发人员强度方面加大支出，首先，企业应当加强内部研发能力。企业可以通过建立并不断优化研发团队，吸引高素质的研发人才，提高研发团队的整体素质和创新能力。企业可以设立专门的研发基地或实验室，配备先进的研发设备和技术支持，为研发人员提供良好的研发环境和资源支持，从而提高研发效率和创新能力。其次，企业可以加强与高校、科研院所等外部机构的合作。与外部机构合作可以为企业引入更多的创新资源和技术支持，加速技术创新的进程。企业可以与高校、科研院所签订科研合作协议，开展联合研发项目，共同攻克技术难题，推动技术成果的转化和应用。通过与外部机构的合作，企业可以拓展创新思路，汇聚更多的智慧和资源，实现技术创新的共赢。再次，企业可以加强与行业协会、专业机构等组织的合作。行业协会、专业机构等组织通常拥有丰富的行业数据和技术资源，可以为企业提供技术前沿信息和专业指导，帮助企业把握行业动态和技术趋势，准确把握市场需求和机遇。企业可以参加行业协会组织的技术交流会议，参与行业协会组织的技术研讨会，与行业内的专家学者交流经验和分享创新成果，加速技术创新的传播和应用。最后，企业可以加强与供应商、客户等合作伙伴的技术创新合作。与供应商、客户等合作伙伴开展技术创新合作可以共享资源和风险，共同拓展市场和创新产品，实现技术创新的互惠共赢。企业可以与供应商签订技术合作协议，共同开发新产品和技术，助力企业不断提高产品品质和市场竞争力。此外，企业还可以与客户开展技术创新合作，根据客户需求和市场趋势，来定制产品和服务，以满足客户需求，提高客户满意度和忠诚度。此外，技术研发需要耗费大量的人力、物力和财力，企业应当根据自身发展战略和市场需求，合理规划技术研发项目和资金预算，提高技术创新的投入强度和效率。企业可以设立专门的技术研发基金，吸引更多的资金投入技术研发领域，推动技术创新成果的转化和应用。通过增加技术研发的资金投入，企业可以提高技术创新的速度和质量，为企业实现可持续发展打下坚实基础。

6.2.5　全面优化晋升激励工作

随着社会的发展和进步，人们对于工作的要求也越来越高。在职场中，晋升是每个员工都渴望的目标，因为晋升可以带来更多的责任和挑战，也代表着更高的职位和更好的待遇。因此，晋升激励工作成为了企业管理中一个重要的环节。在实施晋升激励工作时，企业需要全面优化各方面的工作，以确保晋升制度的公平和透明。首先，企业需要建立完善的评价体系，通过明确的评价指标和晋升标准来评估员工的工作表现和能力，避免主观性评价的情况发生。在评价体系中，应该突出员工的绩效和能力，以确保只有真正优秀的员工才能获得晋升的机会。其次，企业还需要加强对员工的培训和发展，提升员工的综合能力和素质。只有经过专业培训和不断学习提升的员工，才能胜任更高级别的职位和承担更多的责任。因此，企业应该注重员工的职业发展规划，制订个性化的培训计划，帮助员工不断提升自己的能力和竞争力。此外，企业还应该激励员工积极工作，提升工作热情和积极性。可以通过设立晋升激励机制，给予业绩突出的员工额外的奖励和福利，并鼓励员工竞争和努力工作。同时，企业还应该为晋升的员工提供更好的工作环境和资源支持，帮助他们更好地适应更高的岗位职责需求和迎接新的挑战。最后，企业应该建立一个良好的晋升管理流程，保障晋升过程的公平和公正。对于晋升人选的确定，应该通过多方面的评估和审核，避免人际关系和主观因素的干扰。同时，企业还应该及时跟进晋升后员工的表现和适应情况，帮助他们顺利过渡到新的职位和角色。

总之，全面优化晋升激励工作是企业管理的重要任务之一。只有加强员工培训和发展、建立科学合理的评价体系、建立良好的晋升管理、激励员工积极参与工作流程，才能确保企业的晋升制度公平公正，并激励员工不断进步和提升。只有员工自身能力和企业的晋升激励工作相辅相成，才能实现共赢的局面。

6.2.6　全面健全完善股权激励体系

股权激励是企业提高员工忠诚度、激励员工、促进企业发展的一种常见且有效的方式。在当今激烈的市场竞争下，企业不仅要具备竞争力，还要吸引和留住优秀的员工。因此，建立健全完善的股权激励体系对企业来说显得尤为重要。

首先，建立全面的股权激励体系需要明确的激励目标和策略。企业应该根据自身的发展阶段和战略目标，确定不同层次员工的激励方案，从而实现企业和员工利益的最大化。在制定激励方案时，企业需要考虑员工的绩效表现、贡献度和激励的公平性，确保激励方案能够激发员工的工作热情和积极性。

其次，健全的股权激励体系需要建立科学的激励机制和激励工具。企业可以通过股份奖励、股票期权、股票购买计划等多种形式进行股权激励，从而提高员工的忠诚度和归属感。同时，企业还可以结合员工的个人发展需求和企业的长期发展规划，设计个性化的激励方案，激励员工参与企业的决策和发展。

最后，建立完善的股权激励体系需要强化企业的内部管理和监督机制。企业应当完善激励管理制度，建立专门的激励管理团队，加强对激励方案的监督和评估，确保激励方案的有效执行和效果评估。同时，企业应加强对员工激励的宣传和解释工作，增强员工对激励方案的理解和认同，提高激励的有效性和持续性。

总的来说，建立全面健全完善的股权激励体系是企业实现可持续发展和竞争优势的重要途径。只有通过建立完善的激励机制、科学的激励目标和策略以及强化内部管理和监督机制，企业才可以提高员工的积极性和创造力，从而增强企业的竞争力和市场地位。因此，企业应当认识到股权激励的重要性，积极采取措施建立健全完善的股权激励体系，实现企业和员工的共赢局面。

6.2.7 全面加大公司股权激励和晋升激励过程监管

股权激励和晋升激励是企业激励员工的一种重要方式，可以激发员工的工作积极性和创造力，提高员工的工作效率和工作质量。但是，在实施股权激励和晋升激励的过程中，也会面临一些风险和挑战，如激励对象可能存在不正当行为，导致公司损失或员工不当受益；激励政策可能存在漏洞，影响激励效果；激励过程可能存在不公平现象，导致员工士气下降等问题。因此，为了有效管理和监管股权激励和晋升激励，需要全面加大对其全过程的监管力度。

首先，企业可以建立完善的激励管理制度。这包括制定完善的激励政策和流程，明确激励的对象、条件、比例等要素，确保激励计划的设计和实施符合公司的战略目标和价值观。制度内应设立监管机构，负责监督激励计划的执行情况，及时调整和完善激励制度。

其次，企业可以采用外部审计和评估机构对激励计划进行评估。这种方式可以客观评价激励计划的有效性和合理性，帮助企业发现潜在的问题和风险。外部审计和评估机构可以通过独立的调查和数据分析，为企业提供专业的建议和意见，以帮助企业改进激励计划。

再次，企业可以建立有效的风险管理机制。激励计划涉及员工的薪酬和福利，可能存在一定的风险，如员工激励方案的滥用、员工对激励计划的不满等。为了降低这些风险，企业可以建立风险管理机制，包括建立合理的风险控制指标、应急预案和危机管理机制等。

最后，加强信息披露和沟通。企业应及时向员工披露激励计划的相关信息，包括激励政策、激励对象、激励条件等，确保员工了解激励计划的内容和目的。同时，企业还应定期与员工进行沟通，了解员工的需求和意见，及时调整激励计划，提高员工的参与度和满意度。

此外，企业可以加强内部监督和问责机制。通过建立完善的内部监督体系，企业可以对激励计划的执行情况进行监督和评估，发现问题并及时处理。同时，建立健全的问责机制，对激励计划的实施人员进行评价和奖惩，激励员工认真执行激励计划，提高激励计划的执行效果。

6.3　主要研究贡献

6.3.1　实践方面

如何将高管团队认知和企业绩效结合起来进行研究是新的研究方向，虽然在未来企业的日常经营管理实际相比仍然存在诸多不确定因素，但也必然孕育着诸多新的可能性。本书通过研究科创板上市公司高管团队认知对企业绩效的影响，能够将高管团队认知、企业绩效、技术创新投入、股权激励以及晋升激励的相关理论深度融入企业经营管理实际中，能够促使科创板企业提高对高管团队认知、技术创新投入、股权激励以及晋升激励的重视程度，转变管理理念和方向，逐步从以合同为基础的"硬性管理"过渡到以认知、股权激励、晋升激励为基础的"柔性管理"中去，更好地发挥高管团队认知对企业绩效、高管团队认知对技术创新投入、技术创新投入对企业绩效、高管团队认知对企业绩效的正面影响，更好地发挥股权激励对高管团队认知与技术创新投入相关性、高管团队晋升激励对高管团队认知与技术创新投入相关性有正向调节作用，更好地发挥技术创新投入的中介作用，最终实现科创板企业绩效的大幅提升。

6.3.2　理论方面

学术界已经有很多文献针对高管团队认知对企业绩效的影响进行了探讨，本书在系统分析现有文献的基础上，进行深入探讨。本书将高管团队认知设定为自变量，将企业绩效设定为因变量，将技术创新投入设定为中介变量，将股权激励和晋升激励设定为调节变量，将企业家性别、企业家年龄、企业家文化程度、创始人身份、企业成立年限、企业性质、企业规模和企业生长周期等内容设定为控制变量，提出并论证了不同变量之间的相互关系。在以往的研究中，学者们主要采用了定性的研究方法，并且往往只从一个角度进行探讨和分析。构建变量如此多的概念模型较少，且很大一部分还未运用实证方法进行验证。本书通过大规模的实证研究，清晰地阐明了各变量之间的相互关联和影响。明确论证了各变量之间的相互关系，并对研究结论进行了详细探讨，势必将会在一定程度上促使该课题的研究更加全面、深入，促使研究成果更加丰富和完善。

6.4 研究局限与未来展望

6.4.1 研究的局限

本书采用实证分析方法深入探讨了高管团队认知对企业绩效的具体影响。同时，提出了一些有针对性的建议和对策，以确保研究的科学性和严谨性。然而，心理契约与敬业贡献度的相关理论体系相当复杂且深奥，涉及多个角度和层面。但整个研究过程仍受到学科知识、可用资源、时间和地域等多方面的限制。因此，本书还存在一些不足之处：

首先，本书参考的文献资料仍不够全面，还有进一步提升的空间。其次，本书使用的调查问卷尽管借鉴了众多学者和专家的权威研究，并已在其他研究中得到验证，但在国内高科技企业员工的研究方面，其准确性、合理性和科学性仍需进一步深入探究。最后，受时间和地域限制，本书案例数量相对较少，使研究的普遍性受到一定限制。同时，由于未能对受访员工进行长期的跟踪调查，本书研究的深度和广度也受到了一定影响。

6.4.2 研究不足

本书通过详尽的研究取得了一定的成果，但也存在一些不可回避的问题。首先，地域的局限性是一个显著问题。由于本书的调查主要集中在科创板企业中，被调查者主要来自科创板上市公司，这种样本范围的限制可能会对研究结果产生某种程度的偏差。

其次，调查过程中存在一些不足。本书使用了5级李克特量表来评估企业文化和技术创新能力。然而，每个人对于"非常不符合""不符合""符合""基本符合"和"非常符合"这些评价标准的理解都有所不同，这种理解上的差异会导致被调查者在选择时出现偏差。

最后，在样本选择上存在问题。在调查中，特意将被调查者的身份限定为企业高管团队成员，因为本书认为他们能更宏观、全面地把握企业情况。然而，这种做法可能导致被调查者以一种居高临下的视角来看待这些问题，而非从技术创新人员和普通员工的角度出发进行客观评价。由于他们身份的特殊性，他们对于公司实际情况的理解可能与真实情况存在一定的差距。

6.4.3 后续研究展望

从以往的研究成果来看，技术创新投入对企业绩效的影响已被多次探讨。然而，这个话题仍然像一幅未完成的拼图，每一块研究都在为这幅拼图增添新的细节。在这个广阔的领域中，仍有许多值得深入探讨的点，现有的研究结果只是揭示了其中的一部分。同时，高管团队的认知在当前中国经济发展中具有举足轻重的地位，因此值得研究者进一步深入挖掘。

结合本书的研究，提出如下建议：

首先，未来的研究可以进一步探索技术创新投入与其他变量之间的关系。企业管理涉及地理、社会、经济、政治、文化和技术等多个方面，本书仅探讨了高管团队认知、技术创新投入和企业绩效之间的相互关系，这显然只是冰山一角。未来，可以从更多不同的角度进行深入探究。

其次，建议将研究范围扩展到非科创板上市企业。由于本书主要集中在科创板上市企业，样本的局限性可能对研究结果产生一定影响。未来研究可以涵盖更广泛的企业类型，包括非科创板上市企业和非科技型企业，以观察不同企业样本对研究结果的影响。

再次，可以针对科创板企业的技术创新员工和中高层管理人员进行问卷调查。本书主要关注高管团队的认知，但未来的研究可以从技术创新员工和中高层管理人员的视角出发，以更全面地了解高管团队认知对企业绩效的影响。此外，改变调研方法也是一个值得考虑的方向。本书主要采用了实证研究方法，得出了高管团队认知对企业绩效影响的一些规律性结论。未来的研究可以采用定性研究方法或其他定量方法，以更深入地探讨该问题背后的现象。

最后，建议对不同管理领域的高管团队成员进行问卷调查。本书并未特意区分不同管理领域的高管团队成员，但他们在工作职责和认知角度上的差异可能会对高管团队认知、技术创新投入和企业绩效等内容的理解产生影响。因此，未来的研究可以针对不同管理领域的高管团队成员进行更细致的调查和分析。

参考文献

[1] Abrams C L, Cross R, Erie, L, et al. Nurturing interpersonal trust in knowledge sharing networks [J]. Academy of Management Executive, 2003, 17 (4): 64-77.

[2] Acs Z J, Audretzsch D B. Innovation and size at the firm level [J]. Southern Economic Journal, 1991, 37 (3): 739-744.

[3] Adam Smith. An Inquiry into the Nature and Causes of the Wealth of Nations [M]. Beijing: Central Compilation and Translation Press, 2018.

[4] Aghion P, Howitt P. A Model of Growth Through Creative Destruction [R]. DELTA Working Papers, 1990.

[5] Aghion P, Bolton P. An incomplete contracts approach to financial contracting [J]. Review of Eeonomic Studies, 1992 (59): 473-494.

[6] Aghion P, Schankerman M. A model of market-enhancing infrastructure [J]. CEPR Discussion Papers, 2000 (3): 54-63.

[7] Aghion R, Bond S, Klemm A, Marinescu I. Technology and financial structure: Are innovative firms different [J]. Journal of the European Economic Association, 2004, 2 (2/3): 277-288.

[8] Alchian A A, Demsetz H. Production, information costs, and economic organization [J]. American Economic Review, 1972 (62): 777-795.

[9] Alexander, Vaughn, Tim. Motivation and barriers to participation in virtual knowledge-sharing communities of practice [J]. Journal of Knowledge Management, 2003, 7 (1): 64.

[10] Alexandre C. Jeremy bentham's economics writings: Critical edition based on his printed works and imprinted manuscripts [J]. Revue économique, 1955, 6 (3): 511-512.

[11] Allen D G, Shore L M, Griffeth R W. The role of perceived organizational

support and supportive human resource practices in the turnover process [J]. Journal of Management, 2003, 29 (1): 99-118.

[12] Amason A C, Sapienza H J. The effects of top management team size and interaction norms on cognitive and affective conflict [J]. Journal of Management, 1997, 23 (4): 495-516.

[13] Amason A C. Distinguishing the effects of functional and dysfunctional conflict on strategic decision making: Resolving a paradox for top management teams [J]. Academy of Management Journal, 1996, 39 (1): 123-148.

[14] Ancona D G, Caldwell D F. Bridging the boundary: External activity and performance in organizational teams [J]. Administrative Science Quarterly, 1992, 37 (4): 634-665.

[15] Anderson P, Tushman M L. Technological discontinuities and dominant designs [J]. Administrative Science Quarterly, 1990 (35): 604-633.

[16] Andre Spithoven, Bart Clarysse, Mirjam Knockaert. Building absorptive capacity to organise inbound open innovation in traditional industries [J]. Technovation, 2010 (30): 130-141.

[17] Andre. Investment in human capital and personal income distribution [J]. Journal of Political Economy, 2022 (4): 281-302.

[18] Ang J S, Cole R A, Lin J W. Agency costs and ownership structure [J]. Journal of Finance, 2000, 55 (1): 81-106.

[19] Ang J S, Hauser S, Lauterbach B. Contestability and pay differential in the executive suites [J]. European Financial Management, 1998, 4 (3): 335-360.

[20] Argote L, Mc Evily, Reagans R B. Managing knowledge in organizations: An integrative framework and review of emerging themes [J]. Management Science 2003, 49 (4): 571-582.

[21] Astebro T B, Dahlim K B. Opporttunity knocks [J]. Research Policy, 2005 (34): 1404-1418.

[22] Audia P G, Greve H R. Less likely to fail: Low performance, firm size, and factory expansion in the shipbuilding industry [J]. Management Science, 2006, 52 (1): 83-94.

[23] Auh S, Menguc B. Top management team diversity and innova-tiveness: The moderating role of interfunctional coordination [J]. Industrial Marketing Management, 2005, 34 (3): 249-261.

[24] Babbage C. The exposition of 1851 [J]. General Information, 2012,

15 (1)：50-53.

[25] Bandura A. Self–efficacy：Toward a unifying theory ofbehavioral change [J]. Psychological Review, 1997, 8 (41)：191.

[26] Bantel K A, Jackson S E. Top management and innovations in banking：Does the composition of the top team make a difference [J]. Strategic Management Journal, 1989, 10 (1)：107-124.

[27] Barker Ill V L, Mueller G C. CEO characteristics and firm R&D spending [J]. Management Science, 2002, 48 (6)：782-801.

[28] Barnett M L. An attention–based view of real options reasoning [J]. Academy of Management Review, 2008, 33 (3)：606-628.

[29] Barney J B. Is the resource–based "view" a useful perspective for strategic management research [J]. Academy of Management Review, 2001, 26 (1)：41-56.

[30] Barney J, Wright M, Jr Ketchen D J. The resource–based view of the firm：Ten years after 1991 [J]. Journal of Management, 2001, 27 (6)：625-641.

[31] Barney J. Firm resources and sustained competitive advantage [J]. Journal of Management, 1991, 17 (1)：99-120.

[32] Baron K B, Kenny D A. The moderator–mediator variable distinction in Social psychological research：Conceptual, strategic, and statistical considerations [J]. Journal of Personality and Social Psychology, 1986, 51 (6)：448-452.

[33] Barro R J. Myopia and inconsistency in the neoclassical growth model [J]. NBER Working Papers, 1997, 42 (2)：107-126.

[34] Basadur M, Gelade G. Modelling applied creativity as a cognitive process：Theoretical foundations [J]. The International Journal of Creativity & Problem Solving, 2005, 15 (2)：13-41.

[35] Basma S M. How CEO attributes affect firm R&D spending：New evidence form a panel of french firms [Z]. 2010.

[36] Baumol W J. Recent publications：Theories of economic growth and development [J]. Amer Math Monthly, 1962 (9)：941-942.

[37] Baumol W J. The Free Market Innovation Machine：Analyzing the Growth Miracle of Capitalism [M]. New Jersey：Princeton University Press, 2002.

[38] Baysinger B D, Hoskisson R E. Diversification strategy and R&D intensity inmultiproduct firms [J]. Academy of Management Journal, 1989 (32)：310-332.

[39] Baysinger B D, Hoskisson R E. The composition of boards of directors and

strategic control: Effects on corporate strategy [J]. Academy of Management Review, 1990 (15): 72-87.

[40] Baysinger B D, Kosnik R D, Turk T A. Effects of board and ownership structure on corporate R&D strategy [J]. Academy of Management Journal, 1991, 34 (1): 205-214.

[41] Bebchuk L A, Fried J M, Walker D I. Managerial power and rent extraction in the design of executive compensation [J]. NBER Working Papers, 2002, 69 (3): 751-846.

[42] Becker B, Pain N. What determines industrial R&D expenditure in the UK? [J]. The Manchester School, 2008 (14): 169-180.

[43] Becker, Markus C. Organizational routines a review of the literature [J]. Industrial and Corporate Change, 2004, 13 (4): 643-678.

[44] Beckman C M. The influence of founding team company affilations on firm behavior [J]. Academy of Management Journal, 2006, 49 (4): 741-758.

[45] Bergstresser D, Philippon T. CEO incentives and earnings management [J]. Journal of Financial Economics, 2006, 80 (3): 511-529.

[46] Berle, Adolf A, Gardiner C Means. The Modern Corporation and Private Property [M]. New York: Macmillan Publishing, 1932.

[47] Bernardin, Joseph Cardinal. A consistent ethic of life: An american-catholic dialogue [J]. Counseling & Values, 1984, 29 (1): 6-14.

[48] Bierhals R, Badke-Schaub P. The influence and development of shared mental models in multidisciplinary project teams [J]. Springer, 2007 (10): 28-31.

[49] Bi K, Huang P, Ye H. Risk identification, evaluation and response of low-carbon technological innovation under the global value chain: A case of the Chinese manufacturing industry [J]. Technological Forecasting Social Change, 2015 (9): 238-248.

[50] Black M. The differentiated network: Organizing multinational corporations for value creation, by Nitin Nohria and Sumantra Ghoshal [J]. Human Resource Development Quarterly, 2000, 11 (1): 2-6.

[51] Boeker W. Strategic change: The influence of managerial characteristics and organizational growth [J]. The Aeademy of Management Journal, 1997, 40 (1): 152-170.

[52] Bond S, Harhoff D, Reenen J V. Investment, R&D and Financial Constraints in Britain and Germany [R]. Working Paper, 2003.

［53］Bou-Wen Lin, Yikuan Lee, Shih-Chang Hung. R&D intensity and commercialization orientation effects on financial performance ［J］. Journal of Business Research, 2006, 59 (6): 679-685.

［54］Brown J R, Petersen B C. Cash holdings and R&D smoothing ［J］. Journal of Corporate Finance, 2011, 17 (3): 694-709.

［55］Bryant P T. Imprinting by design: The microfoundations of entrepreneurial adaptation ［J］. Entrepreneurship Theory and Practice, 2014, 38 (5): 1081-1102.

［56］Caas A J, Valerio A, Lalinde-Pulido J, et al. Using word net for word sense disambiguation to support concept map construction ［Z］. 2003.

［57］Cacioppo J T, Patrick W. Loneliness: Human Nature and the Need Forsocial Connection ［M］. New York: Norton & Company, 2008.

［58］Cacioppo J T, Petty K. Efficident assesment ［J］. Journal of Personallity Assessment, 1984 (48): 306-307.

［59］Cacioppo J T, Petty R E, Feinstein J A, Jarvis W B G. Dispositional differences in cognitive motivation: The life and times of individuals varying in need forcognition ［J］. Psychological Bulletin, 1996, 119 (2): 197-253.

［60］Cacioppo J T, Petty R E. The need for cognition ［J］. Journal of Personality and Social Psychology, 1982, 42 (1): 116-131.

［61］Cai D. An improved solow-swan model ［J］. Chinese Quarterly Journal of Mathematics, 1998, 13 (2): 72-78.

［62］Cai J, Walkling R A. Shareholders'say on pay: Does it create value? ［J］. Journal of Financial & Quantitative Analysis, 2011, 46 (2): 299-339.

［63］Calder B J, Ross M, Insko C A. Attitude change and attitude attribution: Effects of incentive, choice, and consequences ［J］. Journal of Personality Social Psychology, 1973, 25 (1): 84-99.

［64］Callow, Michael, McMellon, et al. Depicting romantic couples in advertising: The roles of gender and race on audience perceptions ［J］. Advances in Consumer Research-European Conference Proceedings, 2006 (7): 153-154.

［65］Campbell J P, McCloy R A, Oppler S H, et al. A Theory of Performance ［M］. San Francisco: Jossey-Bass, 1993.

［66］Cannella A A, Park J H, Lee H U. Top management team functional background diversity and firm performance: Examining the roles of team member colocation and environmental uncertainty ［J］. Academy of Management Journal, 2008, 51 (4): 768-784.

［67］Cannon-Bowers, et al. The impact of cross-training and workload on team functioning: A replication and extention ［J］. Human Factors, 1998 (40): 92-101.

［68］Carlsson D, Karlsson K. Age, cohorts and the generation of generations ［J］. American Sociological Review, 1970, 5 (7): 710-718.

［69］Carlsson F, He H, Martinsson P, et al. Household decision making in rural China: Using experiments to estimate the influences of spouses ［J］. Journal of Economic Behavior Organization, 2012, 84 (2): 525-536.

［70］Carmeli A, Schaubroeck J, Tishler A. How CEO empowering leadership shapes top management team processes: Implications for firm performance ［J］. Leadership Quarterly, 2011 (2): 399-411.

［71］Carpenter M A, Geletkanycz M A, Sanders W G. Upper echelons research revisited: Antecedents, elements, and consequences of top management team composition ［J］. Journal of Management, 2004, 30 (6): 749-778.

［72］Carpenter M A. The implications of strategy and social context for the relationship between top management team heterogeneity and firm performance ［J］. Strategic Management Journal, 2002, 23 (3): 275-284.

［73］Carpenter M A. Upper echelons research revisited: Antecedents, elements, and consequences of top management team composition ［J］. Journal of Management, 2004, 30 (6): 749-778.

［74］Carpenter M A. The implications of strategy and social context for the relationship between top management team heterogeneity erogeneity and firm performance ［J］. Strategic Management Journal, 2002 (23): 275-284.

［75］Carraher S M, Buckley M R. Cognitive complexity and the perceived dimensionality of pay satisfaction ［J］. Journal of Applied Psychology, 2004 (81): 102-109.

［76］Carter S, West M A. Reflexivity, defectiveness, and mental health in BBC-TV production teams ［J］. Small Group Research, 1998, 29 (5): 583-601.

［77］Casazza L J, Endsley S. Linking training and performance: An evaluation of diarrhea case management training in the Philippines ［J］. 1993, 43 (19): 1545-1548.

［78］Cavetti G. Cognition and hierarchy: Rethinking the micro-foundations of capability development ［J］. Organization Science, 2005, 16 (11): 599-617.

［79］Chandler A D. Strategy and Structure: Chapters in the History of the Industrial Enterprise ［M］. New York: MIT Press, 1973.

[80] Charles Babbage. Exposition of 1851 [M]. London: Taylor and Francis, 2013.

[81] Chase N. Find expert answers at quality expo [J]. Quality, 1997 (2): 36.

[82] Cheng C S A, Chen C J P. Firm valuation of advertising expense: An investigation of scaler effects [J]. Managerial Finance, 1997, 23 (10): 41-62.

[83] Cheng C S A, Denton Collins, Henry H H. Shareholder rights, financial disclosure and the cost of equity capital [J]. Review of Quantitative Finance and Accounting1, 2006, 127 (2): 175-204.

[84] Chen H Y, Yang-Ming Chang, Hung-Yi Chen. Cross-licensing, R&D spillovers, and welfare, international journal of information and management science [J]. International Journal of Information Science & Management, 2005, 16 (3): 37-56.

[85] Chen Y, Jiang Y, Wang C, et al. How do resources and diversification strategy explain the performance consequences of internationalization [J]. Management Decision, 2014, 52 (5): 897-915.

[86] Chen Y S, Shih C Y, Chang C H. The effects of related and unrelated technological diversification on innovation performance and corporate growth in the taiwan's semiconductor industry [J]. Scientometrics, 2012, 92 (1): 117-134.

[87] Chesbrough H. Open innovation: The new imperative for creating and profiting from technology [M]. Boston: Harvard Business School Press, 2003.

[88] Choi B, Poon S K, Davis G J. Effects of knowledge management strategy on organizational performance: A complementarity theory-based approach [J]. Omega the International Journal of Management Science, 2008 (36): 235-251.

[89] Choi S B, Williams C. The impact of innovation intensity, scope, and spillovers on sales growth in Chinese firms [J]. Asia Pacific Journal of Management, 2014, 31 (1): 25-46.

[90] Chowdhury S. Demographic diversity for building an effective entrepreneurial team: Is it important [J]. Journal of Business Venturing, 2005, 20 (6): 727-746.

[91] Christopher Freeman. As Time Goes by: From the Industrial Revolutions to the Information Revolution [M]. Oxford: Oxford University Press, 2001.

[92] Chung R, Firth M, Kim J B. Institutional monitoring and opportunistic earnings management [J]. Journal of Corporate Finance, 2002 (8): 29-48.

[93] Coase R. The nature of the firm [J]. Economics, 1937 (4): 386-405.

[94] Cohen W M, Levinthal D A. Absorptive capacity: A new perspective on learning and innovation [J]. Administrative Science Quarterly, 1990, 35 (1): 128-152.

[95] Cole M. Cross-cultural research in the sociohistorical tradition [J]. Human Development, 1988 (31): 137-151.

[96] Coles J L, Daniel N D, Naveen L. Managerial incentives and risk-taking [J]. Journal of Financial Economics, 2006, 79 (2): 431-468.

[97] Connolly T E, Conlon E J, Deutsch S J. A multiple onstituency approach of organizational effectiveness [J]. The Academy of Management Review, 1980 (18): 211-218.

[98] Cooke N J, Kiekel P A, Helm E. Measuring team knowledge during skill acquisition of a complex task [J]. International Journal of Cognitive Ergonomics, 2001 (5): 297-315.

[99] Cools E, Herman V D B. Development and validation of the cognitive style indicator [J]. Journal Psychology, 2007, 141 (4): 359-387.

[100] Cools E, Van B H, Sioncke G. A Comparison of Healthcare Managers and Entrepreneurs: Investigating the Change Profile of Two Different Sectors [R]. Vlerick Leuven Gent Management School Working Paper, 2007.

[101] Cooper R G, Kleinschmidt E J. Benchmarking the firm's critical Success factor in new product development [J]. Journal of Product Innovation Management, 1995 (12): 374-391.

[102] Core J E, Holthausen R W, Larcker D F. Corporate governance, chief executive officer compensation, and firm performance [J]. Journal of Financial Economics, 1999, 51 (3): 371-406.

[103] Cross K F, Lynch R L. The "SMART" way to define and sustain success [J]. National Productivity Review, 1988, 8 (1): 23-33.

[104] Cyert R M, March J G. A Behavioral Theory of the Firm [M]. New Jersey: Prentie Hall, 1992.

[105] Daellenbach U S, McCarthy A M, Schoenecker T S. Commitment to innovation: The impact of top management team characteristics [J]. R&D Management, 1999, 29 (3): 199-209.

[106] Dane E, Pratt M. G. Exploring intuition and its role in managerial decision making [J]. Academy of Management Review, 2007, 32 (1): 33-54.

［107］ David Bigman, Srinivasan P V. Geographical targeting of poverty allevia-tion programs: Methodology and applications in rural India ［J］. Journal of Policy Mod-eling, 2002, 24 (3): 237−255.

［108］ De Church L A, Mesmer−Magnus J R. The cognitive underpinnings of ef-fective teamwork: A meta – analysis ［J］. Journal of Applied Psychology, 2010, 95 (1): 32−53.

［109］ De Dreu C K W, Weingart L R. Task versus relationship conflict, team performance, and team member satisfaction ［J］. Journal of Apolied Psychology, 2003, 88 (4): 741−749.

［110］ Deeny S P, Hillman C H, Janelle C M, et al. Cortico−cortical communi-cation and superior performance in skilled marksmen: An EEG coherence analysis ［J］. Journal of Sport & Exercise Psychology, 2003, 25 (2): 188−204.

［111］ Dekel E, Fudenberg D. Rational behavior with payoff uncertainty ［J］. Journal of Economic Theory, 1990, 52 (2): 243−267.

［112］ De Mol E, Khapova S N, Elfring T. Entrepreneurial team cognition: A review ［J］. International Journal of Management Reviews, 2015, 17 (2): 232 −255.

［113］ Dess G G, Beard D W. Dimensions of organizational task environments ［J］. Administrative Sciences Quarterly, 1984 (1): 52−73.

［114］ Dess G G, Robinson R B. Measuring organizational performance in the ab-sence of objective measures: The case of the privately−held firm and conglomerate busi-ness unit ［J］. Strategic Management Journal, 1984, 5 (3): 265−273.

［115］ Dess G, Origer N. Environment, structure, and consensus in strategy for-mulation: A conceptual integration ［J］. Academy of Management Review, 1987 (2): 313−330.

［116］ Dewar Robert D, Jane E Dutton. The adoption of radical and incremental in-novations: An empirical analysis ［J］. Management Science, 1986, 32 (11): 1422−1433.

［117］ Dew N, Grichnik D, Mayer−Haug K, et al. Situated entrepreneurial cog-nition ［J］. International Journal of Management Reviews, 2015, 17 (2): 143−164.

［118］ Dimov D. Grappling with the unbearable elusiveness of entrepreneurial op-portunities ［J］. Entrepreneurship: Theory and Practice, 2011, 35 (1): 57−81.

［119］ Diocles P. Definitions of poverty: Twelve clusters of meaning ［J］. Poverty an International Glossary, 2018 (1): 229-243.

[120] Dodson J M. The changing workforce: Human resources challenges [J]. Business Officer, 1993 (26): 32-35.

[121] Dong J, Gou Y N. Corporate governance structure, managerial discretion, and the R&D investment in China [J]. International Review of Economics and Finance, 2010 (19): 180-188.

[122] Don, Knight. Top management tem diversity, group process, and strategic consensus [J]. Strategic Management Journal, 1999 (20): 445-465.

[123] Drazin R, Glynn M, A, Kazanjian, et al. Multilevel theorizing about creativity in organizations: A sensemaking perspective [J]. Academy of Management Review, 1999, 24 (2): 286-307.

[124] Drew K F. Charles M. Radding. A World Made by Men: Cognition and Society, 400-1200 [M]. Austins Hill: University of Texas Press, 1985.

[125] Drucker P F. Management must manage [J]. Harvard Business Review, 1950, 28 (2): 80-86.

[126] Dutton J E, Duncan R B. The creation of momentum for change through the process of strategic issue diagnosis [J]. Strategic Management Journal, 1987, 8 (3): 279-295.

[127] Eggers J P, Kaplan S. Cognition and renewal: Comparing CEO and organizational effects on incumbent adaptation to technical change [J]. Organization Science, 2009, 20 (2): 461-477.

[128] Eisenhardt K M, Schoonhoven C B. Organizational growth: Linking founding team, strategy, environment, and growth among U. S. semiconductor ventures, 1978-1988 [J]. Administrative Science Quarterly, 1990, 35 (3): 504-529.

[129] Emma R. Poverty and livelihoods: Whose reality counts [J]. Environment and Urbanization, 2018, 7 (1): 173-204.

[130] Endsley M R. Situation awareness measurement in test and evaluation [Z]. 1996.

[131] Enos J L. Invention and innovation in the petroleum refining industry [J]. NBER Chapters, 1962, 27 (8): 786-790.

[132] Ensley M D, Hmieleski K M. A comparative study of new venture top management team composition, dynamics and performance between university–based and independent start-ups [J]. Research Policy, 2005, 34 (7): 1091-1105.

[133] Ensley M D, Pearce C L. Shared cognition in top management teams: Implications for new venture performance [J]. Journal of Organizational Behavior, 2001, 22 (2): 145-160.

[134] Erol I, Cakar N, Erel D, et al. Sustainability in the Turkish retailing industry [J]. Sustainable Development, 2010, 17 (1): 49-67.

[135] Ettlie E, Brdges W P, Keefe R. Organization strategy and structural differences for radical versus incremental innovation [J]. Management Science, 1984, 30 (6): 682-695.

[136] Faccio M, Masulis R W, Mcconnell J J. Political connections and corporate bailouts [J]. The Journal of Finance, 2006, 61 (6): 2597-2635.

[137] Fagerberg, et al. The Oxford handbook of innovation [Z]. 2009.

[138] Fai F, Cantwell J. The changing nature of corporate technological diversification and the importance of organisational capability [J]. Edward Elgar, 1999 (2): 113-137.

[139] Fama E F, Macbeth J D. Risk, return, and equilibrium: Empirical tests [J]. Journal of Political Economy, 1973, 81 (3): 607-636.

[140] Fama E, Jensen M. Separation of ownership and control [J]. Journal of Law and Economics, 1983 (27): 301-325.

[141] Fan H L, Cheng Y. Industry ecology: A perspective on enterprise competition [J]. China Industrial Economy, 2004, 29 (5): 318-320.

[142] Felipe Herranz Martín, Beatriz García Osma. Background and recent development in fair value measurement: From FASB's 1996 four decisions to the recent financial crisis [J]. Biological Bulletin, 2009, 38 (144): 647-662.

[143] Finkelstein S, Hambrick K C. Strategic Leadership [M]. Minnesota: West Publishing Company, 1996.

[144] Fishman A, Bob R. The size of firms and R&D investment [J]. International Economic Review, 1999, 40 (4): 915-931.

[145] Flores A K S. Shrader-frechette, Risk analysis and scientific method: Methodological and ethical problems with evaluating societal hazards [Z]. 1987.

[146] Floyd S W, Wooldridge B. Managing strategic consensus: The foundation of effective implementation [J]. Academy of Management Executive, 1992, 6 (4): 27-39.

[147] Forbes D P, Borchert P S, Zellmer-Bruhn M E, et al. Entrepreneurial team formation: An exploration of new member addition [J]. Entrepreneurship Theory

and Practice, 2006, 30 (2): 225-248.

[148] Ford J D, Baucus D A. Organizational adaptation to performance down-turns: An Interpretation – based perspective [J]. Academy of Management Review, 1987, 12 (2): 366-380.

[149] Ford J D. The effects of causal attributions on decision makers, responses to performance down – turns [J]. Academy of Management Review, 1985, 10 (4): 770-786.

[150] Fornell C, Larcker D F. Structural equation models with unobservable variables and measurement error: Algebra and statistics [J]. Journal of Marketing Research, 1981, 18 (3): 382-388.

[151] Francis J, Smith A. Agency costs and innovation some empirical evidence [J]. Journal of Accounting Economics, 1995, 19 (2/3): 383-409.

[152] Friar J H, Eddleston K A. Making connections for success: A networking exercise [J]. Journal of Management Education, 2007, 31 (1): 104-127.

[153] Frooman J. Stakeholder influence strategies [J]. Academy of Management Review, 1999, 24 (3): 191-206.

[154] Frye Timothy, Shleifer A. The invisible hand and the grabbing hand [J]. American Economic Review, 1996 (87): 354-358.

[155] Gary, et al. Adaptive gain and the role of the locus coeruleus-norepineph-rine system in optimal performance [J]. Journal of Comparative Neurology, 2005 (493): 99-110.

[156] Gary P Pisano. Learning-before-doing in the development of new process technology [J]. Research Policy, 1996 (25): 1097-1119.

[157] Geiger S W, Makri M. Exploration and exploitation innovation processes: The role of organizational slack in R&D intensive firms [J]. The Journal of High Technology Management Research, 2006, 17 (1): 97-108.

[158] Gerardo Andrés Okhuysen. Structuring change: Familiarity and formal interventions in problem-solving groups [J]. Academy of Management Journal, 2001, 44 (4): 794-808.

[159] Gibbons R. Incentives and coordination in operations management incentives between firms (And within) [J]. Management Science, 2005, 51 (1): 2-17.

[160] Gibbons R. Incentives between firms [J]. Informs, 2005 (51): 2-17.

[161] Gibson M. Telling it like it is: A personal take on information

[J]. Business Information Review, 2001, 18 (1): 28-34.

[162] Gloria Barczak, David Wilemon. Team member experiences in new product development: Views from the trenches [J]. R&D Management, 2003 (5): 463-479.

[163] Gong Y, Huang J C, Farh J L. Employee learning orientation, transformational leadership, and employee creativity: The mediating role of employee creative self-efficacy [J]. Academy of Management Journal, 2009 (4): 765-778.

[164] Grégoire D A, Corbett A C, McMullen J S. The cognitive perspective in entrepreneurship: An agenda for fiture research [J]. Journal of Management Studies, 2011, 48 (6): 1443-1477.

[165] Greve K W. Premeditated aggression: Clinical assessment and cognitive psychophysiology [J]. Personality and Individual Differences, 2003 (34): 773-781.

[166] Griffith R, Redding S, Reenen J V. Mapping the two faces of R&D: Productivity growth in a panel of OECD industries [J]. Review of Economics & Statistics, 2004, 86 (4): 883-895.

[167] Griliches Z. Introduction to R&D and productivity: The econometric evidence [J]. NBER Chapters, 1998 (10): 1-14.

[168] Griliches Z. R&D and productivity: The unfinished business [J]. Estudios de Economia, 1998, 25 (2): 145-160.

[169] Grossman Sanford, Oliver Hart. The costs and benefits of ownership: A theory of vertical and lateral integration [J]. Journal of Political Economy, 1986 (94): 691-719.

[170] Guay, Wayne R. The sensitivity of CEO wealth to equity risk: An analysis of the magnitude and determinants [J]. Journal of Financial Economics, 1999 (23): 43-71.

[171] Hair J, Anderson R E, Tatham R L. Multivariate data analysis with readings [J]. Journal of the Royal Statistical Society Series A – statistics in Society, 1979 (151): 558-559.

[172] Hair J F, Anderson R E, Tatham R L, et al. Multivariate Datd Analysis (5th ed.) [M]. New Jersey: Prentice Hall, 1998.

[173] Halevi M Y, Carmeli A, Brueller N N. Ambidexterity in SBUs: TMT behavioral integration and environmental dynamism [J]. Human Resource Management, 2015, 54 (1): 223-238.

[174] Hall B H, Griliches Z, Hausman J A. Patents and R&D: Is there a lag [J]. NBER Working Paper, 1986, 27 (2): 265-283.

［175］Hambrick D C, Cho T S, Chen M. The influence of top management team heterogeneity on firm's competitive moves ［J］. Administrative Science Quarterly, 1996 (41): 658-684.

［176］Hambrick D C, D'aveni R A, Top team deterioration as part of the downward spiral of large corporate bankruptcies ［J］. Management Science, 1992, 38 (10): 1445-1466.

［177］Hambrick D C, Guest editor's introduction: Putting top managers back in the strategy picture ［J］. Strategic Management Journal, 1989 (10): 5-15.

［178］Hambrick D C, Mason P A. Upper echelons: The organization as a reflection of its top managers ［J］. Academy of Management Review, 1984, 9 (2): 193-206.

［179］Hambrick D C, Upper echelons theory: An update ［J］. Academy of Management Review, 2007, 32 (2): 334-343.

［180］Hambrick D C. Top management groups: A conceptual integra-tion and reconsideration of the "team" label ［A］ //Research in Organizational Behavior ［M］. Greenwich: JAI Press, 1994: 171-214.

［181］Hambrick D Z, Wilhelm O, Engle R. What is the role of working memory in learning disabilities ［J］. Issues in Education Contributions from Educational Psychology, 2002 (7): 87-92.

［182］Hambrick D Z. The role of working memory in problem solving ［J］. Psychology, 2003 (7): 176-206.

［183］Hambrick, Gregory D S. The seasons of A CEO's tenure ［J］. Academy of Management Review, 1991 (40): 719-742.

［184］Hanks S H, Watson C J, Jansen E, Chandler G N. Tightening the life-cycle construct: A taxonomic study of growth stage configurations in high-technology ［J］. Journal of Management, 1993, 32 (6): 926-950.

［185］Hansen B E. Threshold effects in non-dynamic panels: Estimation, testing, and inference ［J］. Journal of Econometrics, 1999, 93 (2): 345-368.

［186］Hansen M T. The search-transfer problem: The role of weak ties in sharing knowledge across organization subunits ［J］. Administrative Science Quarterly, 1999 (44): 82-111.

［187］Hans J Thanhain. Manageing innovative R&D teams ［J］. R&D Management, 2003, 33 (3): 297-311.

[188] Hart O, Tirole J. Vertical integration and market foreclosure [J]. Brookings Papers on Economic Activity, 1990 (2): 205-285.

[189] Hausman J, Hall B H, Griliches Z. Econometric models for count data with an applicationto the patents - R&D relationship [J]. Econometrica, 1984, 52 (4): 909-938.

[190] Haynie J M, Shepherd D A, McMullen J S. An opportunity for me? The role of resources in opportunity evaluation decisions [J]. Journal of Management Studies, 2009, 46 (3): 337-361.

[191] Haynie J M, Shepherd D A, Patzelt H. Cognitive adaptability and an entrepreneurial task: The role of metacognitive abilityand feedback [J]. Entrepreneurship Theory and Practice, 2012, 36 (2): 237-265.

[192] Henry W Chesbrough. Open Innovation: The New Imperative for Creating and Profiting from Technology [M]. Boston: Harvard Business School Press, 2003.

[193] Hitt M A, Ireland R D, Harrison J S, Hoskisson R E, Effects of acquisitions on R&D inputs and outputs [J]. Academy of Management Journal, 1991, 34 (3): 693-706.

[194] Hochwarter W A, Harrison A W, Amason A C. Testing a second-order multidimensional model of negative affectivity: A cross-validation study [J]. Educational & Psychological Measurement, 1996, 56 (5): 791-808.

[195] Hoegl M, Parboteeah K P. Team reflexivity in innovative projects [J]. Research Development Management, 2006, 36 (2): 113-125.

[196] Holmes R M, Bromiley P, Devers C E, et al. Management theory applications of prospect theory: Accomplishments, challenges, and opportunities [J]. Journal of Management, 2011, 37 (4): 1069-1107.

[197] Holmstrom B, Milgrom P. Multitask principal-agent analyses: Incentive contracts, asset ownership and job design [J]. Journal of Health Economics, 1991 (7): 24.

[198] Holmstrom B. Moral hazard and observability [J]. Bell Journal of Economics, 1979, 10 (1): 74-91.

[199] Holthausen R H, Palepu K G. Research investigating the economic consequences of accounting standards [J]. Worwing Paper, 1995 (1): 25-78.

[200] Hoshi T, Kashyap A K, Scharfstein D. Corporate structure, liquidity, and investment: Evidence from Japanese panel data [J]. Quarterly Journal of Econom-

ics, 1991 (106): 33-60.

[201] Hunter J. E. Cognitive ability, cognitive aptitudes, job knowledge, and job performance [J] Joumal of Vocational Behavior, 1986, 29 (3): 340-362.

[202] Husted, et al. The impact of sustainability governance, country stakeholder orientation, and country risk on environmental, social, and governance performance [J]. Journal of Cleaner Production, 2017 (2): 93-102.

[203] Hutchins F. Cognition in the Wild [M]. Cambridge: MIT Press, 1995.

[204] Hyun-Dae Cho, Jae-Keun Lee. The developmental path of networking capability of catch-up players in Korea's semiconductor industry [J]. R&D Management, 2003, 33 (4): 411-423.

[205] Ireland R D, Reutzel C R, Webb J W. Entrepreneurship research in AMJ: What has been published, and what might the future hold? [J]. Springer Books, 2007, 48 (4): 556-564.

[206] Jackson S E, May K E, Whitney K. Understanding the dynamics of diversity in decision-making teams [Z]. 1995.

[207] Jackson S E, et al. Some differences make a difference: Individual dissimilarity and group heterogeneity as correlates of recruitment, promotions, and turnover [J]. Journal of Applied Psychology, 1991, 26 (5): 675-689.

[208] Jakob Edler, Frieder Meyer-Krahmer, Guido Reger. Changes in the strategic management of technology: Results of a global benchmarking study [J]. R&D Management, 2002 (2): 149-164.

[209] Jehn K A, Chadwick C, Thatcher S. To agree or not to agree: The effects of value congruence, individual demographic dissimilarity, and conflict on workgroup outcomes [J]. The International Journal of Conflict Management, 1997, 8 (4): 287-305.

[210] Jensen M C, Meckling W H. Theory of the firm: Managerial behavior, agency costand ownership structure [J] Joural of Financial Economics, 1976 (3): 305-360.

[211] Jensen M C, Murphy K J. Performance pay and top-management incentives [J]. Journal of Political Economy, 1990, 98 (2): 225-264.

[212] Jing Li, Dong Chen, Daniel M Shapiro. Product innovations in emerging economies: The role of foreign knowledge access channels and internal efforts in Chinese firms [J]. Management and Organization Review, 2010, 6 (2): 243-266.

[213] Jin G, Li K. Interjurisdiction political competition and green totalfactor productivity in China: An inverted – U relationship [J]. China Economic Review, 2012 (61): 685-702.

[214] Jin Y, Levitt R E, Kunz J C, et al. The virtual design team: A computer simulation framework for studying organizational aspects of concurrent design [J]. Journal of the Society for Computer Simulation, 1995 (3): 64.

[215] John Maynard Keynes, et al. The General Theory of Employment Interest and Money: An Inquiry Into Profits, Carital, Credit, Enterest, and The Business Cycle [M]. Beijing: China Social Scienee Publishing House, 1999.

[216] Julie Juan Li, Laura Poppo, Kevin Zheng Zhou. Relational mechanisms, formal contracts, and local knowledge acquisition by international subsidiaries [J]. Strategic Management Journal, 2010 (31): 349-370.

[217] Jun He, Brian S Butler, William R, King Keith H. Team cognition: Developmentand evolution in software project teams [J]. Journal of Management Information Systems, 2007, 24 (2): 261-292.

[218] Kagan J, Rosman B L, Day D, et al. Information processing in the child significance of analytic and reflective attitudes [J]. Psychological Monographs, 1964 (1): 75-78.

[219] Kagan J, Rosman B L, Day D, et al. Psychological monographs: General and applied [J]. American Psychological Assocition, 2024, 80 (1): 1-28.

[220] Kale J R, Reis E, Venkateswaran A. Rank-order tournaments and incentive alignment: The effect on firm performance [J]. The Journal of Finance, 2009, 64 (3): 1479-1512.

[221] Kamien M I, Schwartz N L. Potential rivalry, monopoly profits and the pace of inventive activity [J]. Review of Economic Studies, 1978 (3): 547-557.

[222] Kamien M I, Schwartz N L. Self – financing of an R&D project [J]. American Economic Review, 1978, 68 (3): 252-261.

[223] Kaplan R, Norton D. The balanced scorecard: Measures that drive performance [J]. Harvard Business Review, 1992, 70 (1): 71-79.

[224] Kaplan S, Zingales L. Do financing constraints explain why investment is correlated with cash flow [J]. Quarterly Journal of Economics, 1997, 112 (2): 169-215.

[225] Kaplan S, Tripsas M. Thinking about technology: Applying a cognitive

lens to technical change [J]. Research Policy, 2008, 37 (5): 790-805.

[226] Katila R, Ahuja G. Something old, something new: A longitudinal study of search behavior and new product introduction [J]. Academy of Management Journal, 2002, 45 (6): 1183-1194.

[227] Katzenbach J, Smith D. The Wisdom of Teams: Creating the High-performance Rganization [M]. New York: McGraw-Hill, 1993.

[228] Katz Ralph, Tushman M. Communication patterns, project performance, and task characteristics: An empirical evaluation and integration in an R&D setting [J]. Organizational Behavior & Human Performance, 1979, 23 (2): 139-162.

[229] Katz R. The effects of group longevity on project communication and performance [J]. Administrative Science Quarterly, 1982, 27 (1): 81-104.

[230] Keck S L. Top management team structure: Differential effects by environmental context [J]. Organization Science, 1997, 8 (2): 143-156.

[231] Kieser A, Beck N, Tainio R. Limited rationality, formal organizational rules, and organizational learning (OL) [J]. Papers, 1998 (20): 93-118.

[232] Kimberly Higginbotham, Terri Crutcher, Sharon M Karp. Screening for social determinants of health at well-child appointments [J]. Nursing Clinics of North America, 2018, 54 (1): 141-148.

[233] Kimberly J R, Evanisko M J. Organizational innovation: The influence of individual, organizational, and contextual factors on hospital adoption of technological and administrative innovations [J]. Academy of Management Journal Academy of Management, 1981, 24 (4): 689.

[234] Kini O, Williams R. Tournament incentives, firm risk, and corporate policies [J]. Social Science Electronic Publishing, 2012, 103 (2): 350-376.

[235] Klette J T, Moen J, Griliches Z. Do subsidies to commercial R&D reduce market failures? Microeconometric evaluation studies [J]. Research Policy, 2000, 29 (4): 471-495.

[236] Knight D, et al. Top management team diversity, group process, and strategic consensus [J]. Strategic Management Journal, 1999, 20 (5): 445-465.

[237] Kogut B, Zander U. Knowledge of the firm, combinative capabilities, and the replication of technology [J]. Organization Science, 1992, 3 (3): 383-397.

[238] Kothari A, Sandholm T, Suri S. Solving combinatorial exchanges: Optimality via a few partial bids [J]. IEEE, 2005 (3): 1418-1419.

[239] Kotler, et al. Marketing for Hospitality and Tourism, Global Edition

[M]. Dalinan: Dongbei University of Finacen & Economics Press, 2006.

[240] Kotler, et al. Principles of marketing: An asian perspective [J]. International Journal of Flexible Manufacturing Systems, 2008, 26 (1): 5-9.

[241] Kotler P, Armstrong G, Saunders J, et al. Principles of marketing, 2nd edition [J]. Corporate Communications: An International Journal, 2001, 6 (3): 164-165.

[242] Krugman P. Scale economies, product differentiation, and the pattern of trade [J]. America Economic Review, 1980, 70 (5): 950-959.

[243] Lamar V, Wang C. Social investment and poverty reduction: A comparative analysis across fifteen Euopean countries [J]. Jounal of Social Policy, 2020, 44 (3): 611-638.

[244] Lambert K. Meinong and the principle of independence: Its place in meinong's theory of objects and its significance in contemporary philosophical logic [Z]. 1983.

[245] Lambert R A, Larcker D F, Weigelt K. The structure of organizational incentives [J]. Administrative Science Quarterly, 1993, 38 (3): 438-461.

[246] Langan-Fox J, Anglim J, Wilson J R. Mental models, team mental models, and performance: Process, development, and future directions [J]. Human Factors and Ergonomics in Manufacturing, 2004, 14 (4): 331-352.

[247] Langan-Fox Janice, Anglim J, Wilson J R. Mental models, team mental models, and performance: Process, development, and future directions [Z]. 2004.

[248] Lant T K, Hewlin P F. Information cues and decision making the effects of learning, momentum, and social comparison in competing teams [J]. Group & Organization Management, 2002, 27 (3): 374-407.

[249] Laureiro-Martnez D, Brusoni S, Zollo M. The neuro-scientific foundations of the exploration dilemma [J]. KITeS Working Papers, 2009, 315 (2): 121-136.

[250] Lazear E P, Rosen S, Rank-order tournaments as optimum labor contracts [J]. Journal of Political Economy, 1981, 89 (5): 841-864.

[251] Lee C Y. A New Perspective on industry R&D and market structure [J]. The Journal of Industrial Economics, 2005, 53 (1): 101-122.

[252] Lee E Y, Cin B C. The effect of risk-sharing government subsidy on corporate R&D investment: Empirical evidence from Korea [J]. Technological Forecasting & Social Change, 2010, 77 (6): 881-890.

［253］Lee M, Na D. Determinants of technical success in product development when innovative radicalness is considered ［J］. Journal of Product Innovation Management, 1994, 11（1）：62-68.

［254］Leippe M R, Eisenstadt D, Rauch S M, et al. Timing of eyewitness expert testimony, jurors, need for cognition, and case strength as determinants of trial verdicts ［J］. Journal of Applied Psychology, 2004（89）：524-541.

［255］Leonard－Barton D. Core capabilities and core rigidities: A paradox in managing new product development ［J］. Strategic Management Journal, 1992, 13（1）：111-125.

［256］Levesque L L, Wilson J M, Wholey D R. Cognitive divergence and shared mental models in software development project teams ［J］. Journal of Organizational Behavior, 2001, 22（1）：135-144.

［257］Lewis K, Herndon B. Transactive memory systems: Current issues and future research directions ［J］. Organization Science, 2001, 22（5）：1254-1265.

［258］Lewis K. Kowledge and performance in knowledge－worker teams: A longitudial study of transactive memory systems ［J］. Management Science, 2004（50）：1519-1533.

［259］Lewis K. Measuring transactive memory systems in the field: Scale development and validation ［J］. Journal of Applied Psychology, 2003, 88（4）：587-604.

［260］Li H, Atuahene－Gima K. Product innovation strategy and the performance of new technology ventures in China ［J］. Academy of Management Journal, 2001, 44（6）：1123-1134.

［261］Likert R A. A technique for measurement of attitudes ［J］. Archive Psychology of New York, 1932（22）：1-55.

［262］Lin B W, Lee Y, Hung S C. R&D intensity and commercialization orientation effects on financial performance ［J］. Journal of Business Research, 2006, 59（6）：679-685.

［263］Lin B W. Technology transfer as technological learning: A source of competitive advantage for firms with limited R&D resources ［J］. R&D Management, 2010, 33（3）：327-341.

［264］Lind T, Mehlum H. With or without U? The appropriate test for a U－shaped relationship ［J］. Oxford Bulletin of Economics and Statistics, 2010, 72（1）：109-118.

［265］Lin H F, Lee G G. Perceptions of senior managers toward knowledge sharing bahavior [J]. Management Decision, 2004, 42 (1): 614-620.

[266] Lucy Firth, David, Mellor. Learning and the new growth theories: Policy dilemma [J]. Research Policy, 2000 (9): 1157-1163.

[267] Lumpkin G T, Dess G G. Clarifying the entrepreneurial orientation construct and linking it to performance [J]. Academy of Management Review, 1996, 21 (1): 135-173.

[268] Maccurtain S, et al. The top team, trust, reflexivity, knowledge sharing and innovation [J]. Academy of Management Annual Meeting Proceedings, 2009, 2009 (1): 1-6.

[269] Madrid H P, Patterson M G, Leiva P I. Negative core affect and employee silence: How differences in activation, cognitive rumination, and problem-solving demands matter [J]. Journal of Applied Psychology, 2015 (6): 1887-1898.

[270] Main B G M, et al. Top executive pay: Tournament or teamwork [J]. Journal of Labor Economics, 1993, 11 (4): 606-628.

[271] March J G, Simon H A. Organizations [M]. New York: Wiley, 1958.

[272] March J G. Exploration and exploitation in organizational learning [J]. Organization Science, 1991 (2): 71-87.

[273] Marks M A, Mathieu J E, Zaccaro S J. A temporally based framework and taxonomy of team processes [J]. Academy of Management Review, 2001, 26 (3): 356-376.

[274] Markus C Becker, Morten Lillemark. Marketing/R&D integration in the pharmaceutical industry [J]. Research Policy, 2006, 35 (1): 105-120.

[275] Marris R. The Economic Theory of Managerial Capitalism [M]. New York: Free Press, 1964.

[276] Marshall E H. Alderman Beckford's speech to george III [Z]. 1890.

[277] Marshall. Principles of Economics [M]. London: Macmillan, 1965.

[278] Mats Engwall, Ragnar Kling, Andreas. Models in action: How management models are interpreted in new product development [J]. R&D Management, 2005 (4): 427-439.

[279] Matzler K, Renzl B, Muller J, et al. Personality traits and knowledge shraing [J]. Journal of Economic Psyhology, 2008 (293): 301-313.

[280] McCabe C, Claxton K, Culyer A J. The nice cost-effectiveness threshold: What it is and what that means [J]. Pharmaco Economics, 2008 (26): 733-744.

[281] Mcconnell D R. Earned value technique for performance measurement

［J］. Journal of Management in Engineering, 1985, 1 (2): 79-94.

［282］Melnnes. The financial control system of transactional enterprises pirical Investigation ［J］. Journal of International Business Studies, 1971, 2 (2): 11-28.

［283］Menguc B, Auh S. The asymmetric moderating role of market orientation on the ambidexterity: Firm performance relationship for prospectors and defenders ［J］. Industrial Marketing Management, 2008, 37 (4): 455-470.

［284］Michael C, William H. Theory of firm: ManageHall, agenay cost and ownorship strueture ［J］. Finaucial Economics, 1976 (3): 305-360.

［285］Michael D, Ensley, et al. Shared cognition in top management teams: Implications for new venture performance ［J］. Journal of Organizational Behavior, 2001, 22 (2): 145-160.

［286］Milliken F J, Martins L L. Searching for common threads: Understanding the multiple effects of diversity in organizational groups ［J］. Academy of Management Review, 1996, 21 (2): 402-433.

［287］Mirrlees J. The optimal structure of authority and incentives within an organization ［Z］. 1976.

［288］Mitchell R K, Randolph-Seng B, Mitchell J R. Socially situated cognition: Imagining new opportunities for entrepreneurship research ［J］. Academy of Management Review, 2011, 36 (4): 774-776.

［289］Mitchell R, Paunonen S, Rush J. Personality and cognitive ability predictors of performanee in graduate business school ［J］. Jounal of Educational Psychology, 1994 (86): 516-530.

［290］Mooney A C, Holahan P J, Amason A C. Don't take it personally: Exploring cognitive conflict as a mediator of affective conflict ［J］. Journal of Management Studies, 2010, 44 (5): 733-758.

［291］Morck R, Shleifer A, Vishny R W. Management owner-ship and market valuation: An empirical analysis ［J］. Journal of Financial Economics, 1988 (20): 293-315.

［292］Muller Holger M, Warneryd Karl. Inside vs outside ownership: A political theory of the firm ［J］. Journal of Economics, 1999, 32 (3): 527-410.

［293］Murdock B. Decision-making models of remember-know judgments: Comment on Rotello, Macmillan ［J］. Psychological Review, 2004, 113 (3): 648-656.

［294］Murswiek D. The American strategy of preemptive war and international law ［J］. SSRN Electronic Journal, 2003 (4): 321-322.

［295］ Nahapiet J, Ghoshal S. Social capital, intellectual capital, and the organizational advantages ［J］. Academy of Management Review, 1998, 23 （2）: 242-266.

［296］ Nakahara T. Innovation in a borderless world economy ［J］. Research Technology Management, 1997, 40 （3）: 37-41.

［297］ Nancy J Cooke, Eduardo Salas, Preston A Kiekel. Advances in measuring team cognition ［R］. 4th International Conference on Organizational Routines, 2012.

［298］ Nosek John T, Mcneese M D. Augmenting group sense making in ill-defined, emerging situations: Experiences, lessons learned and issues for future development ［J］. Information Technology & People, 1997, 10 （3）: 241-252.

［299］ Nunally J C. Psychometric Theory ［M］. New York: McGraw-Hill, 1978.

［300］ Orasanu J. Shared mental models and crew performance ［J］. Proceedings of Annual Meeting of the Human Factors Society, 1990, 45 （2）: 259-276.

［301］ Otley D. Accounting performance measurement: A review of its purposes and practices ［J］. International Journal of Business Performance Management, 2001, 3 （2/3/4）: 245-260.

［302］ O'Reilly C, Snyder R, Boothe J. Effects of executive team demography on organizational change ［J］. Organizational Change and Redesign, 1993 （3）: 147-175.

［303］ Palmer T B, Wiseman R M. Decoupling risk taking from income strenm uncertainty: A holistic model of risk ［J］. Strategic Management Journal, 1999 （11）: 20.

［304］ Pandit Shail, Wasley C E, Zach T. The effect of research and development （R&D） inputs and outputs on the relation between the uncertainty of future operating performance and R&D expenditures ［J］. Journal of Accounting, Auditing & Finance, 2015, 26 （1）: 121-144.

［305］ Pennings J M, Steers R M. Organizational effectiveness: A behavioral view ［J］. Administrative Science Quarterly, 1977, 22 （3）: 538.

［306］ Penrose E T. The Theory of The Growth of the Firm ［M］. Cambridge: Oxford University Press, 1995.

［307］ Persen W, Lessig V. Evaluating the financial performance of overseas operations: A research study and report prepared for the financial executives research foundation ［J］. The Foundation, 1979 （9）: 48-77.

［308］ Petre M, Green T R G. Learning to read graphics: Some evidence that "Seeing" an information display is an acquired skill ［Z］. 2004.

[309] Pfeffer J. Organizational demography [J]. Research in Organizational Behavior, 1983 (5): 299-357.

[310] Pfeffer J, Salancik G R. The External Control of Organizations [M]. New York: Harper and Row, 1978.

[311] Philip Kotler. Task versus relationship conflict, team performance, and team member satisfaction [J]. Journal of Economics, 2003, 88 (4): 741-749.

[312] Philippon T, Bergstresser D B. CEO Incentives and earnings management [J]. Journal of Financial Economics, 2006, 80 (3): 511-529.

[313] Piet M. A multidimensional poverty measure for the hindu kush-himalayas, applied to selected districts in nepal [J]. Mountain Research & Development, 2022, 35 (3): 278-288.

[314] Porta R L, Lopez-De-Silanes F, Shleifer A, et al. Law and Finance [M]. Berlin: Springer, 1998.

[315] Porter M E. Competition in Global Industries [M]. Boston: Harvard Business Press, 1986.

[316] Porter M E. The technological dimension of competitive strategy [J]. American Economic Review, 1996 (86): 562-583.

[317] Porter. The concept of "Coalition" in organization theory and research [J]. Academy of Management Review, 1985 (10): 256-268.

[318] Prahalad C K, Hamel G. Strategy as a field of study: Why search for a new paradigm? [J]. Strategic Management Journal, 1994 (3): 5-16.

[319] Prahalad C K, Hamel G. The Core Competence of the Corporation [M]. New York: Wiley-Blackwell, 1997.

[320] Prendergast C, Stole L. Restricting the means of exchange within organizations [J]. European Economic Review, 1999 (4): 1007-1019.

[321] Priem R L, Lyonc D W, Dessd G G. Inherent limitations of demographic proxies in top management team heterogeneity research [J]. Journal of Management, 1999, 25 (6): 935-953.

[322] Pynes Joan, H J Bernardin. Mechanical vs consensus-derived assessment center ratings: A comparison of job performance validities [J]. Public Personnel Management, 1992 (21): 17-28.

[323] Quick T L. Success Team Building [M]. New York: American Management Association, 1992.

[324] Radner R. Monitoring cooperative agreements in a repeated principal-agent

relationship [J]. Econometrica, 1981 (49): 1127-1147.

[325] Rahim M A. A measure of handling interpersonal conflict [J]. Academy of Management Journal, 1983 (2): 168-176.

[326] Rahim M A. Toward a theory of managing organizational conflict [J]. International Journal of Conflict Management, 2002, 13 (3): 206-235.

[327] Rentsch, et al. The integrative team knowledge building training strategy in distributed problem – solving teams [J]. Small Group Research, 2010, 4 (5): 505-523.

[328] Robert Cooper, Scott Edgett, Elko Kleinschmidt. Portfolio management for new product development: Results of an industry practices study [J]. R&D Management, 2001 (4): 25-36.

[329] Robinson J S, Larson C. Are traumatic events necessary to elicit symptoms of posttraumatic stress [J]. Psychological Trauma Theory Research Practice & Policy, 2010, 2 (2): 71-76.

[330] Rogerson W. Repeated moral hazard [J]. Econometrica, 1985 (53): 69-76.

[331] Romer P M. Capital, labor, and productivity [J]. Brookings Papers on Economic Activity Microeconomics, 1990 (22): 337-367.

[332] Romer P M. Endogenous technical change [J]. Journal of Political Economy, 1990, 98 (5): 71-102.

[333] Romer P M. Increasing returns and long-run growth [J]. Journal of Political Economy, 1986, 94 (5): 1002-1037.

[334] Roper S, Tapinos E. Taking risks in the face of uncertainty: An exploratory analysis of green innovation [J]. Technological Forecasting Social Change, 2016 (112): 357-363.

[335] Rosenthal T L, Bandura A. Psychological modeling: Theory and practice [J]. Handbook of Psychology and Behavior Change, 1978 (3): 621-651.

[336] Ross J E, Kami M J, Corporate Management in Crisis: Why the Mighty Fall [M]. Englewood Cliffs: Prentice-Hall, 1973.

[337] Ross S. The economic theory of agency: The principal's problem [J]. American Economic Review, 1973 (63): 134-139.

[338] Rothaermel F T, Hill C W L. Technological discontinuities and complementary assets: A longitudinal study of industry and firm performance [J]. Organization Science, 2005, 16 (1): 52-70.

[339] Rothwell R, Gardiner P. Re-innovation and robust designs: Producer and user benefits [J]. Journal of Marketing Management, 1988, 3 (3): 372-387.

[340] Rothwell R, W Zegveld. Reindustrialization and Technology [M]. London: Longman, 1985.

[341] Rothwell R. Public innovation policy: To have or to have not? [J]. R&D Management, 1986, 16 (1): 25.

[342] Rowntree S. Poverty: A Study of Town Life [M]. London: Macmillan, 1901.

[343] Sabherwal R, Chan Y E. Alignment between business and is strategies: A study of prospectors, analyzers, and defenders [J]. Information Systems Research, 2001, 12 (1): 11-33.

[344] Salas E E, Fiore S M. Team Cognition: Understanding the Factors that Drive Processand Performance [M]. Washington: American Psychological Association Press, 2004.

[345] Samuelson, Paul Anthony. Foundations of Economic Analysis [M]. Cambridge: Harvard University Press, 1948.

[346] Schein V E. The relationship between sex role stereotypes and requisite management characteristics [J]. Journal of Applied Psychology, 1973, 57 (2): 95-100.

[347] Scherer F M. Firm size, market structure, opportunity, and the output of patented inventions [J]. American Economic Review, 1965, 55 (5): 1097-1125.

[348] Scherer F M. Technology and the Pursuit of Economic Growth Rosenberg Nathan [M]. Cambridge: Cambridge University Press, 1989.

[349] Scherer F M. The size distribution of profits from innovation [J]. Annales d'Economie et de Statistique, 1998 (49/50): 495-516.

[350] Schumpeter J A. The Theory of Economic Development [M]. Cambridge: Harvard University ress, 1912.

[351] Schumpeter, Joseph Alois, R Aris. Economic Doctrine and Method, an Historical Sketch: An Historical Sketch [M]. Oxford: Oxford University Press, 1954.

[352] Scott S G, R A Bruce. Determinants of innovative behavior: A path model of individual innovation in the workplace [J]. Academy of Management Journal, 1944, 37 (3): 580-607.

[353] Segerstorm, Paul S. The long-run growth effects of R&D subsidies [J]. Journal of Economic Growth, 2000, 5 (3): 277-305.

[354] Serghei Floricel, Roger Miller. An exploratory comparison of the management of innovation in the new and old economics [J]. R&D Management, 2003 (33): 501-525.

[355] Shefer D, Frenkel A T. R&D, firm size and innovation: An empirical analysis [J]. Technovation, 2005 (1): 25-32.

[356] Shepherd S, Rigden C. Rapid non-equilibrium decompression technology [Z]. 2005.

[357] Shnok J H. Working in Teams Practical Manual for Improving Work Groups [M]. New York: AMACOM Press, 1982.

[358] Sidney Davidson, Weil R. Handbook of Modern Accounting [M]. New York: McGraw-Hill Book Company, 1983.

[359] Simon H A, Kaplan C A. Foundations of Cognitive Science [M]. New York: MIT Press, 1989.

[360] Simon. On-the-job training: Costs, returns, and some implications [J]. Journal of Political Economy, 1992 (5): 50-59.

[361] Simsek H, et al. International handbook of higher education [Z]. 2007.

[362] Smith Adam. The Wealth of Nations [M]. London: Penguin Books, 1999.

[363] Smith A. An Inquiry into the Nature and Causes of the Wealth of Nations [M]. New York: Modern Library, 1937.

[364] Smith Jr C W, Watts R L. Incentive and tax effects of executive compensation plans [J]. Australian Journal of Management, 1982, 7 (2): 139-157.

[365] Smith K W, Tushman L M. Special issue: Frontiers of organization science, part 2 of 2: Managing strategic contradictions: A top management model for managing innovation streams [J]. Organization Science, 2005, 16 (5): 522-536.

[366] Spence I, Domoney D W. Single subject incomplete designs for nonmetric multidimensional scaling [J]. Psychometrika, 1974 (39): 469-490.

[367] Spence M. Monopoly, Quality and Regulation [J]. Bell Journal of Economics, 1975 (6): 417-429.

[368] Spence M, Zeckhauser R. The allocation of social risk: Insurance, information, and individualaction [J]. American Economic Review, 1971, 61 (2): 380-387.

[369] Spoerel W E, Seleny F L, Williamson R D. Shock caused by continuous infusion of metaraminol bitartrate [J]. Canadian Medical Association Journal, 1964,

90 (5): 349-353.

[370] Stanford M S, Houston R J, Villemarette-Pittman N R, et al. Premeditated aggression: Clinical assessment and cognitive psychophysiology [J]. Personality and Individual Differences, 2003, 34 (5): 773-781.

[371] Staw B M. Dressing up like an organization: When psychological theories can explain organizational action [J]. Journal of Management, 1991, 17 (4): 805-819.

[372] Steers Richard M, Spencer Daniel G. The role of achievement motivation in job design [J]. Journal of Applied Psychology, 1977, 2 (4): 472-479.

[373] Stewart D W, Latham D R. On some psychometric properties of fiedler's contingency model of leadership [J]. Small Group Research, 1986, 17 (1): 83-94.

[374] Stole P L. Restricting the means of exchange within organizations [J]. European Economic Review, 1999 (43): 1007-1019.

[375] Sutcliffe K M. What executives notice: Accurate perceptions intop management teams [J]. The Academy of Management Journal, 1994, 37 (5): 1360-1378.

[376] Swee C G. Managing effective knowledge transfer: Anintegrative frame work and some practice implications [J]. Journal of Knowledge Management, 2002, 6 (1): 23-30.

[377] Swift T A, West M A. Reflexivity and Group Process: Research and Practice [M]. Sheffield: The ESRC Center for Organization and Innovation, 1998.

[378] Tang Z, Hull C. An Investigation of entrepreneurial orientation, perceived environmental hostility, and strategy application among Chinese SMEs [J]. Journal of Small Business Management, 2012, 50 (1): 132-158.

[379] Teece D J, Pisano G, Shuen A. Dynamic capabilities and strategic management [J]. Strategic Management Journal, 1997 (7): 509-533.

[380] Thomas A, Simerly R. Internal Determinants of Corporate Social Performance: The Role of Top Managers [Z]. 1995.

[381] Thomas J B, Clark S M, Gioia D A. Strategic sensemaking and organizational performance: Linkages among scanning, interpretation, action, and outcomes [J]. Academy of Managemnet Journal, 1993 (2): 239-270.

[382] Thomas K W, Pondy L R. Toward an intent model of conflict management among principal parties [J]. Human an Relations, 1977 (10): 1089-1120.

[383] Thomas P, Robinson H, Emms J. Abstract data types: Their specifica-

tion, representation [M]. Oxford: Oxford University Press, 1988.

[384] Timmons J A. New Centure Creation: Entrepreneurship for the 2/st Century, New Venture Creation, 5 ed [M]. Singapore: MeGraw-Hill, 1999.

[385] Tindale R S, Kameda T. Social sharedness' as a unifying theme for information processing in groups [J]. Group Processes & Intergroup Relations, 2000, 3 (2): 123-140.

[386] Tjosvold D, Deemer D K. Effects of controversy within cooperative or competitive context on organizational decision making [J]. Journal of Applied Psychology, 1980, 65 (5): 590-595.

[387] Tjosvold D, Hui C, Yu Z. Conflict management and task reflexivity for team in-role and extra-role perform-ance in China [J]. International Journal of Conflict Management, 2003, 14 (2): 141-163.

[388] Toivanen Otto, Väänänen Lotta. Education and invention [J]. CEPR Discussion Papers, 2011, 98 (2): 382-396.

[389] Townsend J T. Experimental test of contemporary mathematical models of visual letter recognition [J]. Journal of Experimental Psychology Human Perception & Performance, 1982, 8 (6): 834.

[390] Tuomo Nikulainen, Christopher Palmberg. Transferring science – based technologies to industry – Does nanotechnology make a difference? [J]. Technovation, 2010 (30): 3-11.

[391] Tuten T L, Bosnjak M. Understanding differences in web usage: The role of need for cognition and the five factor model of personality [J]. Social Behavior and Personality: An International Journal, 2001, 29 (4): 391-398.

[392] Venkatraman N, Ramanujam V. Measurement of business performance in strategy research: A comparison of approaches [J]. Academy of Management Review, 1986 (11): 801-814.

[393] Vincent L Barker, George C Mueller. CEO Characteristics and Firm R&D Spending [J]. Management Science, 2002, 48 (6): 782-801.

[394] Wallsten J S. The effects of government-industry R&D programs on private R&D: The case of the small business innovation research program [J]. The Rand Journal of Economics, 2000, 31 (1): 82-100.

[395] Walsh J P. Managerial and organizational cognition: Notes from a trip down memory lane [J]. Organization Science, 1995, 6 (3): 280-321.

[396] Washburn M, Bromiley P. Comparing aspiration models: The role of se-

lective attention [Z]. 2011.

[397] Wegner P. Dimensions of object-based language design [J]. ACM Sigplan Notices, 1987, 22 (12): 168-198.

[398] Weick K E. Cartographic Myths in Organizations [M]. New York: Wiley, 1990.

[399] Wellens, Sandra J. Education/Industry Partnerships in England and Wales and the United States: A Comparative Analysis [M]. Oxford: Oxford Brookes University, 1993.

[400] West G. Collective cognition: When entrepreneurial teams, not individuals, make decisions [J]. Entrepreneurship: Theory Practice, 2007, 31 (1): 77-102.

[401] Wiersema M, Bantel K A. Top management demography and corporate strategic change [J]. Academy of Management Journal, 1992 (35): 91-121.

[402] Williams K, O'Reilly C A. Demography and diversity in organizations: A review of 40 years of research [J]. Research in Organizational Behavior, 1998 (20): 77-140.

[403] Williams M A, Rao R P. CEO Stock options and equity risk incetives [J]. Journal of Business Finance & Accounting, 2006, 33 (1): 26-44.

[404] Williamson John. What Washington Means by Policy Reform [M]. Washington: Institute for International Economics, 1989.

[405] Williamson O. Markets and Hierarchies: Analysis of Antitrust Implications [M]. New York: Free Press, 1975.

[406] Wilson Fred. Explanation in aristotle, newton, and toulmin: Part I [J]. Philosophy of Science, 1969, 36 (3): 291-310.

[407] Winter N S G. The schumpeterian tradeoff revisited [J]. American Economic Review, 1982, 72 (1): 114-132.

[408] Wofford J C. An examination on the cognitive processes used to handle employee job problems [J]. Academy of Management Journal, 1994 (37): 180-192.

[409] Wooldridge B, Floyd S W. Idea generation in strategic renewal [J]. Academy of Management Annual Meeting Proceedings, 1999 (1): 1-6.

[410] Wooldridge B, Floyd S W. The strategy process, middle management involvement, and organizational performance [J]. Strategic Management Journal, 2010 (11): 231-241.

[411] Wooldridge J M. Econometric Analysis of Cross-Section and Panel Data

[M]. Cambridge: Mit Press Books, 2002.

[412] Wu J, Tu R. CEO stock option pay and R&D spending: A behavioral agency explanation [J]. Journal of Business Research, 2007, 60 (5): 482-492.

[413] Yam R C M, Lo W, Tang E P Y, et al. Analysis of sources of innovation, technological innovation capabilities, and performance: An empirical study of Hong Kong manufacturing industries [J]. Research Policy, 2011, 40 (3): 391-402.

[414] Yang Y, Li S C, Zhao F M. Study on the impact of government subsidies on innovation performance [J]. International Association for Management of Technology 2016 Conference Proceedings, 2016 (3): 1012-1022.

[415] Yuanhui Li, et al. Financial distress, internal control, and earnings management: Evidence from China [J]. Journal of Contemporary Accountingamp, 2020, 16 (3): 104920.

[416] Yuan Li, Chenlu Zhang, Yi Liu, Mingfang Li. Organizational learning, internal control mechanisms, and indigenous innovation: The evidence from China [J]. IEEE Transactions on Engineering Management, 2010, 57 (1): 63-77.

[417] Yuchtman, Ephraim Seashore, Stanley. A system resource approach to organizational effectiveness [J]. American Sociological Review, 1967, 32 (6): 891-903.

[418] Yun K L, H W Choi, B H Ahn. The accounting revenue division in international telecommunications: Conflicts and inefficiencies [J]. Information Economics and Policy, 1997 (9): 71-92.

[419] Zaccaro S J, Klimoski R. Special issue introduction: The interface of leadership and team processes [J]. Group and Organization Management, 2002, 27 (1): 4-13.

[420] Zahra S A, Covin G J. Contextual influences on the corporate entrepreneurship performance relationship: A longitudinal analysis [J]. Journal of Business Venturing, 1995, 10 (1): 43-58.

[421] Zahra S A, George G. Absorptive capacity: A review, reconceptualization, and extension [J]. Academy of Management Review, 2000, 27 (2): 185-203.

[422] Zajac E J. Ceo selection, succession, compensation and firm performance: A theoretical integration and empirical analysis [J]. Strategic Management Journal, 1990, 11 (3): 217-230.

[423] Zheng Y. Unlocking founding team prior shared experience: A transactive

memory system perspective［J］. Journal of Business Venturing，2012，27（5）：577-591.

［424］Zhenni D D，Yuriy K，et al. Features of riskmanagement in innovative activity：Regional aspect［J］. Voprosy Regulirovaniaèkonomiki，2015，6（1）：91-104.

［425］安同良，施浩.中国制造业 R&D 行为模式的观测与实证——基于江苏省制造业企业问卷调查前实证分析经济研究［J］.经济研究，2006（2）：21-30.

［426］安同良，周绍东，皮建才.R&D 补贴对中国企业自主创新的激励效应［J］.经济研究，2009，44（10）：87-98+120.

［427］巴鲁·列弗.无形资产：管理、计量和呈报［M］.北京：中国劳动社会保障出版社，2003.

［428］巴曙松，吴丽利，熊培瀚.政府补助、研发投入与企业创新绩效［J］.统计与决策，2022（5）：166-169.

［429］宝国坤，余顺坤.高管团队认知对公司绩效的作用机制研究［J］.技术经济与管理研究，2017（2）：73-76.

［430］曹勇，黎仁惠，王晓东.技术转移中隐性知识转化效果测度模型及评价指标研究［J］.科研管理，2010，31（1）：1-8.

［431］曹勇，苏凤娇，赵莉.技术创新资源投入与产出绩效的关联性研究——基于电子与通讯设备制造行业的面板数据分析［J］.科学学与科学技术管理，2010，31（12）：29-35.

［432］曹郑玉."新型国有企业"公司治理结构与公司绩效的关系研究［D］.西安：西北工业大学，2007.

［433］曹郑玉，叶金福."全新型国有企业"高管激励与公司绩效关系的实证研究［J］.经济与管理研究，2007（12）：4.

［434］常亚平，覃伍，阎俊.研究生团队隐性知识共享机制研究［J］.科研管理，2010，31（2）：86-93.

［435］陈国权，宁南.组织从经验中学习：现状、问题、方向［J］.中国管理科学，2009，17（1）：157-168.

［436］陈红，张玉，刘东霞.政府补助、税收优惠与企业创新绩效——不同生命周期阶段的实证研究［J］.南开管理评论，2019，22（3）：187-200.

［437］陈会英，李晓楠，周衍平.创新环境视角下政府补助对专利密集型企业创新的影响研究［J］.现代管理科学，2022，10（5）：109-119.

［438］陈建丽，孟令杰，王琴.上市公司研发投入与企业绩效的非线性关系［J］.中国科技论坛，2015（5）：67-73.

［439］陈劲.开放创新条件下的资源投入测度及政策含义［C］//首届中国科技政策与管理学术研讨会 2005 年论文集（上），2005：14-16.

［440］陈劲，陈钰芬.企业技术创新绩效评价指标体系研究［J］.科学学与科学技术管理，2006，27（3）：86-91.

［441］陈劲，陈钰芬，余芳珍.FDI 对促进我国区域创新能力的影响［J］.科研管理，2007，28（1）：7-13.

［442］陈劲，吴波.开放式创新下企业开放度与外部关键资源获取［J］.科研管理，2012（9）：10-21.

［443］陈劲，吴波.开放式技术创新范式下企业全面创新投入研究［J］.管理工程学报，2011，25（4）：227-234.

［444］陈璐.CEO 家长式领导行为对高管团队决策效果的影响机制研究［D］.北京：电子科技大学，2011.

［445］陈青华，张卓.技术创新项目风险分析与综合评价［J］.企业技术开发，2005，24（2）：31-33.

［446］陈守明，冉毅，陶兴慧.R&D 强度与企业价值——股权性质和两职合一的调节作用［J］.科学学研究，2012，30（3）：441-448.

［447］陈文沛.技术能力与企业绩效的关系：领导风格和环境的影响［J］.科技与经济，2014，27（5）：10-14.

［448］陈霞.持续开展 QC 小组活动 推进企业科技创新［J］.福建质量管理，2009（6）：2.

［449］陈晓萍，徐淑英，樊景立.组织与管理研究的实证方法（第 2 版）［M］.北京：北京大学出版社，2012.

［450］陈笑雪.管理层股权激励对公司绩效影响的实证研究［D］.南京：南京大学，2009.

［451］陈修德，梁彤缨，雷鹏，等.高管薪酬激励对企业研发效率的影响效应研究［J］.科研管理，2015，36（9）：26-35.

［452］陈钰芬，陈劲.开放度对企业技术创新绩效的影响［J］.科学学研究，2008（2）：419-426.

［453］陈忠卫，雷红生.创业团队内冲突、企业家精神与公司绩效关系［J］.经济管理，2008（15）：47-52.

［454］成力为，戴小勇.研发投入分有特征与研发投资强度影响因素的分析——基于中国 30 万个工业企业面板数据［J］.中国软科学，2012（8）：152-165.

［455］程宏伟，张永海，常勇.公司 R&D 投入与业绩相关性的实证研究

［J］. 科学管理研究，2006（3）：110-113.

［456］程华，王婉君. 创新政策与企业绩效研究［J］. 中国科技论坛，2013（2）：10-14.

［457］程惠芳，幸勇. 中国科技企业的资本结构、企业规模与企业成长性［J］. 世界经济，2003，26（12）：72-75.

［458］淳正杰，谭书敏. R&D 投入与企业绩效关系的研究综述［J］. 天府新论，2014（5）：90-95.

［459］戴小勇，成力为. 研发投入强度对企业绩效影响的门槛效应研究［J］. 科学学研究，2013（11）：1708-1716.

［460］丁安娜，刘景江. 高管团队行为整合、创新行为与创新绩效关系研究［J］. 科学学与科学技术管理，2012，33（12）：71-76.

［461］董临萍，宋渊洋. 高管团队注意力与企业国际化绩效：权力与管理自由度的调节作用［J］. 管理评论，2017，29（8）：167-178.

［462］范旭，黄业展. 企业研发管理对 R&D 投入与企业绩效关系的调节效应——对广东省科技型中小微企业的分析［J］. 科技进步与对策，2018，35（9）：66-73.

［463］菲利普·科特勒. 市场营销的发展趋势［M］. 栾港，等译. 北京：清华大学出版社，2006.

［464］菲利普·科特勒. 营销管理［M］. 梅清豪，译. 上海：上海人民出版社，2003.

［465］付秋林，于微微，程文英，等. 基于认知需求的信息用户研究方法及测量维度探索［J］. 现代情报，2015，35（3）：24-27.

［466］傅家骥，等. 技术创新学［M］. 北京：清华大学出版社，1998.

［467］高蓓，王新红. 我国高新企业高管持股与 R&D 投入相关性研究［J］. 会计之友，2010（1）：87-89.

［468］高峰名. 新人力资本理论——基于能力的人力资本理论研究动态［J］. 经济学动态，2012（11）：39-55.

［469］葛玉辉. 高管团队人力资本与权利配置差异化程度的关系的研究［J］. 企业经济，2011（10）：9-14.

［470］葛玉辉. 高管团队认知与组织绩效作用机制的研究拓展［J］. 企业经济，2009（8）：5-8.

［471］葛玉辉，陈倩. 高层管理团队认知研究综述山［J］. 工业技术经济，2011（5）：111-115.

［472］巩娜，刘清源. CEO 还是 TMT——民营上市公司高管薪酬差距对于企

业研发的影响［J］. 南方经济，2015，33（1）：85-103.

［473］古家军，胡蓓. TMT 知识结构、职业背景的异质性与企业技术创新绩效关系——基于产业集群内企业的实证研究［J］. 研究与发展管理，2008（2）：28-33.

［474］古家军，胡蓓. 企业高层管理团队特征异质性对战略决策的影响——基于中国民营企业的实证研究［J］. 管理工程学报，2008（3）：30-35.

［475］顾远东，彭纪生. 组织创新氛围对员工创新行为的影响：创新自我效能感的中介作用［J］. 南开管理评论，2010，13（1）：30-41.

［476］郭斌. 规模、RD 与绩效：对我国软件产业的实证分析［J］. 科研管理，2006（1）：121-126.

［477］郭慧婷，张俊瑞，李彬. 高管激励与现金流操控关系及调节作用研究［J］. 华东经济管理，2015，29（4）：163-176.

［478］郭媛嫣. 上市公司 R&D 投入与企业绩效的实证研究［D］. 南京：南京财经大学，2008.

［479］郝清民，孙雪. 高管特质、风险偏好与创新激励——来自中国上市公司数据的实证检验［J］. 现代财经天津财经大学学报，2015（11）：60-70.

［480］何建洪，贺昌政. 企业技术能力、创新战略对创新绩效的影响研究［J］. 软科学，2012，26（8）：113-117.

［481］何筠，李碧寒. 政府补助，R&D 投入与创新绩效——基于贫困地区上市公司的实证研究［J］. 南昌大学学报（人文社会科学版），2020，51（3）：11.

［482］贺立军，王云峰. 高校领导团队行为整合研究：团队认知视角［J］. 河北学刊，2010，30（1）：190-193.

［483］贺小刚. 基于本土非正式制度视角的民营企业治理模式研究——评《中国上市家族企业治理：差序格局与利他行为》［J］. 南方经济，2023（4）：2.

［484］贺小刚，李新春. 企业家能力与企业成长基于中国经验的实证研究［J］. 经济研究，2005（10）：101-111.

［485］贺小刚，连燕玲，张远飞. 经营期望与家族内部的权威配置——基于中国上市公司的数据分析［J］. 管理科学学报，2013，16（4）：20.

［486］贺炎林，朱伟豪. 财政补贴对研发投入的影响——基于政企关系的视角［J］. 科技管理研究，2017，37（11）：28-36.

［487］贺远琼，陈昀. 不确定环境中高管团队规模与企业绩效关系的实证研究——基于中国制造业上市公司的证据［J］. 科学学与科学技术管理，2009，30（2）：123-128.

［488］贺远琼，陈昀. 企业社会绩效的界定与测量研究综述［J］. 科技进步

与对策，2009，26（9）：146-149.

［489］贺远琼，杨文，陈昀.基于 Meta 分析的高管团队特征与企业绩效关系研究［J］.软科学，2009，22（1）：12-16+24.

［490］洪锡熙，沈艺峰.我国上市公司资本结构影响因素的实证分析［J］.厦门大学学报：哲学社会科学版，2000（3）：114-120.

［491］洪蕴.产业扶贫实践模式研究［J］.合作经济与科技，2021（10）：16-20.

［492］胡超，唐清泉.投资者关系管理的内涵、理论与实践——基于粤传媒的案例研究［J］.当代经济管理，2011，33（2）：25-33.

［493］胡婉丽，汤书昆.基于研发过程的知识创造和知识转移［J］.科学学与科学技术管理，2004，25（1）：71-75.

［494］胡婉丽，汤书昆，胡长颂.合作创新与企业价值分析［J］.运筹与管理，2004，13（4）：20-23.

［495］胡望斌，张玉利，杨俊.同质性还是异质性：创业导向对技术创业团队与新企业绩效关系的调节作用研究［J］.管理世界，2014（6）：92-109.

［496］黄荷暑，周泽将.女性高管、信任环境与企业社会责任信息披露——基于自愿披露社会责任报告 A 股上市公司的经验证据［J］.审计与经济研究，2015（4）：30-39.

［497］黄贤环，倪筱楠.法系、国家审计体制与国家审计治理能力［J］.财会通讯（下），2016（1）：22-25.

［498］黄业展.基于政府支持视角的城市科技创新效率评价［D］.广州：华南理工大学，2024.

［499］黄禹，韩超.研发投入对企业绩效的实证研究——基于我国新能源企业上市公司数据的经验分析［J］.会计之友，2013（11）：37-41.

［500］Jean-Francois Manzoni.如何创造高绩效氛围［J］.环球企业家，2013（8）：1.

［501］季健.高管背景特征与企业绩效关系实证研究［J］.财经理论与实践，2011，32（5）：54-59.

［502］郑宝云，陆玉梅.电子信息业上市公司 R&D 绩效的实证研究［J］.科技管理研究，2010，30（24）：195-198.

［503］江伟，吴静桦，胡玉明.高管—员工薪酬差距与企业创新——基于中国上市公司的经验研究［J］.山西财经大学学报，2018，40（6）：74-88.

［504］姜恩惠，金凯平.具有挑战性的中小企业——中村秀一郎先生谈日本中小企业的新变化［J］.中国经贸导刊，1986（24）：32.

［505］姜涛，王怀明.高管激励对高新技术企业 R&D 投入的影响——基于实际控制人类型视角［J］.研究与发展管理，2012，24（4）：53-60.

［506］蒋春燕，赵曙明.社会资本和公司企业家精神与绩效的关系：组织学习的中介作用——江苏与广东新兴企业的实证研究［J］.管理世界，2006（10）：90-99.

［507］蒋美云.中国上市公司成长：行业结构与影响因素［J］.上海经济研究，2005（7）：80-85.

［508］蒋哲政，葛玉辉.TMT 认知对企业绩效影响的研究——基于团队自反性视角［J］.中国商贸，2014（23）：74-76.

［509］克利斯·弗里曼，罗克·苏特.工业创新经济学［M］.华宏勋，华宏慈，等译.北京：北京大学出版社，2004.

［510］孔东民，徐茗丽，孔高文.企业内部薪酬差距与创新［J］.经济研究，2017，52（10）：144-157.

［511］雷红生，陈忠卫.高管团队内情感冲突、企业家精神与公司成长性绩效关系的实证研究［J］.财贸研究，2008（2）：99-105.

［512］雷怀英，乔睿蕾，魏亚平.效益约束下高管团队特征对企业创新投入的影响——基于 HLM 模型［J］.科技进步与对策，2014，31（16）：104-111.

［513］雷辉，刘鹏.中小企业高管团队特征对技术创新的影响——基于所有权性质视角［J］.中南财经政法大学学报，2013（4）：149-156.

［514］李秉祥，周浩，白建军.经理管理防御对企业社会责任影响的实证研究［J］.软科学，2013，27（1）：104-108.

［515］李春玲，任磊.混合所有制改革背景下国有企业研发投入对公司绩效的影响［J］.工业技术经济，2018，37（6）：21-28.

［516］李春涛，宋敏，张璇.分析师跟踪与企业盈余管理——来自中国上市公司的证据［J］.金融研究，2014（7）：16.

［517］李春涛，徐鑫，李万峰.分析师评级有效性研究：中国 A 股市场的证据［J］.浙江社会科学，2014（9）：19-28.

［518］李端生，王晓燕.高管团队异质性、激励机制与企业研发投资行为——来自创业板上市公司的经验数据［J］.经济问题，2019（2）：58-68.

［519］李国平.探索脱真贫与真脱贫长效机制［N］.经济参考报，2018-05-08.

［520］李浩，戴大双.基于技术创新战略的企业竞争优势分析［J］.科学管理研究，2002，20（4）：9-12.

［521］李华晶，张玉利.高管团队特征与企业创新关系的实证研究——以科

技型中小企业为例 [J]. 商业经济与管理, 2006 (5): 9-13.

[522] 李佳. 国家与公共教育: 新人力资本理论的分析框架 [J]. 北京大学教育评论, 2019 (3): 84-98.

[523] 李金早. CEO 任期与企业绩效关系的实证研究 [D]. 上海: 复旦大学, 2008.

[524] 李静. 产业扶贫关键在发展新型经营主体完善利益联结机制 [J]. 中国发展观察, 2017 (24): 32-34.

[525] 李俊林, 孟祥生, 薛桂英. 企业技术创新项目风险分析及综合评价的研究 [J]. 河北工业大学学报, 2012 (5): 4.

[526] 李璐, 张婉婷. 研发投入对我国制造类企业绩效影响研究 [J]. 科技进步与对策, 2013, 30 (24): 80-86.

[527] 李明岩. 高层管理团队共享战略认知与团队绩效的关系研究 [D]. 杭州: 浙江大学, 2005.

[528] 李琦, 罗炜, 谷仕平. 企业信用评级与盈余管理 [J]. 经济研究, 2011, 46 (2): 88-99.

[529] 李世刚, 鲁逸楠, 章卫东. 企业参与精准扶贫与高管薪酬契约有效性 [J]. 证券市场导报, 2022 (4): 24-32+41.

[530] 李四海, 江新峰, 宋献中. 高管年龄与薪酬激励: 理论路径与经验证据 [J]. 中国工业经济, 2015 (5): 122-134.

[531] 李武威. 基于灰色系统理论的行业特征对高技术企业技术创新能力的影响研究——以我国 2006~2008 年高技术产业数据为例 [J]. 工业技术经济, 2012 (6): 151-160.

[532] 李武威. 技术转移、消化吸收与产品创新绩效——一个基于中国内资高技术产业面板数据的研究 [J]. 科技管理研究, 2012, 32 (9): 105-110.

[533] 李燕媛, 李晓东, LiYanyuan, 等. "管理层评论" 信息质量原则的国际比较与启示 [J]. 会计研究, 2009 (1): 54-61.

[534] 李忆. 知识管理战略、创新与企业绩效的关系 [D]. 重庆: 重庆大学, 2009.

[535] 李宇, 高良谋. 技术创新管理 [M]. 北京: 清华大学出版社, 2016.

[536] 李志. 企业家创造性与创新行为和企业绩效关系的研究 [D]. 重庆: 西南大学, 2008.

[537] 李志宏, 朱桃, 赖文娣. 高校创新型科研团队隐性知识共享意愿研究 [J]. 科学学研究, 2010, 28 (4): 581-590.

[538] 李宇, 高良谋, 关伟. 企业控制力的视角: 技术创新与企业规模的动

态研究［J］. 辽宁师范大学学报（自然科学版），2006（11）：485-488.

［539］连玉君，程建. 不同成长机会下资本结构与经营绩效之关系研究［J］. 当代经济科学，2006，28（2）：97-103.

［540］连玉君，王闻达，叶汝财. Hausman 检验统计量有效性的 Monte Carlo 模拟分析［J］. 数理统计与管理，2014（5）：830-841.

［541］梁莱歆，张焕凤. 高科技上市公司 R&D 投入绩效的实证研究［J］. 中南大学学报（社会科学版），2005，11（2）：232-236.

［542］梁莱歆，张焕凤. 基于 DEA 的我国电子信息业上市公司 R&D 绩效实证研究［J］. 科技管理研究，2006（2）：60-63.

［543］梁莱歆，张永榜. 我国高新技术企业 R&D 投入与绩效现状调查分析［J］. 研究与发展管理，2006，18（1）：47-51.

［544］梁彤缨，雷鹏，陈修德. 管理层激励对企业研发效率的影响研究——来自中国工业上市公司的经验证据［J］. 管理评论，2015（5）：145-156.

［545］林崇德. 走出多元智能的认识误区［J］. 上海教育，2003（1）：34-35.

［546］林大庞. 股权激励的公司治理效应：基于盈余管理与公司业绩视角的实证研究［D］. 广州：暨南大学，2011.

［547］林大庞，苏冬蔚. 股权激励与公司业绩——基于盈余管理视角的新研究［J］. 金融研究，2011（9）：162-177.

［548］林海芬，于泽川，王涛. 初创企业组织共享基模的形成机理研究［J］. 管理科学，2015，28（5）：15-30.

［549］刘广生，马悦. 中国上市公司实施股权激励的效果［J］. 中国软科学，2013（7）：110-121.

［550］刘华，郑军. 高新技术上市公司股权激励与公司业绩——基于自主创新的视角［J］. 会计之友（上旬刊），2010（12）：67-70.

［551］刘少文，龚耀先. 家庭背景和儿童智力结构与学习成绩关系的研究［J］. 中国心理卫生杂志，1992（4）：157-159+170-191.

［552］刘伟，刘星. 公司治理机制对信息技术投入的影响研究［J］. 科技进步与对策，2007，24（2）：93-95.

［553］刘伟，刘星. 隧道行为与盈余管理——基于我国家族上市公司的实证研究［J］. 南方经济，2007（11）：53-62.

［554］刘星，刘伟. 监督，抑或共谋？——我国上市公司股权结构与公司价值的关系研究［J］. 会计研究，2007（6）：88-96.

［555］刘运国，刘雯. 中国上市公司的高管任期与 R&D 支出［J］. 管理世

界，2007（1）：128-136.

[556] 卢纹岱.SPSS for Windows 统计分析 [M].北京：电子工业出版社，2003.

[557] 鲁盛潭，方旻.高科技，高成长性企业 R&D 投入与企业绩效的相关性分析 [J].财会月刊（中），2011（12）：12-15.

[558] 鲁桐，党印.中国中小上市公司治理与绩效关系研究 [J].金融评论，2014，6（4）：1-17+123.

[559] 鲁小东，焦捷，朱世武.普通员工薪酬、公司规模与成长性——来自中国上市公司面板数据的经验证据 [J].清华大学学报（自然科学版），2011，51（12）：1908-1916.

[560] 陆玉梅，王春梅.R&D 投入对上市公司经营绩效的影响研究——以制造业、信息技术业为例 [J].科技管理研究，2011，31（5）：122-127.

[561] 陆正飞，辛宇.上市公司资本结构主要影响因素之实证研究 [J].会计研究，1998（8）：34-37.

[562] 吕巍，张书恺.高管薪酬差距对企业研发强度的影响——基于锦标赛理论的视角 [J].软科学，2015，29（1）：1-5+10.

[563] 吕长江，金超，陈英.财务杠杆对公司成长性影响的实证研究 [J].财经问题研究，2006（2）：80-85.

[564] 毛剑峰，李志雄.管理层股权激励，研发支出与企业绩效的关系研究 [J].统计与决策，2021（9）：186-188.

[565] 梅丽莎·A.希林.技术创新的战略管理 [M].王毅，谢伟，段勇倩，等译.北京：清华大学出版社，2011.

[566] 孟令国.中国企业管理层隐性激励机制研究——兼论显性激励的不完全性 [D].广州：暨南大学，2005.

[567] 莫冬燕，邵聪.高管薪酬、股权激励与公司绩效的相关性检验 [J].科学决策，2010（7）：18-29.

[568] 聂晶，孙继伟.分布式认知理论及其在管理实践中的应用 [J].管理学报，2009，6（11）：1455-1459.

[569] 欧阳慧，曾德明，张运生.国际化竞争环境中 TMT 的异质性对公司绩效的影响 [J].数量经济技术经济研究，2003（12）：125-129.

[570] 彭伟，朱雪嫣，符正平.集群新创企业成长机制：理论模型与案例验证 [J].产经评论，2012，3（2）：65-72.

[571] 彭泽瑶，黄德忠.我国汽车行业研发投入与企业绩效关系研究 [J].现代商贸工业，2015，36（1）：9-11.

［572］齐梅.研发投入与企业绩效相关性分析与研究［J］.财会通讯，2013（12）：104-106.

［573］钱德勒.看得见的手［M］.沈颖，译，北京：商务印书馆，1987.

［574］渠敬东.占有、经营与治理：乡镇企业的三重分析概念（下）——重返经典社会科学研究的一项尝试［J］.社会，2013（2）：1-32.

［575］任海云.公司治理对 R&D 投入与企业绩效关系调节效应研究［J］.管理科学，2011，24（5）：37-47.

［576］任娟，陈圻.竞争战略、技术效率与公司绩效——来自中国制造业上市公司的经验证据［J］.经济经纬，2012（5）：13-76.

［577］任娟，陈圻.中国制造业上市公司创新行为对企业技术效率的影响研究［J］.科技进步与对策，2011，28（21）：80-82.

［578］任天龙，马鹏程，李一鸣，等.国企高管激励方式协同配置：薪酬、股权与政治晋升［J］.山东社会科学，2017（8）：150-155.

［579］沈超红，罗亮.创业成功关键因素与创业绩效指标研究［J］.中南大学学报（社会科学版），2006，12（2）：231-235.

［580］沈红波，廖冠民，廖理.境外上市、投资者监督与盈余质量［J］.世界经济，2009（3）：72-81.

［581］沈弋，徐光华，钱明.双元创新动因、研发投入与企业绩效——基于产权异质性的比较视角［J］.经济管理，2016（2）：69-80.

［582］师保国，许晶晶.小学高年级儿童认知需求及其与班级气氛的关系［J］.中国特殊教育，2008（10）：87-92.

［583］施蕾.基于企业竞争战略的技术创新选择研究［D］.西安：西北大学，2024.

［584］石盛林，陈沂.高管团队认知风格与竞争战略关系的实证研究［J］.科学学与科学技术管理，2010，31（12）：147-153.

［585］石盛林，陈沂，张静.高管团队认知风格对技术创新的影响——基于中国制造企业的实证研究［J］.科学学研究，2011，29（8）：1251-1257.

［586］苏冬蔚，林大庞.股权激励、盈余管理与公司治理［J］.经济研究，2010（11）：13.

［587］苏文兵，徐东辉，梁迎弟.经理自主权、政治成本与 R&D 投入［J］.财贸研究，2011（3）：136-146.

［588］孙伯灿，宋安平，马庆国.商业银行贷审委的信贷决策行为研究及其绩效评估［J］.金融研究，2003（4）：94-104.

［589］孙大明，原毅军.合作研发对制造业升级的影响研究［J］.大连理工

大学学报（社会科学版），2018，39（1）：30-37.

［590］孙德升.高管团队与企业社会责任：高阶理论的视角［J］.科学学与科学技术管理，2009，30（4）：188-193.

［591］孙海法，伍晓奕.企业高层管理团队研究的进展［J］.管理科学学报，2003（4）：82~89.

［592］孙莺，夏管军，许敏.R&D投入对上市公司绩效影响实证分析——以浙江省为例［J］.财会通讯，2012（11）：32-33.

［593］孙元，林子瑜，王德伦，等.眼动数据与FAHP相结合的产品感性认知测量方法［J］.大连理工大学学报，2020，60（6）：584-590.

［594］覃晋.团队认知能力、行为整合与团队创造力关系研究［D］.湘潭：湘潭大学，2013.

［595］汤业国，徐向艺.中小上市公司股权激励与技术创新投入的关联性——基于不同终极产权性质的实证研究［J］.财贸研究，2012（2）：127-133.

［596］唐清泉，徐欣，曹媛.股权激励、研发投入与企业可持续发展——来自中国上市公司的证据［J］.山西财经大学学报，2009（8）：77-84.

［597］唐清泉，易翠.高管持股的风险偏爱与R&D投入动机［J］.当代经济管理，2010，32（2）：20-25.

［598］涂俊，吴贵生.基于DEA-Tobit两步法的区域农业创新系统评价及分析［J］.数量经济技术经济研究，2006，23（4）：136-145.

［599］汪涵玉，朱和平.R&D投入与制造类企业绩效的关系研究——基于高管激励的调节效应［J］.财会通讯，2018（6）：28-33+129.

［600］汪航.合作学习认知研究综述［J］.心理科学，2004（2）：438-440.

［601］汪洁.团队任务冲突对团队任务绩效的影响机理研究［D］.杭州：浙江大学，2009.

［602］汪涛，汪樟发.技术战略与经营战略关联机制探析［J］.科学学与科学技术管理，2005，26（1）：90-94.

［603］汪玉兰.高管贫困经历、个人特征与企业精准扶贫［J］.中央财经大学学报，2023（12）：54-70.

［604］王朝晖.企业创新驱动下的科技情报服务模式研究［J］.图书馆学研究，2012（18）：76-79.

［605］王端旭，洪雁.领导支持行为促进员工创造力的机理研究［J］.南开管理评论，2010（4）：109-114.

［606］王端旭，洪雁.组织氛围影响员工创造力的中介机制研究［J］.浙江大学学报（人文社会科学版）预印本，2010（9）：81-87.

［607］王海霞.团队成熟历程中成员间信任形态划分的方法创新探讨［J］.现代财经—天津财经大学学报，2008（8）：62-64+77.

［608］王海霞.团队互动过程对团队效能的影响研究［D］.天津：天津财经大学，2008.

［609］王红，刘纯阳，杨亦民.管理层激励与公司绩效实证研究——基于农业上市公司的经验数据［J］.农业技术经济，2014（5）：113-120.

［610］王辉，忻蓉，徐淑英.中国企业CEO的领导行为及对企业经营业绩的影响［J］.管理世界，2006（4）：87-96.

［611］王亮亮，王跃堂.企业研发投入与资本结构选择——基于非债务税盾视角的分析［J］.中国工业经济，2015（11）：125-140.

［612］王琴，王子敏，王稳稳.研发投入、财政补助与物联网上市公司绩效研究：基于Färe-Primont指数［J］.科技管理研究，2017（20）：65-71.

［613］王青燕，何有世.影响中国上市公司成长性的主要因素分析［J］.统计与决策，2005（1）：61-63.

［614］王任飞.企业RD支出的内部影响因素研究——基于中国电子信息百强企业之实证［J］.科学学研究，2005（2）：225-231.

［615］王士红.所有权性质、高管背景特征与企业社会责任披露——基于中国上市公司的数据［J］.会计研究，2016（11）：53-60+96.

［616］王学东，范坤，赵文军，等.团队认知对虚拟团队知识共享的影响及实证研究［J］.情报科学，2011，29（8）：1134-1139.

［617］王燕妮.高管激励对研发投入的影响研究——基于我国制造业上市公司的实证检验［J］.科学学研究，2011，29（7）：1071-1078.

［618］王勇.人力资本视角下的技能：定义、分类与测量［J］.现代教育管理，2022（3）：55-61.

［619］王玉春，郭媛嫣.上市公司R&D投入与产出效果的实证分析［J］.产业经济研究，2008（6）：44-52.

［620］卫武，易志伟.高管团队异质性、断层线与创新战略——注意力配置的调节作用［J］.技术经济，2017，36（1）：35-40.

［621］卫旭华，刘咏梅，岳柳青.高管团队权力不平等对企业创新强度的影响——有调节的中介效应［J］.南开管理评论，2015，18（3）：24-33.

［622］魏江，寒午.企业技术创新能力的界定及其与核心能力的关联［J］.科研管理，1998，19（6）：12-17.

［623］魏江，许庆瑞.科研机构进入企业的融合理论研究［J］.科学学研究，1996，14（1）：6.

［624］魏江，许庆瑞.企业技术能力与技术创新能力之关系研究［J］.科研管理，1996，17（1）：22-26.

［625］温铁军，罗士轩，马黎.资源特征、财政杠杆与新型集体经济重构［J］.西南大学学报（社会科学版），2023（1）：52-61.

［626］温旭尧.乡村振兴战略背景下诡水小镇运动休闲产业发展研究［D］.武汉：华中师范大学，2019.

［627］温忠麟，张雷，侯杰泰，等.中介效应检验程序及其应用［J］.心理学报，2004（5）：614-620.

［628］文芳.上市公司高管团队特征与R&D投资研究［J］.山西财经大学学报，2008（8）：77-83.

［629］文芳，胡玉明.高管团队特征与企业R&D投资——来自中国上市公司的经验证据［C］//中国会计学会.中国会计学会2007年学术年会论文集（下册），2007.

［630］吴波.谈员工激励机制的建立和完善［J］.现代商业，2011（17）：200.

［631］吴锋，李怀祖.知识管理对信息技术和信息系统外包成功性的影响［J］.科研管理，2004，25（2）：82-87.

［632］吴贵生.创新与创业管理［M］.北京：清华大学出版社，2006.

［633］吴家喜，吴贵生.高层管理者特质与产品创新的关系：基于民营企业的实证研究［J］.科学学与科学技术管理，2008（3）：178-182.

［634］吴建祖，曾宪聚，赵迎.高层管理团队注意力与企业创新战略——两职合一和组织冗余的调节作用［J］.科学学与科学技术管理，2016，37（5）：170-180.

［635］吴建祖，肖书锋.创新注意力转移、研发投入跳跃与企业绩效——来自中国A股上市公司的经验证据［J］.南开管理评论，2016，19（2）：182-192.

［636］吴涛.考虑决策维和风险维的技术创新风险二维分析模型及案例分析［J］.科学管理研究，2002，20（2）：1-3+11.

［637］武亚军，冯晓岚，许德音.战略理论的隐喻、范式及整合意义［J］.浙江大学学报（人文社会科学版），2010，40（2）：98-109.

［638］西奥多·W.舒尔茨.论人力资本投资［M］.吴珠华，等译.北京：北京经济学院出版社，1990.

［639］西蒙.管理决策新科学［M］.李柱流，译.北京：中国社会科学出版社，1982.

［640］肖海莲，唐清泉，李萍.融资约束与企业创新投资—现金流敏感性——基于企业R&D异质性视角的实证研究［J］.南方经济，2011（1）：40-54.

[641] 肖美丹.知识资产、智力资本与企业绩效关系研究 [D].天津：天津大学，2007.

[642] 肖淑芳，刘颖，刘洋，等.股票期权实施中经理人盈余管理行为研究——行权业绩考核指标设置角度 [J].会计研究，2013（12）：40-46+96.

[643] 谢凤华.企业诚信与竞争优势的关系研究——基于苏州等六地188家企业的实证调查 [J].南开管理评论，2005（4）：36-38.

[644] 谢军，曾晓涛.股权结构和公司成长性：上市公司股权激励结构的实证分析 [J].华南师范大学学报，2005，5（10）：55-61.

[645] 谢伟.创新分类和关键成功因素——中国激光视盘播放机产业的案例研究 [J].创新与创业管理，2007（1）：143-157.

[646] 熊彼特.经济发展理论 [M].何畏，等译.北京：商务印书馆，1997.

[647] 徐经长，张璋，张东旭.高管的风险态度与股权激励方式选择 [J].经济理论与经济管理，2017（12）：73-87.

[648] 徐联恩，陈信宏，樊学良.激励员工创新行为：组织创新氛围跨层次分析与创新效能感之中介效果 [J].东吴经济商学学报，2018（96）：35-65.

[649] 徐宁，徐向艺.技术创新导向的高管激励整合效应——基于高科技上市公司的实证研究 [J].科研管理，2013，34（9）：46-53.

[650] 许庆瑞，刘景江，赵晓庆.技术创新的组合及其与组织、文化的集成 [J].科研管理，2002（6）：38-44.

[651] 许庆瑞，王方瑞.基于能力的企业经营战略和技术创新战略整合模式研究 [J].科学学与科学技术管理，2003，24（4）：2-45.

[652] 许晓明，李金早.CEO任期与企业绩效关系模型探讨 [J].外国经济与管理，2007（8）：45-50+57.

[653] 薛乔，李刚.创业板公司研发投入对财务绩效的影响——高管激励的调节效应 [J].财会月刊（中），2015（11）：123-128.

[654] 雅诺什·科尔奈，张定淮.比较经济学的过去与未来——纪念《经济社会体制比较》创刊三十周年 [J].经济社会体制比较，2015（5）：1-8.

[655] 严立锋.团队情绪智力结构及其与团队绩效关系研究 [D].杭州：浙江工业大学，2009.

[656] 严新忠.技术创新、管理创新互动与竞争战略融合 [J].现代管理科学，2003（9）：24-25.

[657] 阎军印.企业技术创新管理体系研究 [J].地质技术经济管理，2001（6）：30-35+43.

[658] 杨杜.企业成长论 [M].北京：中国人民大学出版社，1996.

［659］杨公朴，夏大慰.现代产业经济学（第二版）［M］.上海：上海财经大学出版社，2005.

［660］杨靖，许年行，王琨.定向增发中的控股股东决策动机及特征解析［J］.经济理论与经济管理，2011（9）：48-55.

［661］杨俊，田莉，张玉利，等.创新还是模仿：创业团队乡验异质性与冲突特征的角色［J］.管理世界，2010（3）：84-96.

［662］姚益龙，戈静，刘晋华.上市公司成长性与其信用意愿的关系研究［J］.南方金融，2007（10）：45-47.

［663］叶德珠，连玉君，黄有光，等.消费文化、认知偏差与消费行为偏差［J］.经济研究，2012，47（2）：80-92.

［664］叶建芳，高骞.新企业会计准则下上市公司会计报表案例分析（四）：投资性房地产公允价值计价对企业利润的影响——以深圳方大集团股份有限公司为例［J］.财政监督，2008（14）：45-48.

［665］叶建芳，周兰.新《企业所得税法实施条例》与新会计准则的协调与差异［J］.税务研究，2008（2）：44-46.

［666］尹美群，李文博.网络媒体关注、审计质量与风险抑制——基于深圳主板A股上市公司的经验数据［J］.审计与经济研究，2018，33（4）：109-117.

［667］尹美群，盛磊，李文博.高管激励、创新投入与公司绩效——基于内生性视角的分行业实证研究［J］.南开管理评论，2018，21（1）：109-117.

［668］尹义省.适度多角化［M］.上海：生活·读书·新知三联书店，1999.

［669］游春.股权激励、董事会、TMT团队与经营绩效——基于中国上市公司的实证分析［J］.管理评论，2010，22（9）：3-13.

［670］袁春生.管理防御：经理代理问题研究的新视角［J］.商业研究，2010（10）：42-45.

［671］袁春生.上市公司财务舞弊研究公司治理监督失效假说及其实证检验［M］.北京：经济管理出版社，2010.

［672］袁春生，熊谜，赵云珠.管理层权力、内部控制与高管薪酬业绩敏感性［J］.金融教育研究，2020，33（1）：54-66.

［673］翟文华.国企高管创新协同激励论［D］.长春：吉林大学，2017.

［674］张爱民，桑银银，陆韵石.政治关联、产权性质与高管薪酬黏性——来自沪深A股上市公司的经验证据［J］.会计与经济研究，2016，30（2）：54-66.

［675］张东旭，徐经长.同伴效应在企业年金缴费中的影响分析——来自A股上市公司的经验证据［J］.证券市场导报，2017（2）：21-27.

［676］张敦力，江新峰.管理者能力与企业投资羊群行为：基于薪酬公平的

调节作用 [J]. 会计研究, 2015 (8): 41-48+96.

[677] 张根明.企业家创新行为及绩效研究 [D]. 长沙: 中南大学, 2009.

[678] 张辉, 刘佳颖, 何宗辉.政府补贴对企业研发投入的影响——基于中国工业企业数据库的门槛分析 [J]. 经济学动态, 2016 (12): 28-38.

[679] 张平.高层管理团队的异质性与企业绩效的实证研究 [J]. 管理学报, 2007 (4): 501-508.

[680] 张平.国外高层管理团队研究综述 [J]. 科技进步与对策, 2006 (7): 197-200.

[681] 张术霞, 范琳洁, 王冰.我国企业知识型员工激励因素的实证研究 [J]. 科学学与科学技术管理, 2011, 32 (5): 144-149.

[682] 张五常.佃农理论与南京大学 [J]. 南京大学学报 (哲学·人文科学·社会科学版), 2003 (1): 60-64.

[683] 张五常.世界经济学 [J].IT经理世界, 2003 (23): 106-108.

[684] 张兴亮.高管薪酬影响企业债务融资的研究综述与未来展望 [J]. 外国经济与管理, 2014, 36 (8): 23-32.

[685] 张秀娟.论职务晋升的激励作用与公正原则 [J]. 南开管理评论, 2003, 6 (2): 9-12+18.

[686] 张远飞, 贺小刚, 连燕玲.危机冲击、损失规避与家族大股东支持效应 [J]. 财经研究, 2013, 39 (7): 122-133.

[687] 赵富强.基于PLS路径模型的顾客满意度测评研究 [D]. 天津: 天津大学, 2010.

[688] 赵曙东.高新企业技术创新和发展的实证分析 [J]. 数量经济技术经济研究, 1999 (12): 63-65.

[689] 赵喜仓, 吴军香.中小板上市公司R&D投入与企业绩效关系的比较研究 [J]. 科技管理研究, 2013, 33 (12): 104-108.

[690] 赵修卫, 等.技术创新管理 [M]. 武汉: 武汉大学出版社, 2007.

[691] 赵修卫, 黄本笑.技术创新 [M]. 武汉: 武汉大学出版社, 2014.

[692] 甄丽明, 杨群华.产权性质、薪酬制度与企业研发——基于中国上市公司的实证检验 [J]. 南方经济, 2014 (12): 82-95.

[693] 郑兵云, 陈圻, 李邃.基本竞争战略与绩效的关系 [J]. 中国科技论坛, 2011 (4): 116-122+129.

[694] 郑贵华, 朱兆阳.数字化转型促进企业社会责任履行了吗？——基于企业参与精准扶贫的经验证据 [J]. 哈尔滨商业大学学报 (社会科学版), 2021 (4): 100-116.

［695］郑小丹，黄怡，庄研.研发投入对企业绩效影响研究——基于通信及相关设备制造业上市公司的实证分析［J］.科技和产业，2015（5）：40-45.

［696］周浩.经理管理防御对企业社会责任影响的实证研究［D］.西安：西安理工大学，2013.

［697］周琳.可持续发展理论的基本认知［J］.地理科学进展，2019（5）：1-6.

［698］周明建，宝贡敏.组织中的社会交换：由直接到间接［J］.心理学报，2005，37（4）：535-541.

［699］周仁俊，喻天舒，杨战兵.公司治理激励机制与业绩评价［J］.会计研究，2005（11）：26-31+96.

［700］周毅，邓明然，王华.有限研发投入的高科技企业研发战略管理［J］.科技进步与对策，2003，20（13）：6-7.

［701］周媛媛.高层管理者认知对企业绩效的影响研究［D］.呼和浩特：内蒙古财经大学，2018.

［702］朱芳芳.高管薪酬激励、可用冗余和研发投入——兼谈高管团队稳定的情境影响［J］.科学学与科学技术管理，2018，39（9）：120-136.

［703］朱国泓，方荣岳.管理层持股：沪市公司管理层的观点［J］.管理世界，2003（5）：125-134.

［704］朱骞.企业技术创新的条件具备及其风险——浙江亚太机电股份有限公司技术创新案例分析［J］.科技创业，2006（6）：70-72.

致　谢

随着本书的圆满完成，我内心的感激之情难以言表。本书不仅是我个人努力的成果，更是众多支持者与合作者共同努力的结晶。在此，我要向每一位在本书撰写过程中给予我无私帮助和支持的人表示最诚挚的感谢。

首先，我要衷心感谢我的家人。他们始终是我最坚强的后盾，无论遇到何种困难和挑战，都给予我毫无保留的鼓励和支持。正是他们的理解和默默付出，让我能够全身心地投入到本书的写作中。

其次，我要向韩圣龙教授、吕海军教授、叶龙教授以及同事们致以崇高的敬意。他们的专业素养和宝贵建议为本书的撰写提供了有力的支撑。在与他们的交流和讨论中，我不断拓宽了视野，深化了对研究问题的理解。特别感谢那些无私提供数据支持、分享经验和见解的同事们，他们的帮助使本书的内容更加充实和精准。

再次，我要向那些接受我访谈和问卷调查的企业高管们表达由衷的感激。他们不仅坦诚地分享了个人的宝贵经验与深刻见解，还为本书贡献了丰富的实践案例。正是得益于他们的热情参与和鼎力支持，本书才得以将理论与实践完美融合，深入浅出地揭示了技术创新投入作为关键纽带，如何生动地体现了高管团队认知对企业绩效的深远影响。他们无私的分享，不仅丰富了本书的内容，更为读者提供了一扇窥探企业成功秘诀的窗口。

最后，我衷心感谢经济管理出版社的全体员工。他们敬业与执着，对文字充满敬畏，对读者满怀尊重。每一个深夜的灯火、凌晨的键盘声，都记录着他们的努力。我深感敬佩，并为能与他们合作而自豪。

在撰写本书时，我深切体会到了团队合作的力量。本书的问世绝非一人之力，而是集体智慧的结晶，需要不同专业背景的团队成员齐心协力。这次合作不仅让我整合了知识，更让我心灵得到了洗礼。我有幸与一群卓越人士共事，每个人都有独特专长和思考角度。面对难题，我们总能凭借集体智慧找到解决方案。与高手、智者共事，让我认识到自己的不足，并激励我不断进步。在本书撰写过程中，团队成员间的讨论交流频繁且深入。我们为一个观点的表述反复推敲，甚至激烈争论。这些讨论使本书的内容更加严谨深入。

团队合作提高了工作效率，也促进了我的个人成长。我从中学到了新知识和方法，更学会了如何与他人高效沟通和协作。我深刻体会到，个人力量有限，但团队力量无穷。此次经历让我深刻认识到团队合作的重要性。我不仅收获了知识，更结交了一群志同道合的朋友。我坚信，未来我们将继续携手，共创更多学术成果。本书是我们团队合作的硕果，我为自己是其中一员而自豪。未来，我将继续珍惜团队合作机会，与更多优秀人才探索知识海洋，攀登学术高峰。

回溯这段漫长且充满挑战的研究与写作旅程，我深感自己仿佛踏上了一段探索之旅。从灵感的初步闪现，到将思考转化为文字，再到书稿的最终完成，每一步都如同在茫茫大海中探寻，充满了未知与困难。但正是这些不断的挑战，促使我在艰难中锻炼、成长。我满怀激情地将此书呈现给世界，期望它能在学术界引发深思，更希望它能激发实践界的积极行动。我深信，这本书所蕴含的智慧，将为企业的发展、社会的进步注入新的活力。愿书中的每一句话都能如细雨滋润，满足人们对知识与变革的渴望。

终章之际，我再次向为本书倾注心血与智慧的每一位致以最深的谢意。是你们的鼎力支持与无私襄助，铸就了本书的辉煌。愿我们的努力能如春风化雨，滋润企业管理实践的沃土，为高管团队点亮前行的明灯。我殷切期盼，与更多志同道合之士共襄盛举，深入探讨高管团队认知与企业绩效的奥妙，携手推动企业管理的繁荣与进步，共创辉煌未来。

丁泽术

2024 年 5 月 27 日